全世界无产者，联合起来！

毛泽东文集

第五卷

（一九四八年一月——一九四九年九月）

人民出版社

图书在版编目(CIP)数据

毛泽东文集　第 5 卷/中共中央文献研究室编.
-北京:人民出版社,1996.8
ISBN 978-7-01-002324-3

Ⅰ.毛…
Ⅱ.中…
Ⅲ.毛泽东著作-文集
Ⅳ.A41

毛　泽　东　文　集

MAO　ZEDONG　WENJI

第　五　卷

(一九四八年一月——一九四九年九月)

中共中央文献研究室编

人民出版社 出版发行
(100706　北京朝阳门内大街 166 号)

北京新华印刷有限公司印刷　新华书店经销

1996 年 8 月第 1 版　2009 年 11 月北京第 11 次印刷
开本:635 毫米×927 毫米 1/16　印张:22.5
字数:228 千　印数:36,001—40,700 册

ISBN 978-7-01-002324-3　定价:39.50 元

目　　录

三军协力解决大别山困难

（一九四八年一月二日）

刘邓，粟陈唐，陈谢[1]并告徐滕薄[2]：

（一）粟、陈、唐东晨电[3]悉。此次粟、陈两军[4]歼灭三师及围攻确山之行动，已从大别山方面调动敌人六个旅向西向北，八十五师亦被赵纵[5]之行动调至应城地区，五师、七十五师亦被调动至沙河附近。这一形势有利于大别山方面之作战，亦有利于郑徐线南北我军之活动。但因二十师未能歼灭，刘邓方面尚未来得及执行由分散工作到集中歼敌，白崇禧[6]所部进攻刘邓之实力并未减少，如果此时粟陈唐部迅即转回郑徐线，陈谢准备向渭南，则大别山之困难仍难解决；而大别山困难只有由刘邓、粟陈、陈谢三军协力在一至二个月内歼敌数个旅，方能开辟胜利解决之道路。大别山根据地之确立则是整个南线胜利的重要环节。

（二）因此我们意见：甲、刘邓在内线于本月内开始集中相当兵力，以寻机歼敌二个至三个旅为目标。乙、刘邓之一纵仍在淮河以北执行钳制任务，必要时配合粟陈、陈谢作战。丙、粟陈、陈谢已会合之各部统在确山、许昌之间集结休整若干天，吸引敌人于自己周围，以利刘邓之作战，并准备寻机歼敌一路。如南面无好打之仗，许昌之敌好打则打许昌之敌；如许昌之敌不好打，则考虑以粟陈唐部攻占南阳，陈谢部攻占襄樊〔7〕，吸引白崇禧部向西，以利刘邓之作战并寻机歼灭向西之敌之一部。同时让敌重占许昌、确山段，以利尔后粟陈唐回师歼其一部。陈谢占襄樊后与已占郧阳之刘旅〔8〕打通联系，在汉水中段建立自己的巩固后方，以利尔后向渭南之行动（在大别山困难已获初步克服之后），并协助王、赵两纵〔9〕开辟桐柏、江汉两区。如果我军采取此项行动，还可能分散白崇禧一部向宜昌一带布防。丁、八、十、十一纵于攻克菏泽后休整若干天即举行徐蚌段破击战役，该三纵在两个月内即在徐蚌东西、郑徐南北地区单独作战，不要盼望主力向东。

（三）你们对上述部署意见如何，盼考虑电复。

军　委

子冬

根据毛泽东手稿刊印。

注　　释

〔1〕刘，指刘伯承（一八九二——一九八六），四川开县人，当时任晋冀鲁豫野战军司令员。邓，指邓小平，一九〇四年生，四川广安人，当时任晋冀鲁豫野战军政治委员。粟，指粟裕（一九〇七——一九八四），湖南会同人，当时任华东野战军副司令员。陈，指陈士榘（一九〇九——一九九五），湖北荆门人，当时任华东野战军参谋长。唐，指唐亮（一九一〇——一九八六），湖南浏阳人，当时任华东野战军政治部主任。陈，指陈赓（一九〇三——一九六一），湖南湘乡人，当时任晋冀鲁豫野战军陈谢集团前委书记。谢，指谢富治（一九〇九——一九七二），湖北黄安（今红安）人，当时任晋冀鲁豫野战军陈谢集团前委副书记。

〔2〕徐，指徐向前（一九〇一——一九九〇），山西五台人，当时任晋冀鲁豫军

区第一副司令员。滕，指滕代远(一九〇四——一九七四)，湖南麻阳人，当时任晋冀鲁豫军区第二副司令员。薄，指薄一波，一九〇八年生，山西定襄人，当时任晋冀鲁豫军区第一副政治委员。

〔3〕指粟裕、陈士榘、唐亮一九四八年一月一日晨给中共中央军委的请示电报。电报就配合大别山战斗提出三种行动方案：一是粟陈部、陈谢部及刘邓之一纵三军沿平汉线南下，威胁武汉，以调动敌人。二是三军分开行动，陈谢部向西，月底进入渭南；刘邓之一纵仍东返淮河以北、正阳息县以东地区活动；粟陈部四个纵队转至沙河以北、许昌郑州以东地区，会合八、十、十一纵队全力东向击破津浦。三是陈谢部仍留确山以西地区活动，吸引分散敌人。电报认为以执行第二方案为适当。

〔4〕指粟裕任副司令员的华东野战军和陈赓任前委书记的晋冀鲁豫野战军陈谢集团。

〔5〕赵纵，指赵基梅任司令员的晋冀鲁豫野战军第十二纵队。

〔6〕白崇禧(一八九三——一九六六)，广西桂林人。当时任国民党政府国防部部长兼国防部九江指挥部主任。

〔7〕指湖北的襄阳和樊城，一九五〇年合并为襄樊市。

〔8〕刘旅，指刘金轩任旅长的晋冀鲁豫野战军第四纵队第十二旅。

〔9〕王、赵二纵，指王宏坤和赵基梅分别任司令员的晋冀鲁豫野战军第十纵队和第十二纵队。

应向全军施行政策与纪律教育[1]

（一九四八年一月九日）

我军到任何地方，原则上不许没收任何商店及向任何商人捐款。官僚资本，在该地成为根据地时，亦只许由民主政府接收经营，不许军队没收或破坏。军队给养应取给于敌人仓库、地主阶级、土地税及政府向商人征收之正当的营业税及关税。没收敌军官佐家属的财产，亦是完全错误的。高家堡破坏纪律的行为，应追究责任，并向全军施行政策教育与纪律教育。

毛　泽　东

一月九日

根据手稿刊印。

注　　释

〔1〕这是毛泽东在西北野战军副政治委员兼陕甘宁晋绥联防军政治委员习仲勋一九四八年一月二日关于我军攻克高家堡时发生破坏纪律事件的报告上的批语。

中原和西北地区的作战部署

（一九四八年一月九日）

刘邓，粟陈唐，陈谢[1]，并告邯郸局，华东局，中工委：

各电均悉。为着在两至三个月内歼敌十个旅左右，协助刘邓建立大别山、桐柏山、江汉等处根据地，协助陈谢建立豫西南、鄂西北、陕东南及豫西根据地，协助彭张[2]建立渭北根据地，并破坏津浦路，扩大豫皖苏根据地，协助苏北、苏中作战之目的，部署如下：

甲、第一阶段，（一）刘邓集结相当力量，粟裕三个纵队（四纵不在内），陈谢不少于五个旅，于子有（二十五日）以前休息整训完毕；子有以后，粟裕及陈谢两军统一由粟指挥，由现地向豫鄂陕边行动，相机攻占南阳、镇平、内乡、淅川、邓县、新野、襄阳、樊城、宜城、南漳、光化[3]、老河口、谷城、均县[4]、郧阳、西坪、卢氏、商南、商县诸城镇，相机歼灭该区敌人，并吸引白崇禧[5]军一部西进相机歼灭之。在配合作战时，王宏坤、赵基梅两纵[6]受粟指挥（该两纵以分散游击为主）。（二）刘邓在大别山、淮北各部集结相当力量相机歼敌。（三）陈粟[7]八、十、十一纵及四纵分别在陇海汴徐线以北及沙河流域休整一个整月，然后以三个纵队在徐蚌线东西、郑徐线南北相机歼敌，并大破该两路。（四）彭张主力（八个旅）于本月休整完毕，下月初开始向延安、宜川线出击（该线有胡[8]军七个旅），得手后向该线以南、渭水以北进击，以建立渭北根据地为目的（该地是向陇南行动建立甘陕川边根据地之跳板）。

乙、第二阶段，粟部及陈谢部在豫鄂陕边地区休整一时期，然后陈谢部向渭南行动，粟陈唐三个纵队并加一个纵队向北行动，相机攻占郑州、潼关间各城镇，歼灭该线敌人。刘邓在现地相机休整及作战，陈粟之八、十、十一纵仍服原任务，准备从山东调二、七两纵至苏北作战，待华中分局建立后，该两纵归陈粟指挥（陈毅于子虞[9]到中央，约两星期后动身归队）。

丙、第三阶段，粟部准备在郑潼线上休整一个月至两个月（请邯郸局准备粮食），然后向平汉线上及平汉、津浦之间作战。

军　委

子佳

根据毛泽东手稿刊印。

注　　释

〔1〕刘邓，指刘伯承、邓小平，当时分别任晋冀鲁豫野战军司令员和政治委员。粟陈唐，指粟裕、陈士榘、唐亮，当时分别任华东野战军副司令员、参谋长和政治部主任。陈谢，指陈赓、谢富治，当时分别任晋冀鲁豫野战军陈谢集团前委书记和副书记。

〔2〕彭，指彭德怀（一八九八——一九七四），湖南湘潭人，当时任西北野战军司令员兼政治委员。张，指张宗逊，一九〇八年生，陕西渭南人，当时任西北野战军副司令员。

〔3〕光化，一九八三年并入老河口市。

〔4〕均县，今湖北丹江口市。

〔5〕白崇禧，当时任国民党政府国防部部长兼国防部九江指挥部主任。

〔6〕指王宏坤和赵基梅分别任司令员的晋冀鲁豫野战军第十纵队和第十二纵队。

〔7〕陈，指陈毅（一九〇一——一九七二），四川乐至人，当时任华东野战军司令员兼政治委员。粟，指粟裕。

〔8〕胡，指胡宗南（一八九六——一九六二），浙江孝丰（今属安吉）人。当时任国民党军西安绥靖公署主任。

〔9〕子虞，即一月七日。

对粟裕部在宽大区域机动作战的指示

（一九四八年一月十日）

粟陈[1]，并告陈谢，刘邓[2]：

佳申电[3]悉。

（一）军委佳电[4]已回答了你们的问题，两个方案都要执行。你们现在集中全力进行准备工作，休养兵力，提高士气及战术，整顿纪律（十分要紧），开干部会，二十五日以后执行向西南行动的计划。

（二）西南十余县是一个宽大机动区域。有山地，亦有平地，有缺粮区域，亦有富足区域。敌情不甚严重。分几个步骤，争取攻占南阳、淅川、西坪、卢氏、襄樊[5]、老河口等城，争取歼灭六十五师及其他敌人及地主武装。攻城先经侦察及试攻。环境许可时，用坑道作业去攻。无法攻的，临时改为围城打援，或弃之不攻，再攻别地。不预先存着一定要打开某城，一定要歼灭多少敌人的想法，能歼多少即算多少。军队疲劳了就休息（充分注意休息），休息好了就打仗。要准备打九师、十师、二十师等部的增援。增援到了看形势，好打就打，不好打就机动，临机决定。这一战役将包括许多次战斗，时间亦不要固定。顺利则打久些，一个月两个月均可，看情况决定。如果形势有利的话，还可设想到信阳、汉口、襄阳三角地区去机动。对你们困难的是安置伤员的地点。你们应与陈谢一道在汉水中段设置临时后方。那里在肃清土顽以后，估计会是安全的。陈谢有一个旅已占郧西、郧阳。只要再占淅川、均县〔6〕、老河口等处，并派小部武装及政工人员剿灭土匪，发动群众，后方就有了。你们熟悉这一带，对于秋季机动，也许是几条道路中的一条道路。

（三）你们应召集陈谢开一次会，大致商定作战步骤。陈谢及十纵、十二纵受你们指挥，你们应当放胆指挥。对不大之敌两军分区行动，对较大之敌（仍然只打中等规模之仗）则合同行动。总之一切由你们相机处理。

（四）补充一事，待执行第二计划你们到达郑州、潼关线上作战时，可以解决。

（五）陈军长〔7〕到此谈了你们的情形，我们认为是满意的。

毛　泽　东

子灰

根据手稿刊印。

注　　释

〔1〕粟陈，指粟裕、陈士榘，当时分别任华东野战军副司令员和参谋长。

〔2〕陈谢，指陈赓、谢富治，当时分别任晋冀鲁豫野战军陈谢集团前委书记和副书记。刘邓，指刘伯承、邓小平，当时分别任晋冀鲁豫野战军司令员和政治委员。

〔3〕指粟裕、陈士榘一九四八年一月九日申时给中共中央军委的电报。电报提出向郑陕线行动、击破津浦线和向南阳、襄樊行动的两个方案。

〔4〕指毛泽东一九四八年一月九日为中共中央军委起草的给刘伯承、邓小平等的电报。见本卷第5—6页。

〔5〕指湖北的襄阳和樊城，一九五〇年合并为襄樊市。

〔6〕均县，今湖北丹江口市。

〔7〕陈军长，指陈毅，当时任华东野战军司令员兼政治委员，抗日战争时期曾任新四军军长。

把打击面放在真正的封建剥削阶级范围内[1]

（一九四八年一月）

一

兴县蔡家崖算是当地地主、富农比较集中的地方。该县多数乡村地主、富农没有蔡家崖这样多。可是蔡家崖的经验，却给我们一个重要的教训，就是我们必须按照实际情形去划分阶级，进行土改，决不可将本来不是地主、富农的人们人为地划成地主、富农，错误地扩大打击面，打乱革命阵线，帮助敌人，孤立自己。这是一个极端重大的问题，必须引起全党同志的注意。

二

这里必须指出，我提出兴县蔡家崖划错阶级成分的问题，只是当作一个例子来说。在晋绥其他乡村，在华北、华东、华中、东北及西北的陕甘宁边区，如像蔡家崖那样定错阶级成分的，或者差不多那样的，肯定地说必定不少。一切解放区的领导同志们及所有从事土地改革工作的同志们，均必须严肃地检查这个划成分的问题，公开地明确地改正自己所犯的错误。哪怕只是划错了一个人，也必须改正。

三

中国的旧式富农，带着浓厚的封建性，多兼放高利贷或出租一部分土地。他们一方面自己劳动，接近于农民；另方面又有封建的或半封建的剥削，接近于地主。

四

无论如何，只应该把打击面放在真正的封建剥削阶级的范围以内，绝对不许可超出这个范围。在人民解放军所到的原先是国民党统治的地方，打击面还要缩小些。在那里，首先只打击大地主、豪绅、恶霸、地主武装、保甲制度、特务分子，依照战争胜利与根据地巩固的情况，依照群众的觉悟程度与组织程度，逐步地发展到消灭全部封建制度。

五

土地平分后要号召农民勤劳生产，改良农业技术，发展互助合作运动，求得农民自己生活上的改善，求得民主政府与人民解放军有足够的公粮以利于战胜反动派，并求得日益增多的当作商品出卖的粮食及原料，使城市人民与工业获得足够的农业产品。

六

杜斌丞[2]是民主同盟[3]的人，是一个民主分子，他被胡宗南[4]杀死了，但是类如杜斌丞这样的人还是有的。有这样的人参加民主政府，使民主政府成为共产党领导的各革命阶级的代表人物联合组成的政府，而不是共产党一党包办的政府，这样对于团结中国百分之九十以上的老百姓一道奋斗是有利益的。

七

我们反对乱杀人，并不是说一个人也不能杀。那些真正罪大恶极的大反革命分子，大恶霸分子，国人皆曰可杀的这类分子，经过人民法庭判处死刑，并经过一定政府机关（县级或分区一级或更高的政府所组织的委员会）批准，执行枪决，并公布其罪状（杀人必须公布罪状，不得秘密杀人），那是完全必要的，不如此不能建立革命秩序。但是，不能随便加人罪名而去处人以死罪。须知多杀人是不能解决任何问题的。我们的任务是解决问题，解决如何消灭帝国主义、封建主义和官僚资本主义的压迫和剥削，将中国建设成为独立的强盛的人民民主共和国这样的问题。除了在战争中在火线上必不可免地要杀死许多敌人以外，多杀了人，杀错了人，不但不能解决问题，而且可能推延问题的解决，甚至可能引导到革命遭受暂时的失败。这是因为多杀人必然要失去人民群众的同情，遭受很多人反对。

八

无论在农村中，在城市中，在军队中，在机关和学校中，在任何审查党员或干部的会议上，被审查者都有申述理由的权利，这种民主作风决不可少。

根据中央档案馆保存的毛泽东修改件刊印。

注 释

〔1〕这是毛泽东在任弼时一九四八年一月十二日向西北野战军前线委员会扩大会议作的《土地改革中的几个问题》讲话稿上修改和加写的几段文字。毛泽东在讲话稿上方还写了一段批语："用明码明日开始拍发，争取两天或三天发完，由新华社转播全国各地，立即在一切报纸上公开发表，并印小册子。请范长江同志注意不要译错文字或标点符号。我们这里除新闻简报上发表外，并印小册子送中后委。"

〔2〕杜斌丞（一八八八——一九四七），陕西米脂人。曾任中国民主同盟中央常务委员兼西北总支部主任委员，一九四七年十月在西安被国民党反动派杀害。

〔3〕民主同盟即中国民主同盟，前身是中国民主政团同盟，成立于一九四一年，一九四四年改为中国民主同盟。成员主要是文教科技界知识分子。

〔4〕胡宗南，当时任国民党军西安绥靖公署主任。

对可以争取的中间派应采取积极争取与合作态度

（一九四八年一月十四日）

叶罗[1]转香港分局、上海局，并告中工委、各局、邯郸局并转承志[2]：

（一）对西感指示[3]的原则运用时，应注意灵活性。

（二）对民主同盟的恢复活动[4]，对李济深[5]等国民党反蒋派，对在美的冯玉祥[6]，对一切可以争取的中间派，不管他们言论行动中包含多少动摇性及错误成分，我们应采积极争取与合作态度，对他们的错误缺点，采取口头的善意的批评态度。

（三）要在报纸上刊物上对于对美帝及国民党反动派存有幻想、反对人民民主革命、反对共产党的某些中产阶级右翼分子的公开的严重的反动倾向加以公开的批评与揭露，文章要有分析，要有说服性，要入情入理。

（四）对一切应当争取的中间派的错误观点，在报纸刊物上批评时，尤其要注意文章的说服性。

（五）对华莱士[7]及其一派应采联合态度。

中　央

子寒

根据中央档案馆保存的抄件刊印。

注　　释

〔1〕叶，指叶剑英（一八九七——一九八六），广东梅县人，当时任中共中央后方委员会书记。罗，指罗迈，即李维汉（一八九六——一九八四），湖南长沙人，当时任中共中央城市工作部副部长。

〔2〕承志，即廖承志（一九〇八——一九八三），广东惠阳人。当时任中共中央宣传部副部长。

〔3〕指中共中央一九四七年十月二十七日给各中央局、分局及各野战军前委的指示。指示估计了蒋介石反动统治集团覆灭过程的几种形式，分析了国内各阶级、各党派在此种形势下可能会持的立场和态度，并且提出和规定了我党所应采取的策略与原则。

〔4〕一九四七年十月，国民党政府宣布中国民主同盟为"非法团体"，民盟总部被迫解散。一九四八年一月，民主同盟领导人沈钧儒等在香港召开民盟一届三中全会，决定重建民盟领导机关，恢复活动，并发表宣言反对国民党反动政府和美国的对华政策，与中共及其他民主党派携手合作。参见本卷第14页注〔3〕。

〔5〕李济深（一八八五——一九五九），广西苍梧人。当时任中国国民党革命委员会中央执行委员会主席。

〔6〕冯玉祥（一八八二——一九四八），安徽巢县（今属巢湖市）人。当时任中国国民党革命委员会中央执行委员会常务委员兼中央政治委员会主席，在美国组织"旅美中国和平民主同盟"，反对美国援助蒋介石打内战。

〔7〕华莱士（一八八八——一九六五），美国政治活动家。一九四一年至一九四五年任美国副总统。一九四四年六月曾到中国访问，主张国民党改善同共产党的关系，并促成美军观察组前往延安。

征询邓小平对新解放区若干政策问题的意见〔1〕

（一九四八年一月十四日）

小平同志：

请回答下列问题：

（一）在新区是否应当分为两种区域，一种是可以迅速建立巩固根据地的，一种是要经过长期拉锯战才能建立巩固根据地的，对两种区域的工作采取不同的政策？

（二）新区土改是按土地法大纲分平，还是对富农及某些弱小地主暂时不动？新区中富农及弱小地主态度如何？

（三）是否有开明绅士和我们合作？

（四）是否有许多知识分子和我们合作或表示中立？

（五）各阶层商人态度如何？我军是否可以避免向新区工商业资本家进行筹款？如果筹款，方式如何？

（六）如何处理国民党政府、党部、三青团的各种人员？其中是否有些人是可以争取的？如何处理保甲长？

毛　泽　东

子寒

根据手稿刊印。

注　　释

〔1〕邓小平，当时任晋冀鲁豫野战军政治委员。一九四八年一月二十二日，他在给毛泽东的复电中详细谈了他对六个问题的看法。二月六日，毛泽东再电邓小平等，指出："在大反攻后所占新区斗争策略与组织形式，均应与日本投降前的老区及日本投降至大反攻两年期间的半老区有所不同。在斗争策略上似应分为两阶段：第一阶段，缩小打击面，中立富农，专对地主，又应分为打击大地主阶层与打击整个地主阶级两个步骤。此阶段内因为中农是观望的，占农村人口百分之七十的贫农最为积极，故农会实际上是以贫农为主体，似乎可以不组织贫农团，而农会的名义亦似以农民协会为适当。第二阶段，则平分一切封建阶级的土地，富农至此时才动，此时应组织贫农团，以为农会或农民协会的领导骨干。"二月八日，邓小平复电毛泽东，认为在新区树立这样两个观念非常必要：一是"根据地之确立与土改之完成，要经过相当长的过程，绝非一年半载所能达到"；二是"在斗争策略上，应分阶段、分地区地逐步深入"，开始应缩小打击面，以免犯急性病和策略上的错误。大别山区"应分为两种区域，即可以巩固的区域和游击区域"。在可以巩固的区域应注意：(一)中农打乱平分应绝对采取自愿原则，不要勉强。(二)贫农团已保证了贫农在农村的领导骨干作用，即应迅速扩大为农民协会，吸收中农入会和个别中农积极分子加入领导机关。亦可不先组织贫农团，而先组织农民协会，但必须保证贫农的领导。(三)暂时不斗富农底财。(四)使地主，特别是小地主能够生活，不要一扫而光。复电还讲到，地主经营的工商业应该保留，不予没收。二月十七日，毛泽东转发了这份电报，指出："小平所述大别山经验极可宝贵，望各地各军采纳应用。"

在西北野战军前委扩大会议上的讲话

（一九四八年一月十五日）

同志们：

去年十二月二十五日我向中央会议作的那个报告[1]里，曾经这样说过："中国新民主主义的革命要胜利，没有一个包括全民族绝大多数人口的最广泛的统一战线，是不可能的。"为什么没有全民族绝大多数人口参加的反帝反封建的民族统一战线，胜利就不可能呢？今天我就讲讲这个问题。

革命要不要胜利？这个问题现在已经很清楚了。在我们共产党开始组织的时候，这个问题还不存在。到一九二四年至一九二七年大革命时，和蒋介石合作北伐，那时要不要胜利这个问题发生了。但是，那时犯了错误，共产党还幼稚，党的领导上有投降主义，放弃了对革命的领导，迁就国民党，投降农村的地主、富农、土豪劣绅和城市的大资产阶级，特别是不要军队，这就丧失了夺取胜利的可能性。后来实行土地革命，跟国民党打了十年。开始我们是游击队，很小，只能消灭敌人几个团，搞几个县。那时在几个县胜利的问题是提到议事日程上了，但全国胜利还比较渺茫。抗日战争的时候，我们提出争取全国胜利，提出经过持久战，把日本侵略者赶出去，组织人民大众的力量把它打倒。日本投降以后，新的问题就来了，蒋介石反动集团发动内战。蒋介石如果没有美帝国主义的帮助，他要打内战还会慢一点，美帝国主义一积极支持，内战很快就打起来了。北伐是内战，土地革命战争也是内战，抗日战争胜利后打蒋介石又是内战，来了三次革命的内战。现在的内战跟前两次不同。北伐战争是反对帝国主义和买办封建势力，结果蒋介石夺取了胜利果实，失败的是共产党和人民大众。十年土地革命战争，革命力量受到很大的挫折，来了一个长征。前两次内战发生在第一次世界大战之后，第二次世界大战之前，我们的斗争比较孤立，特别是土地革命战争时期非常孤立。抗日战争本身就是第二次世界大战的一部分，有国际上的同情和支持。现在的内战是在第二次世界大战之后，世界形势发生了变化，中国的形势也发生了变化，革命胜利的前途看得很清楚了。在座的大多数同志，经历过从大革命到今天的四个革命时期，大家想一想，在这四个时期中，哪一个时期对于胜利的前途看得最清楚？那就是现在这个时期。

现在，要不要夺取革命在全国的胜利？过去，北伐战争没有胜利，土地革命战争没有胜利，抗日战争打败了日本帝国主义，但也没有取得革命在全国的胜利。这次是不是能胜利？现在这个问题还存在着，有些人对消灭蒋介石夺取全国胜利的决心还没有下。但是，我们领导机关，这次参加会议的同志，我们的高级干部，大多数的党员，对这个问题已经看得很清楚。我在去年十二月会议上的报告中曾说要经过长期的战争，现在看来，战胜敌人的时间不会太长了。我们要有这个信心。去年三月以前，我们说能够胜利，是根据其他解放区抗击国民党军队进攻的经验，那时我们陕甘宁边区还没有打起来，胡宗南〔2〕还没有进攻陕北。现在，全国的解放战争已经打了十八个月，陕甘宁边区也打了十个月，消灭了那么多的敌军，我们能打胜这一点，便看得更清楚了。第一年我们平均每月消灭敌人正规军八个旅，第二年前半年的战绩增加到平均每月消灭九个旅，以我们至少平均每月消灭八个旅来计算，一年可以消灭敌人正规军九十六个旅。敌人这些被消灭的部队第一次打垮了可以补充，第二次打垮了还可以补充，第三次第四次就不好补充了。我们将敌人总是这么消灭下去，打个三四年就差不多了，胜利的把握很大。同志们回去后，要向未到会的同志讲清楚为什么这一次比过去那三次胜利的把握大，因为现在这个时期跟过去那三个时期不同，第二次世界大战以后跟第二次世界大战以前情况不同，人民解放军的情况跟红军也不同。

但是我今天要讲的，主要的还不是这一点。我今天讲的主要是，为什么没有全民族绝大多数人口参加的民族统一战线，全国胜利是不可能的。大革命时期的经验和以后各个时期的经验都证明，中国革命要胜利必须实行一条总纲领，这就是无产阶级领导的、人民大众的、反帝反封建的革命。至于具体纲领，解放军宣言讲了八条〔3〕，我在十二月二十五日的报告又讲了八条〔4〕，彭副司令的报告讲了九条〔5〕，但在帝国主义、封建势力没有打倒，社会主义没有到来以前，总的纲领就只能是这一条，没有第二条。我们的统一战线，是无产阶级领导的、人民大众的、反帝反封建的统一战线；我们的军队，是无产阶级领导的、人民大众的、反帝反封建的军队。所谓无产阶级领导，就是经过它的先锋队共产党来领导，人民大众主要就是农民。我们讲能够胜利，就要建立在这个基础上。

现在有许多人把希望寄托在共产党身上，寄托在人民解放军身上。最近看到外面的报刊如《观察》杂志上有文章这样说："假如二十年来的统治，不是如此腐败无能，何致使许多人觉得前途茫茫，中心彷徨，转而寄托其希望于共产党？"〔6〕傅斯年〔7〕到过延安，他骂宋子文〔8〕，在文章中说：世界上出了怪事，哪有资本家拥护共产党？硬是宋子文搞的。宋子文是封建买办阶级的一个代表。去年春天有个人写文章，说：现在全国人民对现政权可谓人人离心，个个厌恶。秋天这个人又写文章，说蒋介石和中国现政府业已失去民心，如在太阳底下的影子。周副主席〔9〕到上海，很多资本家请他吃饭。我们丢了张家口，有资本家掉了眼泪，共产党的张家口竟然跟资本家的眼泪发生了关系。对这些资本家，还有像西安大华纱厂的资本家，我们把他们放在中产阶级范围内，要跟他们合作。他们跟帝国主义联系很少或者没有联系，跟蒋、宋、孔、陈四大家族有区别，并且受着官僚资本的压迫。现在中间阶层有许多人找不到出路，把希望寄托在我们身上。内战打了一年半，蒋介石已完全陷入孤立，这是在抗战以前、抗战中间甚至抗战胜利后一个时期内都没有过的事情。那末，蒋介石的孤立是不是等于我们的胜利？是不是我们就可以不要全民族绝大多数人口参加的民族统一战线了？我看不能这样讲。蒋介石孤立，是因为他代表地主阶级和官僚资产阶级的利益，是压迫人民的。有人说共产党是蒋介石逼出来的，"消灭了一个共产党，同时制造了十个共产党；消灭了十个共产党，同时制造了一百个共产党”〔6〕，结果弄得人人离心，个个厌恶，共产党越来越大。这是一方面的真理。但是，还有另一方面的真理，就是我们政策的正确。如果我们的政策不正确，比如侵犯了中农、中等资产阶级、小资产阶级、民主人士、开明绅士、知识分子，对俘虏处置不当，对地主、富农处置不当，在统一战线问题上犯了错误，那就还是不能胜利，共产党会由越来越多变成越来越少，蒋介石的孤立会变成国共两方面都孤立，人民不喜欢蒋介石，也不喜欢共产党。这个可能性是有的，在理论上不是不存在的。

我们的俘虏政策完全成功。对放下武器的国民党士兵，一个不杀，其中大部分可以参加我们的部队，五分之一至四分之一的国民党军官，经过改造可以为我们所用。蒋介石搞关门主义，我们放回去的国民党军官他也不敢用。我们比他胆大，对他的军官，一部分大胆地用，大部分放回去。放的时候和他订个条件，要他出去做工作，只要做一点工作，对我们就有帮助。比如打宜川时，有个被俘的军官在广播中对国民党军讲话，说他可以“保证缴枪不杀”。国民党军队的官兵很注意听我们的广播，我们的广播威信大得很。可见，俘虏政策很重要。

地主作为一个阶级要消灭，作为个人要保护。为什么要消灭地主阶级？因为它代表的是反动的生产关系。政治上打倒蒋介石，目的就是为着在经济上摧毁封建买办的生产关系，解放被束缚的生产力。在农村就是解放农民，打破封建的土地所有制，实行彻底的平分土地，把土地所有权交给农民，使农民放心大胆好好生产，改进农作方法。在城市，四大家族为代表的官僚资本要收归新民主主义国家所有。生产关系中的所有制在法律上的名称就叫所有权。对于私有权，先破坏一部分，即破坏地主阶级的私有权变成农民的私有权，破坏四大家族的私有权归新民主主义国家所有。但废除地主阶级的私有权，并不等于连他的人也不要了。地主和旧式富农占农村人口十分之一，全国共有三千六百万人，这是社会的劳动力，是一种财富。我们分一份土地、财产给他，让他参加生产劳动，他能抬担架，能生产粮食，还能缴公粮，对国家有利。至于选举权，农民在几年之内是不愿意给他的，那末是不是永世不给了？不是的，开始先不给，过些年后经过劳动改造变成了农民就可以给了。现在工业不发达，将来工业发达了，工人从哪里来？还不是从农村来。农村劳动力多了抽到城市做工，要有几百万人到城市去。三千六百万人改造后是很大的一批劳动力，快等于一个小国家的人口了。我们对封建剥削要非常恨，但地主本人还是劳动力，经过改造过几年还有选举权。对地主要安置好，安置不好会出乱子，我们就不可能取得胜利。地主有大地主、中地主、小地主之分，还有反动的和开明的之分，我们应当分别情况进行处理。

打人杀人的问题，这里也讲一下。我们共产党不主张打人，人长两只手是用来做工的，不是打人的。打人是封建野蛮的行为。丈夫打老婆，工头打工人，教员打学生，官长打士兵，上级军官打下级军官，都是野蛮的做法。农村里斗地主，打人也是不好的，不要提倡。在斗地主的时候，农民气愤得很，上去打他一下，我们如果马上出来说“你不能打人”，这会给群众泼冷水。群众气愤时打了一下不要紧，但我们不提倡打人。这样说是不是矛盾呢？不矛盾。我们的口号叫废除肉刑，这是我们的原则，但也要有灵活性。比如，破除迷信是我们的原则，但是陕北现在还经常有庙会，很多人去参加庙会，我们的秧歌队也去。群众迷信神灵，我们不能强迫群众不迷信。还有陕北政策规定废除买卖婚姻，但是现在买卖婚姻还很多。这些都需要逐步地来改造。

杀人是越少越好。不可不杀，但不可多杀。解放军宣言上讲对于蒋方人员采取分别对待的方针，第一是首恶者必办，要追寻他们至天涯海角；第二是胁从者不问；第三是准许将功折罪；第四是立功者受奖。这就是我们的政策。这样，要杀的人就少了。反革命特务也不用杀那样多。杀几个特务人家就不再搞特务了？他还是要搞。我们来个以毒攻毒，使这些国民党训练了多年的"技术"人员为我所用。你过去整了共产党，今天你要帮我做事，把蒋介石打垮了，就算将功折罪。这次把王实味杀了大为可惜，他是一个坏人〔10〕，但他还会写文章。那末是不是一个不杀？一个不杀不能当作法律方针。那些罪大恶极的、群众非常痛恨的可以杀。至于一般地主、富农分子，俘虏军官，则另行处置。现在八万俘虏军官，二百万俘虏士兵，我们杀他一个没有？没有杀一个。八万军官造反没有？没有造反。妨碍了革命战争没有？没有妨碍。相反，对我们还有帮助。对广大知识分子阶层，如学生、教员、律师、医生、工程师等要慎重对待。这些人过去给资产阶级服务，现在受革命运动影响，经过教育，可以给我们做事。我们这样做了，胜利就有了保障；如果不这样做，即没有把全民族绝大多数人都团结在民族统一战线中，胜利就是不可能的。

有人说全国胜利以后怎么办？那时还要不要统一战线？是不是"一朝权在手，便把令来行"，下一个命令不要统一战线了？不是的。那时的问题是巩固胜利，没有全民族绝大多数人口参加的民族统一战线，胜利就不能巩固。

同志们，我们去年取得了伟大的胜利，一个是打仗，一个是整训，后方工作也搞得好。河东河西统一起来了〔11〕，大家有把握打胜仗，前方缴获了很多东西，后方接济了充足的粮食和炮弹。这些使我们很满意。中央开会〔12〕，对全国各解放区作战成绩估计了一下，已消灭敌人一百六十几万，包括你们的胜利在内。对西北野战军来说，后方的确出力很大。经费问题曾经非常困难。在去年八月半时就说镇川堡以北没有粮食了，想去胡宗南那里“借粮”，结果我们并没有去“借”，而是贺龙〔13〕同志搞来五万石粮食，从八月半一直吃到十二月，军队总是有粮吃。总的说来，在彭德怀、贺龙同志的领导下，前后方团结、合作得很好。共产党有了军队，有了政权，困难就可以解决。现在要打到外线去，你们可以对后方工作放心，对前方领导放心，中央也放心，这主要是由于有西北局和晋绥分局的领导，有前委的领导。你们这么多干部有这个信心，不管地主怎么造反，我们都不怕。

你们部队经过两个月整训，从农民那里学会了诉苦运动，提高了觉悟，增强了团结。如果我们两百万军队都通过诉苦运动团结起来，就没有打不败蒋介石的道理。只要我们的政策正确，依靠贫雇农，紧紧地团结中农，保护工商业、中等资产阶级和知识分子的利益，不杀俘虏官兵，这个天下我们就可以得到。有了全民族的统一战线，就有了胜利。我们的势力越大，胜利的把握就越大，这是很硬的道理。

那末，我们是不是可以轻视敌人呢？不能。我在那个报告中讲了，美帝国主义是个纸老虎，它的强大是表面的、暂时的。它不可能像流水一样地援助蒋介石。对美帝国主义，对蒋介石，总的方面我们应该轻视他们，但对具体的敌人就不能轻视，如果轻视就会犯原则性的错误。原则性有两个，对总的敌人我们是轻视的，对具体的敌人不能轻视。我记得我在红大〔14〕讲过这个道理。当时有个同志说："你讲了这么多道理，这也是道理，那也是道理，老子打起仗来，没有那么多道理，就是一冲。"我跟这个同志讲，你有你的道理，你的一"冲"是对的，但是，你只有一"冲"就不对了，要再加一"冲"，变成两"冲"。勇敢是一"冲"，智谋又是一"冲"，有勇无谋只是一"冲"，智勇双全才是两"冲"。现在再举例来说，消灭地主阶级是一"冲"，给地主个人分地又是一"冲"。打倒国民党是一"冲"，对国民党的职员不能打倒又是一"冲"。战略上我们必须轻视敌人，这是一"冲"。什么帝国主义都不可怕，他们矛盾很多，问题很多。美国有危机，在外部苏联反对它，在内部人民反对它。蒋介石那里人心不齐，军心不齐。美国援助蒋介石我们不怕，胡宗南有二十万人我们不怕。但是在具体问题上我们不能轻敌，这又是一"冲"。我们不打无准备之仗，不打无把握之仗，在战斗中要一个阵地一个阵地地夺取。总之要大处着眼，小处着手。

这次前委扩大会的决议〔15〕很好，但要准备将来会修改。前年的《五四指示》，我们去年九月做了修改，提出平分土地的政策〔16〕。前年要提出平分土地可能不可能呢？不可能，那时还不能下决心平分土地。从实际情况看，那时不下决心去年九月下决心比较好。西安事变时我们放了蒋介石，现在又提出打倒蒋介石，这不但不矛盾，而且只有这样做才不致脱离群众。那时对蒋介石一定要放，不放，我们党就会脱离群众。我们放了他，先打日本帝国主义，实行减租减息的政策，结果我们扩大了解放区，壮大了解放军，然后进到平分土地。日寇投降前两年，太行地区有的地方分了地，他们打来电报问要不要纠正？我们告诉他们，人家分了就分了，不要纠正。那时部分地区可以分地，但不能当作全国的政策来实行。抗日时期我们跟蒋介石合作，实行减租减息，这同没收地主土地分给农民的政策相比，是不是退了一步？是退了一步。抗战胜利后我们仍然退了一步。退一步的目的是什么？是准备前进。为什么我们退出延安？退出延安是准备打到西安。退一步，进两步、三步。在我们思想中、工作中，退一步的政策是主动采取的。在抗战开始时退一步，不是承认蒋介石不应该打倒，土地不应该分，而是因为日本打进中国来了，如果不这样做就会犯错误。现在要平分土地是正确的，农民有这个要求，但是同志们要注意纠正工作中的“左”的错误。如果我们思想中、工作中有了缺点错误，要随时准备修正，这叫做坚持真理、修正错误。真理要坚持，有时真理不被大多数人所认识和了解，我们也要反“潮流”。不论是错误是缺点，哪怕是很小的，我们都要准备修正。

我们要习惯听闲话，准备多听闲话，把听闲话当作收集舆论的机会。党校闲话很多，我们让他讲，这叫合法的闲话（军队里叫作怪话）。闲话有两种，一种是好人讲的，一种是坏人讲的。如果是好人讲的，说明你这个领导在工作上很可能有问题。我们讲党要听闲话就是这个道理，注意收集不同的意见。意见一致了就不会发生不团结现象，不团结就是因为有不同的意见而又得不到解决。我们需要像拣破铜烂铁一样将不同意见收集起来，经过熔化，准备修正我们思想上、工作上的毛病和错误。过去有个同志犯了严重错误，听见隔壁房子里有人讲他的闲话，便一晚上睡不着觉，跑到我那里去。我告诉他，你的错误相当大，精神上要有准备不是一个人、几个人讲你的闲话，而是几百个人讲，你有了这样的精神准备，并且依旧照常工作，以后就不会有人讲你了。过了几个月以后，果然人家就不讲他了。这个同志现在牺牲了。工作中间犯错误，哪一个人会没有呢？犯了错误就要改正，叫作坚持真理，修正错误。我们准备收集不同的意见，并且已经有了决议，不同的意见公开地讲出来，什么意见都可以讲。正确路线的领导之下也会有缺点错误，如黄河之水滚滚而流中间还会有几个小泡，我们多收集各种意见，认清自己工作中的缺点错误，这样就可以减少盲目性。

根据中央档案馆保存的讲话记录稿刊印。

注　释

〔1〕指毛泽东一九四七年十二月二十五日在陕北米脂县杨家沟召开的中共中央会议上的书面报告《目前形势和我们的任务》（《毛泽东选集》第四卷，人民出版社 1991 年版，第 1243—1260 页）。

〔2〕胡宗南，当时任国民党军西安绥靖公署主任。

〔3〕指一九四七年十月十日《中国人民解放军宣言》中宣布的中国共产党的八项基本政策（《毛泽东选集》第四卷，人民出版社 1991 年版，第 1237—1238 页）。

〔4〕毛泽东一九四七年十二月二十五日在中共中央会议上的报告共分八个部分。会议的决定指出："这个报告是中国共产党在整个打倒蒋介石反动统治集

团，建立新民主主义中国的时期内，在政治、军事、经济各方面带纲领性的文件。”

〔5〕似指中国人民解放军副总司令彭德怀一九四八年一月主持召开的西北野战军前委第一次扩大会议作出的决定中所说的九条。主要内容是：(一)我军进入蒋管区有两个基本任务：一是大量消灭敌人，二是建立根据地。(二)我军进入敌占区后，必须坚持毛泽东在一九四七年十二月二十五日报告中所指出的十大军事原则，灵活地坚决执行，达到各个歼灭敌人正规部队、强大自己的目的。同时必须坚决消灭反动地主武装，建立人民自卫武装，建立有力的武装工作队。(三)对于宗教迷信帮会等组织，在不反对我们土地改革及我军行动的原则下，应争取他们和我们合作，或使他们站在善意中立的地位，在土改运动中逐渐分化他们，争取其下层群众，孤立其上层头子。对于学生、教职员及一般知识分子，必须加以保护。(四)我军所到之处，对于国民党、三青团及国民党政府，宣布一律取消。(五)对于工商业，必须保护其营业，不得有任何没收物资及捉人等破坏行为。(六)军队给养一般地应向地主阶级征发及夺取敌人仓库解决。必要时，向富农征借。(七)我军政治工作必须采用新方式：1. 用诉苦等办法提高士兵阶级觉悟；2. 建立纪律值班制度；3. 建立各种互助小组，特别是战斗小组，以及记功、记过、查功、查过、庆功大会与民主评判等项制度。(八)必须善于利用战斗间隙进行军事训练。(九)在彻底平分土地、消灭封建势力的政策下，不应再吸收地主富农当兵。继续进行诉苦与“三查”运动，注意吸收贫苦积极分子入党，加强党的支部工作，使支部成为今后的领导核心。

〔6〕见储安平《评蒲立特的偏私的、不健康的访华报告》一文，载一九四七年十月二十日出版的《观察》杂志第三卷第九期。

〔7〕傅斯年(一八九六——一九五〇)，山东聊城人。当时任中央研究院历史语言研究所所长。一九四五年七月曾以国民参政员身份访问延安。一九四七年二月十五日在《世纪评论》发表《这个样子的宋子文非走不可》一文，文中说：“今天连资本家也有许多同情共产党，开万国未有之奇，他(指宋子文)把他的政府伺候得这样子的，人民不必说了，他心中反正没有人民的。”今天“要做的事多极了，而第一件便是请走宋子文，并且要彻底肃清孔宋二家侵蚀国家的势力”。

〔8〕宋子文(一八九四——一九七一)，广东文昌(今属海南省)人。曾任国民党政府行政院院长，一九四七年九月改任国民党广东省政府主席。

〔9〕周副主席，指周恩来。

〔**10**〕王实味（一九〇六——一九四七），河南潢川人。曾在延安中央研究院文艺研究室任特别研究员。一九四二年整风运动中，发表过《野百合花》、《政治家·艺术家》等文章，受到批判并被开除党籍，同年底因“反革命托派”等问题被关押。一九四六年对他的问题作出结论，定为“反革命托派奸细分子”。一九四七年在战争环境中被错误地处决。一九九一年二月七日，公安部正式作出《关于王实味同志托派问题的复查决定》。决定说：“在复查中没有查出王实味同志参加托派组织的材料。因此，一九四六年定为‘反革命托派奸细分子’的结论予以纠正，王在战争环境中被错误处决给予平反昭雪。”

〔**11**〕一九四七年七月二十一日至二十三日召开的中共中央扩大会议，决定由陕甘宁晋绥联防军司令员贺龙统一领导黄河以西的陕甘宁边区和黄河以东的晋绥边区的工作，造成一个统一的后方，以集中一切人力、物力、财力支援西北解放战争。

〔**12**〕指中共中央一九四七年十二月二十五日至二十八日在陕北米脂县杨家沟召开的会议。

〔**13**〕贺龙（一八九六——一九六九），湖南桑植人。当时任陕甘宁晋绥联防军司令员兼西北财经办事处主任。

〔**14**〕红大，指一九三六年六月在陕北瓦窑堡创办的中国抗日红军大学。一九三七年一月，改名为中国人民抗日军事政治大学，简称抗大。

〔**15**〕指一九四八年一月通过的西北人民解放军前委扩大会议决定。这个决定对部队进军敌占区后应遵循的基本方针和原则作了规定，内容包括以下九项：进军敌占区的基本任务；进军敌占区的作战目的；对宗教迷信会帮组织的政策与策略；区别不同情形处理国民党反动组织、贪官污吏、恶霸、特务分子和一般无劣迹的国民党人员；对工商业的保护；军队给养的解决；军队政治工作的新方法；战斗间隙的军事训练；纯洁队伍，保证党的政策的执行。

〔**16**〕中共中央一九四六年五月四日发布《关于土地问题的指示》（通称“五四指示”），坚决支持广大农民群众在反奸清算、减租减息等斗争中，从地主手中获得土地，实行“耕者有其田”。这一指示，对党在抗日战争时期实行的减租减息政策作了重要的改变。一九四七年七月十七日至九月十三日，中共中央工作委员会在西柏坡召开全国土地会议，总结了“五四指示”发布后土地改革的经验，制定了《中国土地法大纲》。这个大纲肯定了“五四指示”满足农民土地要求的方针，又改正了这

一指示的某些不彻底性，明确规定废除封建性及半封建性剥削的土地制度，实行按人口平均分配一切土地。

边区政权机关不应只代表农民

（一九四八年一月十六日）

邯郸局，并告中工委，新华总社：

新华社晋冀鲁豫十三日电讯中，有在边区农代大会成立前政务会议应尊重农代筹委会的意见和依据贫农、雇农、工人的要求改进工作等语。其中不但没有小资产阶级、中等资产阶级，连中农、独立工商业者、自由职业者及脑力劳动的知识分子也没有提到。像晋冀鲁豫这样大范围的政权机关不应只是代表农民的，它是应当代表一切劳动群众（工人、农民、独立工商业者、自由职业者及脑力劳动的知识分子）及中产阶级（小资产阶级、中等资产阶级、开明绅士）的，而以劳动群众为主体。因此，边区最高政权机关是边区人民代表大会及其选出的政府，而不是农民代表大会及其选出的政府。尽管现在各解放区是农民占绝大多数，但是必须顾到工人及其他各阶层民众，在农民中则必须顾到中农。此项新闻不知你们是否事先看过或事后有所检讨。根据此项新闻，至少我们的新华社及报纸的工作人员，对于毛主席亥有报告[1]并未研究，以至对于这些同志的过左的不正确的观点，并未纠正。望你们根据此电检查新华社的工作，并将结果电告。

中　央

子铣

根据毛泽东手稿刊印。

注　　释

〔1〕指毛泽东一九四七年十二月二十五日在陕北米脂县杨家沟召开的中共中央会议上的书面报告《目前形势和我们的任务》(《毛泽东选集》第四卷，人民出版社1991年版，第1243—1260页)。

新解放区土改斗争策略

（一九四八年一月二十二日）

粟裕[1]同志：

子篠[2]电悉，各项布置均妥。该区地方武装必须分散游击，掩护群众斗争，不应过早与过多地集中组织纵队，你的布置极为适当。惟土改工作不能性急，我们去年曾告你们一年内彻底平分土地，你们应当灵活执行。你们应当按照消灭敌人武装力量的情况，领导土改干部的多少强弱，群众的觉悟程度与组织程度，决定土改工作的速度。大体上长江以北各区三年内积极努力，工作得法，不犯大错误，能够全部按土地法分配土地，就是极伟大的成绩。所谓大体上长江以北各区全部三年内按土地法分配土地，是指中原、华中、华东、邯郸、阜平、晋绥、西北、东北各中央局、中央分局管辖地区一九四七年所占可耕土地，再加一九四八年胜利战争所占可耕土地，应当争取于一九四八年一月至一九五〇年十二月的三年内，有步骤地不但从土地的数量上而且从土地的质量上大体上按人口平分完毕。所谓积极努力，工作得法，不犯大错误，是说依照全国土地会议的决议[3]及其后中央及中央工委所发有关土改的指示，有步骤地启发群众的觉悟，团结全体农民，达到平分土地之目的，不犯大的“左”右倾错误，而主要是不犯“左”的冒险主义错误。如果没有这些条件，如果犯了大的错误，则三年解决各区土地问题还是不可能的。所谓有步骤地启发群众觉悟，团结全体农民平分土地，是说土改方法应从宣传群众，寻找群众中的少数积极分子（不是投机分子），调查研究具体的阶级关系，发动群众分大地主的钱财，斗恶霸，组织群众团体，组织党的支部，组织民兵游击队，组织区乡政府做起，然后发展到没收分配土地。

在新区没收分配土地应当分为两个阶段：第一阶段，没收分配地主阶级的土地，中立富农，富农的土地原则上不动。在没收分配地主土地时，应当分别地主的大、中、小，地主的恶霸与非恶霸，采取不同的待遇。在此阶段内，以贫农为主体，组织农民协会，除地主、富农不许入会外，一切农民包括在内，不另组织贫农团。在国民党统治的农村中，贫农、雇农及其他无地少地农民约占百分之七十，中农约占百分之二十，地主、富农及其他剥削分子约占百分之十。故农会所包括的群众极为广大，而百分之七十的贫雇农最为积极，自然成为农民协会的主体。中农在初期是徘徊观望的，斗争开展有了胜利希望的时候，中农方愿加入农民协会，故此时期可以不另组织贫农团。第二阶段，平分一切封建阶级的土地，富农的土地此时才动。在此阶段内，是否于农协内部组织贫农团，看那时农协的情况决定。如果农协的领导权确是掌握在贫雇农积极分子手中，可以不另组织贫农团，如果农协有地主、富农及其他狗腿混入，并掌握了领导权，则必须另组贫农团，并改造农协的领导机关。在新区（例如鄂、豫、皖三省）土改工作的发展过程，大体上应当经过这些步骤或阶段，才能启发群众觉悟，斗倒封建阶级，建立稳固根据地。

在群众觉悟程度有很大区别的新区与老区，例如陇海以南与陇海以北，土地法的应用必须有所区别。这就是说，平分土地是反封建斗争的最高目标，必须经过几个阶段，几番手续，才能达到目的，不是一次可以彻底完成的，老区的经验正是如此。老区是经过多少年、多少月方才把土地分好。其所以如此，是因为群众必须在自己亲身经验中，才能教育自己，提高觉悟，认清敌人，取得胜利。共产党员也是如此，必须在斗争中教育自己，取得经验，才能领导群众得到胜利。为了这个原故，你们不应对于全区几十个县的一切区乡同时动手，而应选择若干条件适当的县，每县先从一至二个区做起，做出成绩，取得经验，影响他区群众，然后逐步推广。必须认识，群众工作、土改工作是极细致的工作，必须研究领导艺术。每个乡村，必须有绝大多数群众认为没收分配地主、富农的土地不但是必要的，而且是合理的，由群众自己批驳了落后群众中长期存在的错误思想，比如贫穷是由于命运，分土地是不道德行为等等，绝大多数群众真心愿意平分土地，然后才能行动；否则，就会犯冒险主义错误，被地主、富农及坏干部利用，乱打，乱杀，乱斗，乱分阶级，乱订成分，土地分不好，又要走回头路。必须认识，共产党员领导着缺乏精神准备、缺乏团体生活、缺乏斗争艺术的农民群众，向着诡计多端、在精神上物质上都占优势的地主、富农作斗争，是一个很长的过程。在这个过程中，共产党员只有与农民群众一道，逐步完成精神准备，逐步把自己组织起来（党的团体、群众团体、民兵、游击队、区乡政府），逐步学会斗争艺术，才能最后斗倒封建阶级，实现真正的平分土地；否则，必然被地主、富农打败，必然闹出许多危害群众的大乱子，即使平分，也是假平分。这一点不论在老区，在新区，都是如此。因此，我们应当坚决采用逐步推广的方法，不用普遍动手的方法。逐步推广的运动，看来很慢，其实是快；普遍动手的方法，看来是快，其实是慢。如果环境许可，干部又多，又有训练（必须有充分的训练），可以在全区中一切有工作团的县，每县选择一个区，同时进行土改工作，而对其他的区，则是进行准备土改的工作。一县之内，一个区大体上做好了土改，不犯冒险主义，没有乱打，乱杀，乱斗，大体上没有分错阶级，订错成分，全体农民真正自觉地团结起来，得到土改利益，县一级干部及工作团干部，真正学会了土改方法，这个县的土改工作，就会很快地开展，群众运动就会出现真正的高潮，而不是易起易落的形式上的高潮。这里所谓环境许可，是说在新区应当分为两种地区，采取不同策略：第一种，是我军大量消灭了敌人，敌我力量对比起了基本变化，敌人以后不易再来，即使再来，也不可能久占的地区。在此种地区，应当由开仓济贫，斗恶霸，分大地主的浮财，组织农会、政府、民兵、游击队，逐步发展到没收分配地主阶级的土地，这种地区的环境，是许可我们进行土改的。第二种，是敌人还能再来，并将久占的地区。在此种地区，我们的工作，是向群众做宣传，开仓济贫，分发一部分财物，寻找积极分子，成立秘密的精干的党的组织与群众的组织，相机组织精干的游击队，并须教育群众准备敌人再来时的应付办法。在这种地区，环境还不许可我们进行土改，土改工作还要有所等待。

新区工作中，还有一个地主、富农左翼分子问题应当好好地解决。历来经验，新区游击战争时期，地主、富农阶级有一部分左翼分子，拥护我党反帝反蒋反大地主的政策，愿意参加这一斗争，而在新区群众尚未起来，工农积极分子尚未形成，没有或很少现成的本地干部，我党不得不和这些左翼分子合作，经过这种合作，打败蒋军及大地主阶层，成立政权，发展地方武装及地方军。这些左翼分子，就在这个过程中加入了党，成为当地党政军民各项工作骨干之一部分。他们有些是知识分子，有些不是知识分子，有些能在党内教育下改变其地主、富农立场，继续执行党的路线，有些则在群众起来实行土改的时候，发生动摇，有些竟至成为土改的严重障碍。你们到新区，对于这个问题应取正确态度。首先不怕同他们合作，不怕吸收他们中的积极分子入党，但须加重对于他们的教育工作。到了实行土改时期，则应分别情况处理：有些人继续任用；有些人调职受训或做他事；对于把持权力，压迫人民，障碍土改，无法教育者，则坚决发动群众洗刷他们。

此外，为着了解农村情况，为着进行土改，区党委书记以下，政治部主任以下，必须亲自调查几个区乡的土改工作，否则，就不可能正确地领导土改。

以上望告知豫皖苏区党委及你们政治部各同志（此件可印成单张发给各级区党委及工作干部），并望将你们的经验电告。

毛　泽　东

子养

根据中央档案馆保存的抄件刊印。

注　　释

〔1〕粟裕，当时任华东野战军副司令员。

〔2〕子篠，即一月十七日。

〔3〕指中共中央工作委员会一九四七年七月十七日至九月十三日在河北建屏县(今属平山县)西柏坡召开的党的全国土地会议通过的《中国土地法大纲》。

对中央一月决定[1]的补充意见

（一九四八年一月二十四日）

少奇同志：

子养电[2]悉。

（一）为了详尽考虑一月决定，你可召集阜平中央局诸人和中工委一道开几天会，缓几天复电不要紧。

（二）尚有几点拟加入此决定：甲、为了稳定中农之目的，老区新富农照富裕中农待遇，即不得本人同意不能平分；乙、给教堂、祠堂、庙宇留少数园地；丙、保护和平通商、传教的外国人；丁、货债及农民内部债务之处理；戊、新区执行土地法应与老区不同，在新区应分两阶段，第一阶段没收分配地主土地，中立富农；第二阶段平分土地。第一阶段只组织农会，第二阶段再组织贫农团。以上各点请一并考虑。

（三）我起草了一个给粟裕的电报[3]，内容是说土改不能性急，长江以北至满洲[4]各大解放区三年内完成土改即是很大成绩；新区应分两阶段完成土改，第一阶段应中立富农；土改方法应逐步推广，不应普遍动手。此电拟同时告知各区，现尚未发出，你有何意见，盼告。

毛　泽　东

子敬

根据手稿刊印。

注释

〔1〕中央一月决定，指毛泽东一九四八年一月十八日为中共中央起草的决定草案，内容包括“党内反对错误倾向问题”、“土地改革和群众运动中的几个具体政策问题”、“关于政权问题”、“在革命统一战线中领导者和被领导者的关系问题”四个部分。这个决定草案已收入《毛泽东选集》第四卷，题为《关于目前党的政策中的几个重要问题》。

〔2〕指刘少奇一九四八年一月二十二日给毛泽东的电报。电报说，已派人到两个县的下层搜集对《中央一月决定》的意见，三四天后可将讨论意见电告。除个别问题可能有若干意见外，一般赞成这个决定。又已将决定告知阜平中央局，他们可能有若干意见提出。

〔3〕指毛泽东一九四八年一月二十二日关于新解放区土改问题给华东野战军副司令员粟裕的电报。见本卷第35—39页。

〔4〕满洲，指中国东北地区。

南线三军三个月的作战方针

（一九四八年一月二十六日）

刘邓李[1]，并告粟，陈谢，徐滕薄[2]，华东局，邓子恢[3]，中工委：

有午电[4]及小平、刘邓报告一般情况各电均悉。

（一）陈粟[5]、陈谢两军本月休整，丑月开始新作战，丑寅卯[6]三个月包括作战间隙中的几次短期休息在内，可以举行三次至四次较大战役，歼灭大批敌人，即可有力地帮助你们。

（二）你们在三个月内，以分遣坚持，多休息打小仗，待三万新兵到手充实部队后，则打中等规模之仗为有利。三个月后南北配合行动，可能进入打大歼灭战之阶段。

（三）三个月内，陈粟、陈谢两军作战原则是调动敌人打中等规模之歼灭战。其机动范围是郑、洛、潼方向，南阳、襄樊方向，信阳、广水方向，淮阳、开封方向。总以能歼灭较多敌人，首先配合你们，其次配合彭张[7]及徐滕薄，又其次配合苏中、苏北为原则。

（四）请徐滕薄除训练新兵准备输送前方外，注意炮弹、手榴弹及炸药对于南线各军之供给。

（五）彭贺陈[8]到中央会商完毕，彭张军丑齐[9]以前从清涧以北开始南进，陈于月底动身东返，经中工委、五台、渤海、邯郸转达中央方针后，约寅初可到部队。

（六）许谭〔10〕率七、九两纵休整完毕后，由胶济线向苏北出动。今后苏北、苏中可形成一重要战场，威胁京沪。中央决定恢复华中分局〔11〕，陈毅为书记，邓子恢为副书记，受华东局领导，管辖现豫皖苏地区、苏北苏中地区及巢湖以东之淮南地区，七、九两纵及一切华中部队统归陈粟指挥。

军　委

子宥

根据毛泽东手稿刊印。

注　释

〔1〕刘邓，指刘伯承、邓小平，当时分别任晋冀鲁豫野战军司令员和政治委员。李，指李先念（一九〇九——一九九二），湖北黄安（今红安）人，当时任晋冀鲁豫野战军副司令员。

〔2〕粟，指粟裕，当时任华东野战军副司令员。陈谢，指陈赓、谢富治，当时分别任晋冀鲁豫野战军陈谢集团前委书记和副书记。徐滕薄，指徐向前、滕代远、薄一波，当时分别任晋冀鲁豫军区第一副司令员、第二副司令员和第一副政治委员。

〔3〕邓子恢（一八九六——一九七二），福建龙岩人。当时任中共中央华东局副书记。

〔4〕指刘伯承、邓小平一九四八年一月二十五日午时给中共中央军委的电报。电报说，我们原拟乘粟裕和陈谢二月初行动、敌人略有调动时，即向敌弱点进攻，打开战局，故部队已集结休整。敌发现我集结后，又部署以五个师主力寻我作战，暂时不能减轻我之负担。我在敌几个强师压迫下，又无法作战，故只能再次分散行动。

〔5〕陈，指陈毅，当时任华东野战军司令员兼政治委员。粟，指粟裕。

〔6〕丑寅卯，即二月、三月、四月。

〔7〕彭张，指彭德怀、张宗逊，当时分别任西北野战军司令员兼政治委员和副

司令员。

〔**8**〕彭，指彭德怀。贺，指贺龙，当时任陕甘宁晋绥联防军司令员兼晋绥军区司令员。陈，指陈毅。

〔**9**〕丑齐，即二月八日。

〔**10**〕许，指许世友（一九〇六——一九八五），河南新县人，当时任华东野战军东兵团司令员。谭，指谭震林（一九〇二——一九八三），湖南攸县人，当时任华东野战军东兵团政治委员。

〔**11**〕因情况变化，中共中央关于恢复华中分局的决定没有实行。

转发朱德给中共中央信[1]的批语

（一九四八年一月三十一日）

朱总司令亥灰信中提出了两个重要问题。第一个问题，是用民主讨论方式，发动士兵群众，在作战前，作战中，作战后讨论如何攻克敌阵，歼灭敌人，完成战斗任务。特别是在作战中，放手发动连队支部、班排小组，反复讨论如何攻克敌阵，收效极大。陕北攻克蟠龙[2]整一师一六七旅阵地的经验，也是如此。当时有一个团打了几天，上面认为无法打了，下令撤退。但连队认为可打，不肯撤。连队战士分组讨论，找出了办法，继续打，结果获得胜利。陕北将此种情形，叫做军事民主，而将诉苦运动，三查三整[3]，叫做政治民主与经济民主。这些军队中的民主生活，有益无害，一切部队均应实行。第二个问题，是工厂中商店中工人店员职员的生活条件，不可过高。我党工商业政策的任务，是发展生产，繁荣经济，公私兼顾，劳资两利。如果我党不善于领导工人阶级执行这一任务，提出了过高的劳动条件，重复过去历史上犯过的错误，致使生产降低，经济衰落，公私不能兼顾，劳资不能两利，就是极大的失败。这件事，必须引起全党注意，决不可只看见眼前的片面的所谓劳动者福利，而忘记了工人阶级的远大利益。此事，中央早已发了指示。但在许多地方并未引起注意，许多中央局、分局未能据此发出指示，未能向工会工作同志及工人群众进行正确的解释，迁就党内与工人群众中的孤立的片面的狭隘的思想，仍然执行历史上使我党遭受过严重挫折的错误方针。各地中央局以下各级党委，必须以严正态度对待此项问题，立即改正党内在此项问题上存在着的错误思想与错误政策。

毛　泽　东

子世

根据中央档案馆保存的原件刊印。

注　　释

〔1〕指朱德在视察晋察冀野战军和冀中等地后于一九四七年十二月(亥)十日(灰)写给中共中央和毛泽东的信，信中介绍了晋察冀部队在攻打石家庄等地的战斗中，发动官兵边打仗边群策群力学习运动战、歼灭战、攻坚战战术，夺得胜利的经验。同时反映了一些城市工人工资待遇过高的问题，认为这样会使公私工厂大部关门，工人失业，损害工人阶级的根本利益，这实际上是一种“自杀”政策。

〔2〕指一九四七年五月人民解放军西北野战部队在延安东北的蟠龙镇全歼国民党守军胡宗南部六千七百余人的战斗。

〔3〕三查三整，是中国共产党在人民解放战争时期，结合土地改革所进行的整党整军运动。三查，在地方上指查阶级、查思想、查作风；在部队里指查阶级、查工作、查斗志。三整，指整顿组织、整顿思想、整顿作风。

反对职工运动中的“左”倾冒险主义[1]

（一九四八年二月五日）

必须指出，直到现在，中国共产党内，还有不少的党员，不少的干部，不少的工会工作人员，甚至有不少的担负高级领导职位的领导人员，并不了解党的工业政策与职工运动的路线。他们只看见树木，不看见森林。他们只知道片面的、狭隘的、近视的所谓“工人利益”，而不能稍微看远一点。他们忘记了一九三一至一九三四年时期内实行过的那种“左”倾冒险主义的工业政策与职工运动路线曾经给予工人阶级、劳动人民与革命政府以何等重大的损害。他们完全不研究一九三七年以来十一年内中共中央历次发布的正确的工业政策与职工运动方针。他们固执地抵抗党的路线。许多党的地方领导机关在长时期内，甚至没有正式讨论与宣传解释过中央的路线，以致于使得工运工作同志完全不了解中央的路线，他们竟达到如此麻木不仁的地步。这种情况，再也不能继续下去了。党的一切地方领导机关必须严肃地讨论中央的路线及全部工业政策与工运方针，坚决地纠正一切危害工人阶级、劳动人民及革命政府的“左”倾冒险主义的思想、政策与办法，迅速地使工业建设与工人运动走入正轨。只有这样，我们才能聚积一切力量打倒帝国主义与国民党反动统治，解放中华民族与中国人民，建立新民主主义的中国。

根据毛泽东手稿刊印。

注　释

〔1〕这是毛泽东在审阅新华社纪念一九二三年京汉铁路工人大罢工（二七大罢工）二十五周年社论稿中加写的一段话。毛泽东还把这篇社论稿的原题《解放区职工运动的方向》改为《坚持职工运动的正确路线，反对“左”倾冒险主义》，在社论稿论述工人应有的工作态度的地方加写了：“其他劳动条件亦不可定得太高，不可违背经济情况所许可的限度，不可违背发展生产、繁荣经济、公私兼顾、劳资两利的总原则。”这篇社论发表在一九四八年二月八日《人民日报》。

老区半老区实行土地法应有所不同

（一九四八年二月六日）

井泉、仲勋[1]并告少奇，一波[2]：

日本投降以前的老解放区，与日本投降以后至全国大反攻（去年九月）时两年内所占地方的半老解放区，与大反攻以后所占地方的新解放区，此三种地区情况不同，实行土地法的内容与步骤亦应有所不同，贫农团与农会的组织形式似亦应有所不同，请将你们对此种区别的意见电告。

在半老解放区，应完全实行土地法，彻底平分土地，组织贫农团与农会，而以贫农团为领导骨干，农会中贫农积极分子应占三分之二，中农只占三分之一，这些都是没有问题的。但在老解放区，例如，晋绥的九十万人口或四十五万人口的老区，陕甘宁约一百万至一百二十万人口的老区，土地大体上早已平分了，即是大体上早已实行了土地法，在这里不是再来一次平分，而是调剂土地，填平补齐，中农占农村人口的大多数，如果我们也照中农占少数，贫农占多数，土地尚未根本解决的半老区一样，组织同样的贫农团与农会，人工地勉强地叫贫农团在农村中起一样的领导作用，叫贫农积极分子在农会委员会中占三分之二的多数，是否行得通，是否会冒犯脱离中农的危险？如果不是这样，其组织形式应当怎样？是否可以不组织贫农团，而只在农会之下组织贫农小组或者仍然组织贫农团（如果不只一个贫农小组的话），但只使这种贫农团起其保护农村中少数贫农的作用，而不使其起半老区那样领导一切的作用？在农会中及乡村政府中，贫农积极分子如果获得中农同意（这是必需的条件），可以当农会会长，政府村长、主席，但不一定要这样做，主要地要中农中思想正确、办事公道的积极分子去做这些工作，而在农会与政府的委员会中，贫农积极分子必须有他们的地位，但占少数，例如三分之一，中农积极分子则应占多数，例如三分之二，而在半老区则反过来，贫农占三分之二，中农占三分之一。

以上各点究应如何才算适宜，请井泉、仲勋于数日内电告，同时亦请一波电告自己的意见。

毛　泽　东

丑鱼

根据手稿刊印。

注　　释

〔1〕井泉，即李井泉（一九〇九——一九八九），江西临川人，当时任中共中央晋绥分局书记兼晋绥军区政治委员。仲勋，即习仲勋，一九一三年生，陕西富平人，当时任中共中央西北局书记、西北野战军副政治委员、陕甘宁晋绥联防军政治委员。

〔2〕一波，即薄一波，当时任中共晋冀鲁豫中央局副书记兼晋冀鲁豫军区第一副政治委员。

封闭蒋军在东北加以各个歼灭

（一九四八年二月七日）

林罗刘[1]，并朱刘[2]：

六日电悉。

（一）庆祝你们攻克辽阳。

（二）南线各军除一部分外，一年半中没有作过大休整，最近作了一次全面大休整。彭张军[3]丑[4]上旬结束休整，中旬行动。陈粟军，陈谢军，许谭军，徐滕薄军[5]丑底结束休整，寅[6]初行动。刘邓军[7]暂时分散打小仗，是半休整状态。苏北军[8]原只四个旅二万余，现拟增强至七个旅五万余，寅月可行动。南线敌除对大别山尚有重点进攻外，其他均取守势。杨罗杨军[9]丑底寅初当可打平绥[10]，卯月[11]或可出冀东。该军须学会宽大机动的战略思想，他们一出平绥出冀东看见宽广的天地，眼光就扩大了，许多不必要的顾虑就可扫除了，此点请朱刘就近加以督促。

（三）你们如能照我前次电报所讲的意见，将大休整（一个月或一个半月，至多两个月）时间推迟至解冰以后，而在解冰以前只利用几个战役或战斗之间的空隙作若干次小休息（这种小休息是完全必要的），则尚可利用冰期打两个月仗，歼灭大批敌人，替夏秋两季创造良好战场。你们现在打辽、鞍、本、营〔12〕区域之敌很有必要。这个战役完成后,你们就可解放辽南,两个纵队增至主攻方面去。下一次作战有两个方向:一是打抚顺、铁岭、法库之敌;一是打阜新、义县、锦西、兴城、绥中、山海关、昌黎、滦州〔13〕等地之敌。究竟打何地之敌为好,依情况决定。但你们应准备对付敌军由东北向华北撤退之形势。蒋介石曾经考虑过全部撤退东北兵力至华北,后来又决定不撤。这主要是因为南线我军尚未渡过长江及北线我军尚未给蒋军以更大打击的原故。但最近你们已连续取得几次大胜仗,如果你们再有几次大胜仗,杨罗杨又出平绥、出冀东,南线我军又有积极行动,蒋军从东北撤退可能性就将突然增长,其时间可能在夏季,或更早一点。因此你们应准备于一个月内外完成现地区之作战,而于一个月以后再进行一个战役(包括打几仗),然后进入大休整,准备应付上述可能的新形势。但不知部队情况许可这样做否?你们上次电报曾说锦州方向无仗可打,该方向情况究竟如何?如果我军能完全控制阜、义、兴、绥、榆〔14〕、昌、滦地带,对于应付蒋军撤退是否更为有利?对我军战略利益来说,是以封闭蒋军在东北加以各个歼灭为有利。如果我军尚无足够力量阻止其撤退,则撤退后的蒋军似将控制锦州、承德、北平、天津四角及其中间地区,并打通津浦北段,其给养当然会很困难,士气会更衰落,但兵力则较集中,这些可能情况亦须预先见到。当然蒋军死钉在东北不撤退的可能性也有,但除非我军强大到使其无法撤退,否则是难于设想的。

毛　泽　东

七日二十时

根据手稿刊印。

注　释

〔1〕林，指林彪（一九〇七——一九七一），湖北黄冈（今黄州市）人，当时任东北野战军司令员兼政治委员。罗，指罗荣桓（一九〇二——一九六三），湖南衡山人，当时任东北野战军副政治委员。刘，指刘亚楼（一九一〇——一九六五），福建武平人，当时任东北野战军参谋长。

〔2〕朱刘，指朱德、刘少奇。

〔3〕彭张军，指彭德怀任司令员兼政治委员，张宗逊任副司令员的西北野战军。

〔4〕丑，即二月。

〔5〕陈粟军，指陈毅任司令员兼政治委员，粟裕任副司令员的华东野战军。陈谢军，指陈赓任前委书记、谢富治任副书记的晋冀鲁豫野战军陈谢集团。许谭军，指许世友任司令员，谭震林任政治委员的华东野战军山东兵团。徐滕薄军，指晋冀鲁豫军区所属部队，由军区第一副司令员徐向前、第二副司令员滕代远、第一副政治委员薄一波领导。

〔6〕寅，即三月。

〔7〕刘邓军，指刘伯承任司令员，邓小平任政治委员的晋冀鲁豫野战军。

〔8〕苏北军，指韦国清任司令员，陈丕显任政治委员的华东野战军苏北兵团。

〔9〕杨罗杨军，指杨得志、罗瑞卿、杨成武领导的晋察冀野战军。杨得志（一九一一——一九九四），湖南株洲人，当时任晋察冀野战军司令员。罗瑞卿（一九〇六——一九七八），四川南充人，当时任晋察冀野战军第一政治委员。杨成武，一九一四年生，福建长汀人，当时任晋察冀野战军第二政治委员。

〔10〕平绥，即平绥线，指北平（今北京）至绥远（今属内蒙古自治区）包头的铁路，今京包线。

〔11〕卯月，即四月。

〔12〕指辽宁的辽阳、鞍山、本溪和营口。

〔13〕滦州，即河北滦县。

〔14〕榆，指榆关，即山海关。

中国的社会经济形态、阶级关系和人民民主革命[1]

（一九四八年二月十五日）

第一章　中国的社会经济形态

人们为着要生活，就要生产生活资料，例如粮食、衣服、房屋、燃料、器具等。人们为着要生产生活资料，就要有生产资料，例如土地、原料、牲畜、工具、工场等。生产者和生产资料结合起来，就是社会的生产力。

人们为着要进行生产，就必须在生产过程中彼此发生一定的相互关系，否则就无法进行生产。因为人们的生产从来就是社会的生产，不能孤立地进行生产。这种人们在社会生产过程中的相互关系，就是社会的生产关系，就是人们对于生产资料的所有关系（为着通俗起见，所有关系在本文件中称为占有关系）。这种生产关系，在法律上表现为财产的所有权关系。

社会的生产力和社会的生产关系相结合，就是社会的生产方式。社会的生产方式是一切社会制度、政治制度和精神生活的基础。

在社会生产力的历史发展的某一个阶段中，人们对于生产资料的占有关系，人们的生产关系，就开始由社会一切人们的共同占有关系，发展成为一部分人们的私人占有关系。少数人占有大量的生产资料，多数人丧失或只占有很少的生产资料。这样，后一种人的绝大部分就被迫为前一种人劳动，把自己劳动的结果交给前一种人，并向前一种人领取少量的报酬，作为自己的生活来源。这就是说，后一种人受前一种人的剥削，而前一种人则依靠大量地剥削后一种人作为自己的生活来源。后一种人中间的一部分，因为占有足以维持生活的生产资料，是以进行独立劳动作为自己的生活来源的，但是他们仍然不能逃脱前一种人在某种程度上的剥削。这样，人们就分裂成为不同的阶级，分裂成为剥削阶级和被剥削阶级。由于生产力的发展，首先是由于生产工具的发展，例如由石头工具发展到简单的金属手工工具，再发展到较精的金属手工工具，再发展到复杂的机器工具，人们对于生产资料的所有关系，人们的生产关系，就发生变化。由于生产力和生产关系发生变化，剥削阶级对于被剥削阶级施行剥削的方法也就发生变化。

社会分裂成为许多阶级，这样的社会，叫做阶级社会。这样的阶级社会，既区别于人类历史上分裂为阶级以前的原始的共产主义社会，又区别于阶级被消灭以后的新的共产主义社会。这后一种社会，现在已经在苏联存在和发展。全世界一切人类社会现在正向着苏联所走的道路前进，阶级社会的历史快要完结。人类历史上的阶级社会，大体上分为奴隶社会、封建社会和资本主义社会三个阶段。中国的社会发展的历史，也是如此。只是因为外部和内部的原因，中国没有也不可能发展到完全的资本主义的社会。

中国的社会经济形态，还在一百多年以前（一八四〇年中英鸦片战争时期），就开始由古代的独立的封建的社会经济形态，逐步地改变为半殖民地的半封建的社会经济形态，即是说半独立的半资本主义的社会经济形态。在目前整个中国社会经济中，一方面，存在着外国帝国主义的经济，本国封建主义的经济、官僚资本主义的经济和自由资本主义的经济，这些就是旧中国的社会经济形态；另一方面，存在着新式的国家经济、被解放了的农民和小生产者的经济和在新民主国家指导下的私人资本主义经济，这些就是新中国的社会经济形态。就生产技术而论，中国存在着大规模的机器生产事业、中小规模的机器生产事业和以家族为单位的手执简单工具以从事生产的各种小生产事业。旧中国的半殖民地半封建的经济形态，在鸦片战争以来的长时期内占据优势。这种优势，现在正在被新中国的新民主主义的经济形态所迅速地代替着。

马克思说："人们在自己生活的社会生产中，彼此发生一定的必然的不依赖他们本身意志为转移的关系，即生产关系。这些生产关系，是适合于他们的物质生产力的一定的发展阶段的。这些生产关系的总和，就组成社会的经济结构，即现实的基础，而法律的及政治的上层建筑物，就是在这个基础上竖立起来的。同时，一定的社会意识形式，是和这个基础相适合的。物质生活的生产方式，决定着一般社会生活的，政治生活的，精神生活的过程。不是人们的意识决定人们的存在，而是相反，正是人们的社会存在决定人们的意识。社会的物质生产力发展到一定阶段时，就和现存的生产关系，或者说，就和所有权关系（所有权关系不过是现存生产关系的法律上的表现而已）发生矛盾。而生产力，在此以前，是在这些关系的内部发展了的。于是这些关系，就由生产力的发展形式，变成生产力的枷锁。那时，社会革命的时代就到来了。随着经济基础的变更，在整个庞大的上层建筑物中，也就或多或少地迅速地发生大变革。”〔2〕

中国现阶段的人民民主革命的任务，就是要改变旧的社会经济形态、旧的生产关系以及竖立在其上面的一切社会的、政治的、精神的旧的建筑物，建立新的社会经济形态、新的生产关系以及竖立在其上面的一切社会的、政治的、精神的新的建筑物。我们的基本任务，就是如此。

第二章　中国目前的阶级关系和人民民主革命

第一节　中国目前所有的主要阶级如下：（甲）无产阶级。例如新民主国家企业中的劳动者，资本家经营的机器工业、手工业、农业和商业中的雇佣劳动者，他们都不占有私有的生产资料。但是新民主国家企业中的劳动者，按其原来状况，是无产阶级，但是按其现在状况，他们却经过了他们和其他劳动人民所共同支配的新民主国家，已经集体地占有国家企业中的生产资料，就是说，已经与其原来状况发生了根本的变化。新民主国家企业中的劳动者，已经是不被剥削的人们，他们所生产的用于扩大再生产和为全体人民谋利益的属于剩余价值的部分，不能认为被剥削。资本家的雇佣劳动者，则受资本家所剥削。（乙）农民。农民都占有少量的生产资料，或者耕种地主的土地,或者耕种自己的土地。在中国土地制度改革以前,大多数农民都耕种地主的土地;在中国土地制度改革彻底完成以后,所有农民都耕种自己的土地。农民中间占有的生产资料不足维持生活,因而必须出卖部分劳动力的,叫做贫农,贫农是农村中的半无产阶级。农民中间占有的生产资料足以维持生活,因而不必出卖劳动力的,叫做中农。在中国土地制度改革以前,贫农占农民的大多数;在中国土地制度改革彻底完成以后,中农占农民的大多数。在中国土地制度改革以前,农民都受地主和其他剥削阶级所直接地或间接地剥削;只有在新民主国家实现土地制度的改革以后方才免除这种剥削。(丙)农民以外的独立劳动者。例如手工业劳动者,自由职业者,小商贩,他们都占有少量的生产资料,以自己的独立劳动为生。他们受帝国主义者、地主、官僚资本家和其他剥削阶级所直接地或间接地剥削。(丁)自由资产阶级。这就是民族资本家和新式富农。他们占有较多的生产资料,以自由资本主义的方法剥削雇佣劳动者。在反动的国家政权下,他们受帝国主义者、地主和官僚资本家所压迫、损害或限制。(戊)地主阶级、官僚资产阶级和旧式富农。他们占有最多的生产资料,直接地或间接地与帝国主义相结合,以封建的、买办的、垄断的方法剥削劳动人民,并压迫、损害或限制自由资产阶级。

第二节　无产阶级,农民,独立劳动者,以及一切受人剥削的人们,共占全国人口约百分之九十,其中农民则占全国人口的百分之七十至八十。所有这些劳动人民,在反动的国家政权下,除受经济上的剥削外,还受政治上的压迫。他们是中华民族的主体,是中国人民民主革命的基本力量。其中,以无产阶级和半无产阶级(贫农)为人民民主革命和新民主国家政权的领导阶级,而无产阶级则是主要的领导阶级。〔3〕无产阶级、农民及其他劳动人民的任务,是联合自由资产阶级,以人民民主革命的方法推翻帝国主义、封建主义和官僚资本主义的剥削和压迫,建立中华人民共和国。中国无产阶级、农民和其他劳动人民,有长期的革命斗争的经验。这种革命斗争经验的集中表现,就是中国共产党的革命和建设新国家的伟大的领导能力。

第三节　自由资产阶级是一个软弱的动摇的阶级。但是因为他们受帝国主义、封建主义和官僚资本主义所压迫、损害或限制(这种压迫、损害或限制远较劳动人民所受者为轻),所以在反对帝国主义、封建主义和官僚资本主义的人民民主革命时期内,他们可以参加这种革命,或者保守中立。在革命胜利以后的经济建设中,他们也可以参加这种建设。只要中国尚未进到社会主义社会,他们是可以与无产阶级和劳动人民一道前进的。因此,中华人民共和国的国家政权中,应当允许自由资产阶级及其政治团体派遣他们的代表参加工作。但是,他们中间有为数不多的一部分人,即自由资产阶级的右翼分子,是依附帝国主义、封建主义和官僚资本主义,反对人民民主革命的,中国人民对于这部分人的反动行为,必须予以警戒和揭露。但是这种政治上的警戒和揭露,应当与经济上的消灭严格地区别开来。中国人民民主革命所应当和必须消灭的是帝国主义、封建主义和官僚资本主义,而不是自由资本主义。

第四节　地主阶级、官僚资产阶级和旧式富农,人数很少,却占有全国生产资料的最大部分。其中,地主阶级和旧式富农，虽然各地有多有少，但是按照一般情况，大约只占乡村人数百分之十、户数百分之八左右，而他们占有的土地，则达全部可耕土地的百分之七十至八十之多。以蒋介石、宋子文、孔祥熙、陈立夫为首的官僚资产阶级，即中国的大资产阶级，人数更少，但是他们所占有的生产资料，极为巨大，以致垄断了全国的经济命脉。仅就蒋、宋、孔、陈四大家族占有的财富而论，其价值即达一百万万至二百万万美元之多。所有这些封建的、买办的反动阶级，建立以蒋介石为首的反动的腐朽的国家，以及代表这个国家的反动的腐朽的政府。这个反动政府，对外出卖民族利益，和帝国主义首先是美国帝国主义订立各种不利于中国民族与中国人民的政治的和经济的反动条约，使帝国主义首先是美国帝国主义在中国取得政治的和经济的特权，因此这个政府就变成了帝国主义尤其是美国帝国主义的走狗。在对内方面，这个政府压迫人民，举行反革命战争，企图消灭人民民主势力。全国一切生产力，除了已经获得解放的地区以外，均被这些反动阶级所控制的反动的退步的落后的生产关系所束缚，日趋衰败，不能发展。而生产力本身的要求，则是用革命方法解除这种旧有生产关系的束缚，推翻这种旧有生产关系，建立新的生产关系，建立新民主主义的生产关系，因而使全国一切积极的生产力获得向上发展的可能，替未来的更进步的更能自由地发展生产力的社会主义社会准备条件。这个生产关系变革的内容，就是废除帝国主义者在中国所强占的特权，废除地主阶级及旧式富农的封建的土地所有权，废除官僚资产阶级的私人垄断的资本所有权。

但是，在阶级社会中，一切生产关系，都是被阶级的国家权力所保护的。什么样的生产关系，就被什么样的阶级的国家权力所保护，而所谓国家权力，首先就是军队的武力。人们如果要推翻旧的生产关系，建立新的生产关系，人们就或早或迟地要推翻旧的国家权力，建立新的国家权力。中国人民如果要消灭帝国主义的、封建的和买办的生产关系，完成民族独立，实行土地改革，没收官僚资本，建立新民主主义的生产关系，借以发展中国的生产力，他们就必须推翻外国帝国主义，本国地主阶级、官僚资产阶级及旧式富农所结合在一起的反动的腐朽的国家权力，首先就必须消灭一切反动军队。中国人民，中国共产党和中国人民解放军现在所从事的伟大的神圣的正义的革命战争，正是为着这个目的。而这个革命战争，现在正是日益接近于全国的胜利。

根据中央档案馆保存的原件刊印。

注　　释

〔**1**〕这是《中共中央关于土地改革中各社会阶级的划分及其待遇的规定》（草案）中的第一章和第二章。这两章是毛泽东写的。整个规定草案共有二十五章。毛泽东在一九四八年二月二十日给刘少奇的电报中说："这个文件实际上带着党纲、政纲、政策几重性质。我们如果要取得全国胜利，需要有这样一个文件，党内外才有明确遵循的政治、经济与社会生活的章程。"这个规定起草于一九四七年冬，一九四八年二月十五日经毛泽东审阅修改后完稿，次日发给党的高级领导机关进行讨论，规定不下达。

〔**2**〕见马克思《〈政治经济学批判〉序言》。新的译文是："人们在自己生活的社会生产中发生一定的、必然的，不以他们的意志为转移的关系，即同他们的物质生产力的一定发展阶段相适合的生产关系。这些生产关系的总和构成社会的经济结构，即有法律的和政治的上层建筑竖立其上并有一定的社会意识形式与之相适应

的现实基础。物质生活的生产方式制约着整个社会生活、政治生活和精神生活的过程。不是人们的意识决定人们的存在，相反，是人们的社会存在决定人们的意识。社会的物质生产力发展到一定阶段，便同它们一直在其中运动的现存生产关系或财产关系（这只是生产关系的法律用语）发生矛盾。于是这些关系便由生产力的发展形式变成生产力的桎梏。那时社会革命的时代就到来了。随着经济基础的变更，全部庞大的上层建筑也或慢或快地发生变革。”（《马克思恩格斯选集》第2卷，人民出版社1995年版，第32—33页）

〔**3**〕关于半无产阶级也是中国革命的领导阶级的提法，后来中共中央作了修正。一九五一年十二月二十三日中共中央发出的《关于中国革命领导阶级问题的修正指示》指出：“关于中国革命的领导问题，无论过去或今后，均应只提是工人阶级（通过其先锋队中国共产党）领导的，不应再把半工人阶级包括在内。”

关于讨论《中共中央关于土地改革中各社会阶级的划分及其待遇的规定》(草案)[1]的指示

(一九四八年二月十六日)

中工委,邯郸局,华东局,粟裕,陈谢,彭张,杨罗杨,陈唐,林彪,许谭[2],华东工委,阜平局,东北局,西北局,晋绥分局,中后委,法委,并告中原局及各野战前委:

本日起经新华社电台拍发《中央关于土地改革中各社会阶级的划分及其待遇的规定》的草案给你们(西北局,晋绥分局,中后委,法委四处用人送达),共二十五章,二万余字。你们收到后,请召集会议逐章或分为几部分加以讨论,提出内容及文字的修改意见,在寅铣[3]以前电告我们。我们将根据你们的意见加以必要的修改,然后公开发表[4]。

此项文件的目的,是在纠正党内广泛地存在着的关于在观察及划分阶级问题上的非马克思主义的思想及补足在土改中缺乏对各阶级阶层人们的具体明确政策的缺点。我们认为,单有土地法大纲及其他党的若干指示文件而无这样一个完备的文件,很难使我们的工作人员不犯或少犯错误。我们既要彻底消灭帝国主义、封建主义与官僚资本主义,又要在这个伟大斗争中不要因为划错与斗错阶级成分及采取错误政策而打乱自己阵线，增加敌人力量，使自己陷于孤立。不要忘记，在一九二七至一九三五年而特别是一九三一至一九三五年时期，我党曾经因为政策过左陷于孤立，处于极端危险的地位，而在我党与国民党破裂时期党内主要的危险倾向，曾经是现在仍然可能是“左”倾冒险主义。如果我们现在不严重地注意到这一点，我们就将在政治上犯错误。

你们讨论这个文件草案的会议，应当包括政府、军区及民众团体的若干负责同志，使你们对于这个文件草案的讨论成为有中央局一级多数负责同志参加的讨论，大家负有责任，使这个文件成为一个尽可能正确与切实可行的文件，在中央发表之后，各地能够步骤一致地而不是参差不齐地见于实施。为着便于讨论，会议人数亦不可过多，大约以十至十五个负责同志到会为适宜，望斟酌办理。中原局及各野战前委因其环境不可能讨论，此项草案故未发给他们。

中　央

丑铣

根据毛泽东手稿刊印。

注　　释

〔1〕《中共中央关于土地改革中各社会阶级的划分及其待遇的规定》(草案)，参见本卷第 62 页注〔1〕。

〔2〕粟裕，当时任华东野战军副司令员。陈谢，指陈赓、谢富治，当时分别任晋冀鲁豫野战军陈谢集团前委书记和副书记。彭张，指彭德怀、张宗逊，当时分别任西北野战军司令员兼政治委员和副司令员。杨罗杨，指杨得志、罗瑞卿、杨成武，当

时分别任晋察冀野战军司令员、第一政治委员和第二政治委员。陈唐，指陈士榘、唐亮，当时分别任华东野战军参谋长和政治部主任。林彪，当时任东北野战军司令员兼政治委员。许谭，指许世友、谭震林，当时分别任华东野战军山东兵团司令员和政治委员。

〔**3**〕寅铣，即三月十六日。

〔**4**〕《中共中央关于土地改革中各社会阶级的划分及其待遇的规定》(草案)后来没有公开发表。

新解放区土改斗争策略的运用

（一九四八年二月十七日）

中原局、野后各同志：

丑元电[1]悉。

（一）同意你们的意见，先建立贫农团，提高贫雇农的觉悟性、组织性，树立贫雇农威信。在对国民党及地主的斗争中，吸收中农参加。几个月后，再建立联合全体农民的农民协会。此点在中央新区土改要点指示[2]中已规定了。贫农团及农民协会，均须严防地主、富农及其他投机分子混入。农民协会及其委员会，必须有三分之二的贫雇农作会员及委员，确实掌握贫雇农的领导权，此点亦是完全必要的。

（二）新区斗争策略阶段必须分为先斗地主后斗富农两个大阶段。在第一个大阶段中，又必须分为几个步骤，从斗大地主、恶霸、反动分子开始，依据群众觉悟及组织程度逐步推广打击面（总的打击面，在一般情况下不要超过乡村人口百分之十）。这是一般原则。但这并不是说农民要求先向他们最痛恨的属于富农、小地主甚至个别中农中的保甲长、恶霸分子施行斗争，我们也不允许。特别是因为有许多乡村，没有大地主，只有中小地主及富农，应当允许农民这样做。我们打击富农、小地主中的反动的保甲长、恶霸分子，和我们在第一个大阶段中缩小打击面，对于富农、小地主中的多数人暂时不去惊动他们的策略，并不矛盾。

毛　泽　东

丑篠

根据手稿刊印。

注　　释

〔1〕指中共中央中原局、晋冀鲁豫野战军后勤部一九四八年二月十三日关于新区斗争策略与组织形式给毛泽东的电报。电报说，中央在新区斗争策略上分为两个阶段是完全正确和必要的，但在组织形式上先建农协（农会）而后建贫农团，我们感觉有困难和不利之处。这主要是，贫农一开始没有自己的独立组织，农协领导权和斗争果实将落入中农、流氓甚至富农手中。中农甚至少数富农因先于贫农登上政治舞台，大大妨碍贫农核心的建立。另外，由于派到新区的工作人员成分不纯，常有意无意忽视贫农核心的建立。因此，我们觉得斗争一开始就应该注意到贫农核心的培养树立，组织形式以同时建立农协和贫农团为好。这与依靠贫农，巩固地联合中农的基本路线亦极符合。如果必须先建立农协的话，农协委员及农协会员内贫农均须占三分之二以上。

〔2〕指毛泽东一九四八年二月十五日为中共中央起草的对党内的指示《新解放区土地改革要点》（《毛泽东选集》第四卷，人民出版社1991年版，第1283—1284页）。

人民的革命力量才是真正的优势[1]

（一九四八年二月二十二日）

发言人说：虽然如此，可是人们不要误认杜鲁门、蒋介石及东方一切美国傀儡们的互相合作，多少亿元的援蒋计划，会有什么了不起的作用。这些合作与援助当然有一点作用，这就是病人临死前的强心剂的作用。现在世界形势已变到于美国帝国主义及各国反动派极端不利，而于世界人民民主力量极端有利的地位。第二次世界大战结束仅仅两年时间之内，整个资本主义世界业已混乱不堪，并正在走向更大的混乱局面；而世界人民民主势力，则有极大的发展，并正在走向更大的发展局面。优势是在民主力量方面，不是在反动力量方面。反动派的金钱和枪炮并不是什么真正的优势，人心讨厌反动派，不赞成反动派，人们团结起来反对反动派，并和反动派作斗争，这个力量才是真正的优势。在蒋介石匪帮发动内战以前，曾经得到美国帝国主义者四十亿美元的帮助，又得到日本一百万军队留下的装备，蒋介石自己有四百多万军队，所有这些，和中国人民解放军比较起来，应该算得是优势了。然而仅仅一年工夫，人民解放军即已打退了蒋介石的进攻，并使自己转入了进攻。这个具体事实，难道还不足以说明单是金钱和枪炮的优势，单是物质的优势，不能算是真正的优势，而只有人心加物质的总和，只有掌握物质的人们，即是说，人民的革命力量，才是真正的优势吗？如果过去如此大量的美国援助不但不能使蒋介石匪帮得到胜利，而且使他们得到如此严重的失败，那末，五亿七千万美元的新借款〔2〕又会有什么了不起的作用呢？发言人说，中国人民必须明白，美国帝国主义及其走狗蒋介石，是一定要作垂死挣扎的，我们必须准备坚持的斗争方能最后战胜他们。但是每一次卖国贼与其外国主人的丧权辱国的勾当，每一次美国反动政府给其中国走狗的新借款，已经激起并且还要激起中国人民的愤怒，这种愤怒将转化为力量，加速蒋介石匪帮的灭亡。

根据毛泽东手稿刊印。

注　　释

〔1〕这是毛泽东审阅中共中央发言人驳斥美国总统杜鲁门援蒋咨文的新闻稿时加写的一段话。

〔2〕一九四八年二月十八日，杜鲁门向美国国会提出“特别咨文”，要求批准国务院提出的以五亿七千万美元援助蒋介石政府的议案。四月三日，援蒋议案获得通过，款额改为四亿六千三百万美元。

各地应注意总结城市工作经验

（一九四八年二月二十五日）

各中央局，分局，前委，并告中工委：

关于城市工作

（一）中工委丑皓电所述石家庄城市工作经验[1]必须引起全党注意。各中央局、分局、前委必须讨论中工委丑皓电，并将中工委丑皓电当作党内文件印发至地方地委一级，军队团委一级。各级党委收到中工委丑皓电以后均应引起讨论。

（二）尔后各局、各军在攻占城市及在占领以后不久时期内管理城市的工作方针及方法，应即以中工委丑皓电所述攻占石家庄及初期管理石家庄的方针及方法为基本的方针及方法。

（三）多年以来我们占领了很多城市，有了丰富的经验。但是没有总结，让这些经验埋没，让各种错误的方针及方法反复重犯，让良好的经验限于一地无法为全党取法。这是经验主义、地方主义还在我们党内占有重要地位并在这个问题上表现出来的结果。各中央局、分局、前委对于自己攻占及管理的城市似乎还没有作过一次认真的研究，亦没有将城市工作的比较完全的经验向中央作过反映。我们占领了并长期管理了张家口、邯郸、长治、晋城、淮阴、烟台、威海卫、淄川、博山、德州、承德、赤峰、安东〔2〕、哈尔滨、齐齐哈尔、牡丹江、佳木斯、石家庄等几十个大城市及中等城市，临时占领不久又退出的则有沈阳、长春、焦作、韩城、许昌、漯河、运城等处。可是，这一切城市工作经验（不能说不丰富），除运城一处我军入城秩序不好，曾由邯郸局有过反映外，没有任何一处有过反映。像石家庄这样重要的经验，是由中工委总结的。两年前张家口的经验，我们是从中工委的丑皓电才看到的〔3〕。这种在重大问题上（不是小问题或技术问题，而是重大的政治问题）事前不请示事后不报告的极端恶劣的习惯，在七大以后并未根绝，现在已相当严重地影响了党的工作的发展。

（四）为了将党的注意力不偏重于战争与农村工作，而引导到注意城市工作，为了使现已取得的城市的工作在我们手里迅速做好，为了对今后取得的城市的工作事先有充分的精神准备与组织准备，中央责成各中央局、分局、前委对于自己占领的城市，凡有人口五万以上者，逐一作出简明扼要的工作总结，并限三至四个月内完成此项总结，电告我们。

中　央

丑有

根据毛泽东手稿刊印。

注　　释

〔1〕中共中央工作委员会一九四八年二月十九日在给各地并中央的电报中，就收复石家庄后城市工作的经验作了总结。主要有：（一）攻城前和攻城中训令部队及民兵干部注意保护机器、物资及一切建筑物，不准破坏和自由搬取；进城后采取果断措施制止市民哄抢，禁止任何机关部队乘机搜集、搬走与购买物资，同时设

立统一的物资委员会,有计划地搜集、购买与分配物资。(二)向进城干部和部队宣布我们在石家庄的工作方针是建设,而不是破坏,不准私人拿取一点东西,不准大吃大喝,缴获物资一律归公,保持艰苦朴素的作风。(三)严格审查原有的地下工作人员,管理城市主要依靠外面派去的干部,但这些干部有对城市不熟悉、搬用农村工作经验的缺点。(四)及时制止急于组织工会、贫民会及各种无政府主义行为,宣布除政府及公安局得依法逮捕与没收财产外,禁止任何团体和个人没收财产及逮捕、殴打任何人,同时政府委派人员组织人民法院,接受人民申冤,惩治罪大恶极的汉奸、恶霸,限期登记国民党党员和一切伪公务人员。(五)召集各界座谈会,宣布政策,成立临时参议会,筹备选举正式市人民代表大会,筹备复工,保证工人实际工资不继续降低并分发实物。

〔2〕安东,即今丹东市。

〔3〕指中共中央工作委员会一九四八年二月十九日电报中提到的收复张家口后,领导机关随即迁入城市,因而引起一些干部往城市跑,乱抓乱买东西,贪污腐化,放松乡村工作,引起士兵与乡村干部不满的现象。

政策和经验的关系

（一九四八年三月六日）

少奇同志：

（一）丑巧电[1]早悉。所提各点甚好，已收纳于中央关于老区半老区工作指示[2]中。惟政策与经验的关系一点，似应了解为凡政策之正确与否及正确之程度，均待经验去考证；任何经验（实践），均是从实行某种政策的过程中得来的，错误的经验是实行了错误政策的结果，正确的经验是实行了正确政策的结果。因此，无论做什么事，凡关涉群众的，都应有界限分明的政策。我感觉各地所犯的许多错误，主要的（坏人捣乱一项原因不是主要的）是由于领导机关所规定的政策缺乏明确性，未将许可做的事和不许可做的事公开明确地分清界限。其所以未能明确分清界限，是由于领导者自己对于所要做的事缺乏充分经验（自己没有执行过某种政策的充分经验），或者对于他人的经验不重视，或者由于不应有的疏忽以致未能分清政策的界限。其次，是由于领导者虽然知道划分政策的界限，但只作了简单的说明，没有作系统的说明。根据经验，任何政策，如果只作简单的说明，而不作系统的说明，即不能动员党与群众，从事正确的实践。以上两种情况，各中央局与中央均应分担责任。我们过去有许多工作，既未能公开地（此点很重要，即是说在报纸上发表，使广大人们知道）明确地分清界限，又未能作系统的说明，不能专责备各中央局，我自己即深感这种责任。最近三个多月，我们即就各项政策，努力研究，展开说明，以补此项缺失。但各中央局在这方面自然有他们自己的责任。又其次，是政策本身就错了。此点许多下级党部擅自决定其自以为正确其实是错误的政策，不但不请示中央甚至也不请示中央局。例如很多地方的乱打乱杀，就是如此。但是各中央局，自己在某些政策上犯了错误的也不少。例如晋绥分局，对于在订成分上侵犯中农，对于征收毁灭性的工商业税，对于抛弃开明绅士，都是自己犯了错误的。但是这类“左”倾错误犯得比较严重的似乎还不是晋绥而是华北华东华中各区（从日本投降后开始，投降前也有），晋绥的严重程度似乎还在第二位。是否如此，请你们加以检讨。又其次，是领导方法上有错误，即是上下联系不够，未能迅速了解运动的情况，迅速纠正下面的错误。上述各点，请你向参加中工委会议的各同志正式提出，并展开讨论一次。

（二）划分阶级草案〔3〕写出后，感觉一月决定草案〔4〕上所写的东西不够了，现正以一月草案中间一大段为基础重写一个决定，准备尽速公开发表。一月草案的首尾两段则写社论发表。因为中央发了新区土改要点，我给粟裕的那个电报〔5〕没有发出的必要了，因此决定不发而将其中某些部分写入社论中公开发表为有利。

（三）粟裕部队要三月十五日以前才能在阳谷全部集中完毕，你们及饶、陈、康、邓〔6〕似可在三月二十日左右去阳谷，你们可有充分时间讨论全部政策问题（以划阶级一书为中心）、华北局组织问题及其他问题。

毛　泽　东

三月六日

根据人民出版社一九八三年出版的《毛泽东书信选集》刊印。

注　　释

〔1〕指刘少奇一九四八年二月十八日给毛泽东的电报。他在电报中表示，希望能迅速得到党中央有关土地改革问题的文件，并说："缺少这些文件，就不能在一般情况下避免错误及走弯路。虽然有了这些文件，也还是要犯些错误的，在我们党内主要地也还是靠党员干部的亲身体验，才能把路完全走正，但有了正确的文件之后，就能避免走许多弯路。"刘少奇在电报中还对老区土地改革中不必再一次平分土地、不人为地再搞贫农团、怎样进行土地调剂等问题提出了具体建议。

〔2〕指中共中央一九四八年二月二十二日发出的《老区半老区的土地改革与整党工作》的指示。

〔3〕指《中共中央关于土地改革中各社会阶级的划分及其待遇的规定》（草案）。见本卷第62页注〔1〕。

〔4〕指毛泽东一九四八年一月十八日为中共中央起草的决定草案。见本卷第42页注〔1〕。

〔5〕指毛泽东一九四八年一月二十二日就新解放区土改问题给华东野战军副司令员粟裕的电报，见本卷第35—39页。

〔6〕饶，指饶漱石（一九〇三——一九七五），江西临川人，当时任中共中央华东局书记、华东军区政治委员。陈，指陈毅，当时任中共中央华东局第一副书记、华东军区司令员。康，指康生（一八九八——一九七五），山东胶南人，当时任中共中央华东局第二副书记。邓，指邓子恢，当时任中共中央华东局副书记、华东军区副政治委员。

今后不要提倡新式富农的意见是不对的[1]

（一九四八年三月八日）

说今后不要提倡新式富农的意见是不对的。我们提倡新式富农的目的和俄国革命后保存富农的目的是不相同的。中国富农经济不占重要成分，粮食供给主要依靠中农、贫农，并不是依靠富农，我们鼓励吴满有[2]一类人之目的，在于这样能够稳定新旧中农，刺激其生产。如果过去这是需要的，现在这种情形仍未改变，不能说这种需要已不存在。如果中国的某些地区有依靠富农粮食供给的情形，那就鼓励富农经济更加是需要的了。一种模糊的违反经济要求的“左”倾情绪在人们的思想中作怪，在土地法公布后甚为普遍，做宣传工作的同志应当加以批判，而不应为其动摇而投降这种情绪。

毛　泽　东

三月八日

根据手稿刊印。

注 释

〔**1**〕这是毛泽东在一份关于新式富农入党问题的电报稿上写的批语。

〔**2**〕吴满有，陕西横山人，一九二八年逃荒到延安县务农，后经过土地革命分得了土地，发展成为新式富农。在陕甘宁边区大生产运动中他成绩突出，被评为劳动英雄。陕甘宁边区曾开展向吴满有学习的运动。

《山西崞县是怎样进行土地改革的》[1]一文按语

（一九四八年三月十二日）

这是山西崞县的一篇通讯。在这个通讯中说明了那里的群众斗争业已展开，群众对于分配土地业已完全酝酿成熟，在一个农民的代表会议上完成了平分土地的一切准备。那里对于划分阶级成分，曾经划错了许多人，但是已经公开地明确地经过群众代表的讨论，决定改正。对于不给地主以必要的生活出路，不将地主、富农加以区别，侵犯中农利益等项错误观点，作了批判。总之，在这篇通讯中所描述的两个区的农民代表会议上所表现的路线，是完全正确的。在作者写这篇通讯时，崞县还没有实行分配土地，因此，这个经验还不完全。我们希望在当地实行改正划分阶级中的错误（这是一件大事），实行平分土地以及组织生产、改造政权等项工作完成以后，再有一篇描述这整个过程的通讯。关于如何在农村中进行整党工作，我们有了晋察冀区平山县的典型经验（这是刘少奇同志总结的）。关于如何在老区调剂土地而不是平分土地（因为那里已经平分了）的工作，我们有了陕甘宁区绥德县黄家川的典型经验。现在又有了晋绥区崞县这样一个平分土地的经验（虽然不完全)。这三个经验,值得印成一个小册子,发给每个乡村的工作干部。这种叙述典型经验的小册子,比我们领导机关发出的决议案和指示文件,要生动丰富得多,能够使缺乏经验的同志们得到下手的方法,能够有力地击破在党内严重地存在着的反马列主义的命令主义和尾巴主义。各中央局、中央分局及前委的领导同志们,在对自己领导的各项重要工作发出决议或指示之后,应当注意收集和传播经过选择的典型性的经验,使自己领导的群众运动按照正确的路线向前发展。现在是成千万的人民群众依照党所指出的方向向着封建的买办的反动制度展开进攻的时候,领导者的责任,就是不但指出斗争的方向,规定斗争的任务,而且必须总结具体的经验,向群众迅速传播这些经验,使正确的获得推广,错误的不致重犯。

毛　泽　东

一九四八年三月十二日

根据一九四八年三月二十四日《人民日报》刊印。

注　　释

〔1〕这是中共中央晋绥分局社会部部长谭政文一九四八年二月八日关于山西崞县召开土地改革代表会议情况给晋绥分局书记李井泉的报告。毛泽东在为这个报告写按语时,将标题改为《山西崞县是怎样进行土地改革的》。此文和按语一起发表在一九四八年三月二十四日《人民日报》。

在宽大机动中大量歼灭敌人

（一九四八年三月十四日）

杨罗杨耿〔1〕，并告中工委（转彭聂〔2〕），晋绥分局，林罗刘〔3〕：

十日十五时电〔4〕悉。你们只有在宽大机动中大量歼灭敌人，迫使敌人分散配备，才能克服你们遇到的敌人大量集中不利我军歼击的困难问题。你们机动的范围：第一是整个平绥线〔5〕，包括绥远〔6〕全省在内，第二是北宁线，第三是平承线，第四是平保线。目前所采出平绥线的方针，应当执行到敌人已经大量集中、该线我军已无好仗可打之时为止。下一步主力的行动，可以出平保线打一二仗，调回敌人主力，然后再出平绥线。你们拟派两个纵队出绥远的计划是很好的，可令该两纵于攻克柴沟堡一线之后，不要停留太久，迅速出绥远，以绥远全境为活动范围。你军所占地方即归你们管辖，多派干部建立政权，建立地方武装。晋绥分局取协助方针。晋绥分局的主要发展方向是同蒲线阎军〔7〕地区及协助西北局向陕甘川前进。你们主力必须建立向冀热察〔8〕交界地区及冀东地区作战的计划，但出动的时机与出动兵力的数量应依情况决定。此外你们必须向全体指战员进行在新区工作的策略与政策教育，此点不知你们在此次休整中已做了没有，如果没有或不足，你们应在作战中补足之，此种教育极为重要。

军 委

十四日二十四时

根据毛泽东手稿刊印。

注 释

〔1〕杨罗杨，指杨得志、罗瑞卿、杨成武，当时分别任晋察冀野战军司令员、第一政治委员和第二政治委员。耿，指耿飚，一九〇九年生，湖南醴陵人，当时任晋察冀野战军参谋长。

〔2〕彭，指彭德怀，当时任西北野战军司令员兼政治委员。聂，指聂荣臻（一八九九——一九九二），四川江津人，当时任晋察冀军区司令员兼政治委员。

〔3〕林罗刘，指林彪、罗荣桓、刘亚楼，当时分别任东北野战军司令员兼政治委员、副政治委员和参谋长。

〔4〕指杨得志、罗瑞卿一九四八年三月十日十五时给中共中央军委的电报。电报说，在作战上尚未解决的一个问题，就是我集中，敌亦集中，兵力堆在一起，不是打不成，就是打不好。这次我军出平绥，在战役指导上有意识将五个纵队组成两个拳头，如敌主力对我一、六纵队，好打则集中全力打，否则引敌向西，我主力乘虚出平张段。如敌主力出察南不好打时，我一、六纵队则挺进绥远，歼灭孤立分散之敌，切断平绥西段。如此迫敌分散，便于我军各个击破。

〔5〕平绥线，指北平（今北京）至绥远（今属内蒙古自治区）包头的铁路，即今京包线。

〔6〕绥远，即绥远省，一九五四年撤销，当时辖区为今内蒙古自治区乌兰察布盟、伊克昭盟、巴彦淖尔盟东部及呼和浩特市、包头市等地。

〔7〕阎军，指国民党军太原绥靖公署主任阎锡山所辖部队。

〔8〕热，指热河省，一九五五年撤销，当时辖区为今河北省东北部、辽宁省西南部、内蒙古自治区东南部。察，指察哈尔省，一九五二年撤销，当时辖区为今河北省西北部及内蒙古自治区锡林郭勒盟。

政策和策略是我党我军的生命[1]

（一九四八年三月二十日）

各野战军前委及各军区对部队推行党的政策与策略是否有没有抓得很紧的事。如果有这样的事，必须从前委与军区自己领导方面加以检讨。须知政策与策略，是我党我军的生命[2]。不注重政策与策略的教育，不使这种教育贯彻到底，使全体指战员充分明了，不加检查，让单纯军事观点占了统治地位，不尖锐全面彻底地反对单纯军事观点，向这种错误观点让步妥协或者隐瞒这些现象不向前委或军区反映，而前委或军区则不向或少向中央反映，只将战绩向上级及中央反映，如果是这样，那就是不对的，是离开了或多少离开了党的路线的，必须认为是极端严重的现象，应当立即加以检讨。

毛　泽　东

寅号

根据手稿刊印。

注　　释

〔1〕这是毛泽东为转发西北野战军前委指示各纵队应继续提高政策教育的电报写的批语。

〔2〕在写这个批语的同一天，毛泽东在为中共中央起草的通报（见《毛泽东选集》第四卷《关于情况的通报》）中，也指出："只有党的政策和策略全部走上正轨，中国革命才有胜利的可能。政策和策略是党的生命，各级领导同志务必充分注意，万万不可粗心大意。"

将全国一切可能和必须统一的权力统一于中央

（一九四八年四月十日）

华东局，转许谭谢[1]，并告各中央局、分局、前委：

许谭谢卯东[2]电悉。你们对昌潍地区之敌宣布宽大政策，基本上是正确的，但有一点是不正确的，即对罪大恶极为广大人民群众所痛恨的大反革命分子及大恶霸分子，也和其他敌方人员不加区别地一概宣布既往不咎，将功折罪。你们这样宣布，对敌方事实上将是一种欺骗，因为事实上这些罪大恶极分子被捕以后，当地群众将很有理由地要求我军及民主政府加以惩办，而我军及民主政府必须接受群众的要求，否则就要犯错误。你们这样宣布，将使你们在政治上处于软弱和被动的地位，因为在这些罪大恶极分子被捕以后，人民群众要求惩办的时候，如果你们要维持对敌方的信用而坚持既往不咎的政策，你们就将违反群众的正义的要求和意志。你们在宣布这样原则性的政策之前，应当向华东局及中央请示，因为对罪大恶极分子和其他敌方人员不加区别地一概宣布既往不咎，是直接违反我党政策及人民解放军宣言中首恶者必办一项规定的，而你们没有事先请示，粗率地向敌方发出这项不正确的声明。如果你们的声明尚未公开宣布，必须迅即修改这项声明，方能宣布；如果已经公开宣布，则你们已使你们自己犯了一次错误。当然，目前不要马上宣布取消此项声明，但总有一天你们要宣布执行惩办首恶分子的正确规定。

中央不止一次地向各地各军领导同志指出，中央的一切政策必须无保留地执行，不能允许不得中央同意由任何下级机关自由修改。但在日本投降以后的两年多时间内，不少地方在关于土地改革的政策方面，在关于工商业及工运的政策方面，在关于打人杀人的政策方面，在统一战线的政策方面，在宣传教育的政策方面，以及在其他某些方面，地方党和军队的领导机关不得中央同意，甚至不得中央委托的领导机关（即各中央局、中央分局、前委及其他中央委托的领导机关）的同意，自由地迫不及待地粗率地冒险地规定及执行明显地违背中央路线和政策的某些政策。地方主义的和经验主义的恶劣作风，事前不请示事后不报告的恶劣作风，多报功绩少报（甚至不报）错误缺点的恶劣作风，对于原则性问题粗枝大叶缺乏反复考虑慎重处置态度的恶劣作风，不愿精心研究中央文件以致往往直接违反这些文件中的某些规定的恶劣作风，仍然存在。所有这些不良现象，中央要求一切受中央委托的领导机关的负责同志严肃地注意加以改变，并指导所属中级及下级领导机关的负责同志同样严肃地注意加以改变，一遇此类现象，立即明确地毫不含糊地予以指出并予以纠正。我们这样做是完全合乎中国革命形势的要求的。中国新的革命高潮的到来，我党已经处在夺取全国政权的直接的道路上，这一形势要求我们全党全军首先在一切政治上的政策及策略方面，在军事上的战略及重大战役方面的完全统一，经济上及政府行政上在几个大的区域内的统一，然后按照革命形势的发展进一步地考虑在军队的编制和供应上，在战役行动的互相配合上，以及在经济上在政府行政上（那时须建立中央政府）作更大的统一。

总之，革命形势要求我党缩小（不是废除）各地方各兵团的自治权，将全国一切可能和必须统一的权力统一于中央，而在各地区和各部分则统一于受中央委托的领导机关（据我们所知，各地区和各部分的内部对于受中央委托的机关存在着极大的极不正常的和极有害的不统一状态）。各地领导同志必须迅速完成在这方面的一切必要的精神准备和组织准备。

中　央

卯灰

根据毛泽东手稿刊印。

注　　释

〔1〕许谭，指许世友、谭震林，当时分别任华东野战军山东兵团司令员和政治委员。谢，指谢有法（一九一七——一九九五），江西兴国人，当时任华东野战军山东兵团政治部主任。

〔2〕卯东，即四月一日。

企业管理委员会应有工程师、技师及职员参加[1]

（一九四八年四月二十六日）

华东局，并告谭震林同志：

卯东震林同志关于淄、博、周、张城市政策电[2]甚好，请转发华东局所属各区党委、各市委、华中工委及陈粟、韦陈[3]参考。但有一点请你们注意，即该电在说到企业的正式管理委员会时，只说由经理、工会代表组织管理委员会，没有提到工程师、技师及有经验的职员。须知单是经理及工人代表是不够的，必须有工程师、技师及职员参加管理委员会，这个委员会应当是厂长负责制下面的管理委员会。在任何企业中，除厂长或经理必须被重视外，还必须重视有知识有经验的工程师、技师及职员。必要时，不惜付出高薪。即使是国民党人，只要有可能，也要利用。这一点，请同时转告各地。这一点，我们在过去亦没有说清楚，故在这里补充说明。

中　央

卯宥

根据毛泽东手稿刊印。

注　释

〔1〕这是毛泽东为中共中央起草的转发华东野战军副政治委员兼山东兵团政治委员谭震林一九四八年四月一日关于淄川、博山、张店、周村的情况及所取之政策报告的批语。一九四八年四月十一日，毛泽东在审阅谭震林这个报告时，写过一段和本文内容一致的按语，说："这里没有提到工程师、技师及有经验的职员。单是经理及工人代表是不够的，必须有工程师、技师及职员参加管理委员会。这个委员会应当是厂长负责制下面的管理委员会。在任何企业中，必须重视有知识有经验的工程师、技师及职员，必要时不惜付出高薪，即使是国民党人也要利用。"

〔2〕指谭震林一九四八年四月一日给中共中央华东局并转中央等的报告。报告说，周村针对去年斗错了一些商人的情况，决定召集市民座谈会、大中商人会议听取意见，解决问题。设法解决被斗错了的商人的困难，退还没收错了的房屋、机器等，私人工厂发还给私人，股份制企业用代管办法经营，归还私人的股份。协助企业搞好生产，繁荣市面。张店情况较好。淄川、博山也采取与周村一样的方针。对公营大煤矿，决定工厂管理经营的方式是由工人职员及财办派去的干部共同组织管理委员会，以后再正式成立经理、工会代表合作的正式管理委员会。

〔3〕陈粟，指陈毅、粟裕，当时分别任华东野战军司令员兼政治委员和副司令员。韦，指韦国清（一九一三——一九八九），广西东兰人，当时任华东野战军苏北兵团司令员。陈，指陈丕显（一九一六——一九九五），福建上杭人，当时任华东野战军苏北兵团政治委员。

给李济深、沈钧儒[1]的信

（一九四八年五月一日）

任潮、衡山两先生：

在目前形势下，召集人民代表大会，成立民主联合政府，加强各民主党派、各人民团体的相互合作，并拟订民主联合政府的施政纲领，业已成为必要，时机亦已成熟。国内广大民主人士业已有了此种要求，想二兄必有同感。但欲实现这一步骤，必须先邀集各民主党派、各人民团体的代表开一个会议。在这个会议上，讨论并决定上述问题。此项会议似宜定名为政治协商会议。[2]一切反美帝反蒋党的民主党派、人民团体，均可派代表参加。不属于各民主党派、各人民团体的反美帝反蒋党的某些社会贤达，亦可被邀参加此项会议。此项会议的决定，必须求得到会各主要民主党派及各人民团体的共同一致，并尽可能求得全体一致。会议的地点，提议在哈尔滨。会议的时间，提议在今年秋季。并提议由中国国民党革命委员会、中国民主同盟中央执行委员会、中国共产党中央委员会于本月内发表三党联合声明，以为号召。此项联合声明，弟已拟了一个草案，另件奉陈。以上诸点是否适当，敬请二兄详加考虑，予以指教。三党联合声明内容文字是否适当，抑或不限于三党，加入其他民主党派及重要人民团体联署发表，究以何者适宜，统祈赐示。兹托潘汉年[3]同志进谒二兄。二兄有所指示，请交汉年转达，不胜感幸。

谨致

民主革命敬礼！

毛　泽　东

五月一日

根据中央档案馆保存的抄件刊印。

注　　释

〔1〕李济深，字任潮，当时任中国国民党革命委员会中央执行委员会主席。沈钧儒（一八七五——一九六三），号衡山，浙江嘉兴人，当时任中国民主同盟中央委员会常务委员，在香港主持盟务。

〔2〕一九四八年四月三十日，中共中央发布纪念“五一”节口号。毛泽东在审阅这些口号时，加写了召开政治协商会议的内容：“各民主党派、各人民团体、各社会贤达迅速召开政治协商会议，讨论并实现召集人民代表大会，成立民主联合政府。”

〔3〕潘汉年（一九〇六——一九七七），江苏宜兴人。当时是中国共产党派在香港领导对敌隐蔽斗争和统一战线工作的负责人。

粟裕兵团暂不渡江，集中主力在中原歼敌[1]

（一九四八年五月五日）

刘邓[2]，并华东局：

将战争引向长江以南，使江淮河汉地区之敌容易被我军逐一解决，正如去年秋季以后将战争引向江淮河汉，使山东、苏北、豫北、晋南、陕北地区之敌容易被我军解决一样，这是正确的坚定不移的方针。惟目前渡江尚有困难。目前粟裕兵团（一、四、六纵）的任务，尚不是立即渡江，而是开辟渡江的道路，即在少则四个月多则八个月内，该兵团加上其他三个纵队，在汴徐线南北地区，以歼灭五军等部五六个至十一二个正规旅为目标，完成准备渡江之任务。在此期内，由该兵团派出十个营，附以地方干部，陆续先遣渡江，分布广大地区，发展游击战争。以上计划，是我们和陈粟[3]及一波、先念[4]所商定者。粟裕兵团，待陈粟由中央回去，结束政策学习及军事训练，约于本月底渡河作战。陈唐[5]所率三、八两纵应回至豫皖苏区，调换一纵西去，以便该兵团有一、三、四、六、八及十一等六个纵队集结打大仗。十纵已去豫陕鄂边，可不回来。但六七两月作战，陈唐回来已来不及，应由一纵参加此两月作战，待雨季休整时再由陈唐与一纵调换。本月内请刘邓命一纵、十一纵在汴徐以南适当地点休整,待粟裕命令,月底协同作战。当粟裕打五军等部时,许谭兵团〔6〕应向津浦线行动,相机歼灭并钳制十二师、七十五师、八十四师、七十三师等部。其动作时间,应在本月下旬,请华东局令知许谭准备。同时,令知韦陈兵团〔7〕,在苏北发起歼敌战役,配合动作。粟裕兵团的供应,由华北、山东两方统筹。

军　委
辰微

根据毛泽东手稿刊印。

注　释

〔1〕粟裕兵团,指粟裕兼任司令员和政治委员的华东野战军第一兵团。关于粟裕兵团的作战地点和任务,中央军委曾于一九四八年一月决定由粟裕率领兵团的三个纵队南渡长江执行宽大机动任务,先在湘赣两省周旋半年至一年,然后以跃进方式分几个阶段挺进闽浙赣地区,如此吸引二十至三十个旅的国民党军回防江南,迫敌处于更加被动地位。毛泽东在一九四八年一月二十七日为中共中央军委起草的致粟裕的电报中,提出三个渡江方案:一是休整半个月后,乘敌不备从宜昌上下游渡江;二是在二、三、四月进入伏牛山秦岭以南、长江以北、平汉以西地区,除作战外,休整一个月,然后渡江;三是二、三、四月在伏牛山、长江之间作战,五月北返,休整两三个月后在秋季渡江。二月一日,毛泽东又就渡江问题为中共中央军委起草致粟裕电,同意粟裕率三个纵队赴陇海线附近再休整一个半月,三月下旬出动。渡江路线,争取走湖口、当涂之间,或南京、江阴之间。渡江方法采宽正面分路或分梯队偷渡。四月十八日,粟裕向中央军委建议暂缓渡江,认为三个纵队渡江后不一定会吸引国民党军主力回防,反而分散了自身兵力,加上其他不利条件,不如继续留在中原作战为好。四月三十日,经中央开会讨论,粟裕的建议被毛

泽东和中央军委所采纳。此后，中原战场我军取得重大胜利，为即将到来的淮海战役创造了有利条件。

〔2〕刘邓，指刘伯承、邓小平，当时分别任晋冀鲁豫野战军司令员和政治委员。

〔3〕陈粟，指陈毅、粟裕，当时分别任华东野战军司令员兼政治委员和副司令员，正在河北阜平城南庄参加中共中央书记处扩大会议。

〔4〕一波，即薄一波，当时任晋冀鲁豫军区第一副政治委员。先念，即李先念，当时任晋冀鲁豫野战军副司令员。

〔5〕陈唐，指陈士榘、唐亮，当时分别任华东野战军参谋长和政治部主任。

〔6〕许谭兵团，指许世友任司令员、谭震林任政治委员的华东野战军山东兵团。

〔7〕韦陈兵团，指韦国清任司令员、陈丕显任政治委员的华东野战军苏北兵团。

晋绥分局应将工业生产放在领导工作的重要位置

（一九四八年五月十一日）

晋绥分局，并告华北局，西北局：

五日电悉。

（一）你们万余人进驻运城地区，必须向所有人员讲明对待当地人民及党政军的正确态度。

（二）中央已决定将北起赵城、南至蒲州沿同蒲线及其以西地区划归你们管辖，你们应准备有关接收及管理事宜，不要因接收引起人员的不满及物资的损失。具体的移交、接收及划界，望华北局拟出办法通知晋绥分局及当地党政军机关，务使划分以后不至引起不满及损失。

（三）至少在一个时期内，分局应将自己的注意力主要地放在接收各县的工作上。

（四）分局应将工业生产问题放在领导工作的重要位置。有了工业生产的条件，党如果不注意恢复及发展工业，党的领导人员如果缺乏工业方面的知识，如果不用力去学会这一方面的知识，那就会要犯错误。在收复延安后，西北局亦须注意恢复及发展工业。

中　央

十一日

根据毛泽东手稿刊印。

对知识分子应避免唯成分论的偏向

（一九四八年五月二十一日）

恩来，乔木〔1〕：

一九三三年两个文件〔2〕，今上午已交通讯员送还你们。现在觉得关于知识分子部分，说得不完全，是不妥的。原件说地主出身者是地主，富农出身者是富农，中农出身者是中农，这是说社会出身，这是对的。但必须补充说，根据知识分子所从事的职业，例如参加军队者是军人，参加政府工作者是政府职员，参加生产企业者是工人、职员、技师或工程师，参加文化工作者是教员、记者、文艺家等，并将着重点不放在社会出身方面，而放在社会职业方面，方可避免唯成分论的偏向。以上请斟酌修改后发出。

毛　泽　东

二十一日十五时半

根据中央档案馆保存的抄件刊印。

注　释

〔1〕乔木，即胡乔木（一九一二——一九九二），江苏盐城人。当时任新华通讯社社长、毛泽东的秘书。

〔2〕指中华苏维埃共和国临时中央政府一九三三年十月为纠正土地革命中的“左”倾错误、正确解决土地问题而颁发的《怎样分析农村阶级》和《关于土地斗争中一些问题的决定》。这两个文件提出了划分农村阶级的标准，并对划分阶级成分的一些具体问题作了规定。中共中央将这两个文件作若干修改后，于一九四八年五月二十五日重新发给各级党委遵照实施。毛泽东在本文提出的关于知识分子的社会出身和社会职业应有区别的意见，用“说明”的形式加在了《关于土地斗争中一些问题的决定》的知识分子部分中。《怎样分析农村阶级》，已收入《毛泽东选集》第一卷。

关于对外订立有借有还商业性协定问题

（一九四八年五月二十八日）

林罗刘〔1〕，并东北局：

辰寝电〔2〕悉。

（一）嗣后凡有借有还之协定，只要有可能，你们尽可订立。但须将要求详情事前报告中央审查批准，事后将经营结果及偿还情形报告中央审核。

（二）事前不经批准事后又不报告经营结果及偿还情形，则是不许可的。

（三）除武器总清单由林罗刘速报中央外，过去一切商业性协定之详细内容及经营和偿还情形，望东北局补报中央。你们过去为什么对于这样重要的外交行动采取事前不请示事后不报告的态度，亦须对中央说明理由。

（四）凡在有借有还之商业性协定以外之要求，则必须遵守自力更生不依赖外援之原则，非万不得已，不要轻易提出要求。

毛　泽　东

辰俭

根据手稿刊印。

注　　释

〔1〕林罗刘，指林彪、罗荣桓、刘亚楼，当时分别任东北野战军司令员兼政治委员、副政治委员和参谋长。

〔2〕指林彪、罗荣桓、刘亚楼一九四八年五月二十六日给毛泽东的电报。电报说，过去收到苏方的物品总清单当即清查报告你。两个月前我们向苏方要求帮助我们修复被破坏铁路的器材，最近他们已口头答复同意，购物款项分数年偿还。

必须以严肃科学态度对待宣传工作[1]

（一九四八年六月三日）

各地领导机关（包括中央局、区党委两级）对于报纸、通讯社等极端重要的宣传机关放弃领导责任，或者虽未放弃领导，但是抓得不紧，听任许多错误观点广泛流行，宣传工作极不严肃。此种状况，必须坚决改正。改正方法之一，是中央局（分局）及区党委（省委）对于自己的报纸，必须于每天出版之前，由一个完全懂得党的正确路线和正确政策的同志，将大样看一遍，改正错误观点，然后出版。各地领导同志，必须以严肃的科学的态度对待宣传工作。

毛　泽　东

巳江

根据手稿刊印。

注　释

〔1〕这是毛泽东为转发中共中央华东局一九四八年五月三十日关于一年来办报情况给中宣部的报告写的批语。

多方调动敌人，创造歼敌机会

（一九四八年六月三日）

粟张〔1〕，并告刘邓，陈邓〔2〕：

冬午电〔3〕悉。在整个中原形势下，打运动战的机会是很多的。但要有耐心，要多方调动敌人，方能创造机会。最近时间内，陈唐〔4〕需要协助刘邓作战。只要刘邓能打一二个好仗，局势就会开始起变化。因此你们到达适当地区后，不是休息三天，而是休息半月左右，全军精心研究技术战术，养精蓄锐。即使有打小仗的机会，主力也不要去打。等候刘邓对张轸〔5〕作战完全结束，陈唐到达陇海汴徐线附近，并休息若干天恢复疲劳之后，再采取调动敌人之行动，于运动中歼灭敌人。在打五军、七十五师等部时，不要企图一次打得太多，而要准备一次只打一两个旅，各个歼灭该敌，因为该敌是比较强的。要说服干部不要急于求赫赫之名，急于解决大问题，而要坚忍沉着，随时保持主动。

军　委

江寅

根据毛泽东手稿刊印。

注　释

〔1〕粟，指粟裕，当时任华东野战军代司令员兼代政治委员。张，指张震，一九一四年生，湖南平江人，当时任华东野战军副参谋长。

〔2〕刘邓，指刘伯承、邓小平，当时分别任中原军区、中原野战军司令员和政治委员。陈邓，指陈毅、邓子恢，当时分别任中原野战军第一副司令员和副政治委员。

〔3〕指粟裕、张震一九四八年六月二日午时给中共中央军委的电报。电报说，原拟攻占城武，歼灭来援之敌，否则围攻曹县，吸引敌五军主力于曹县、民权、商丘间歼灭之。现敌五军已先我到达，如实行此方案，仓卒应战，且部队连续行军，较为疲劳，我主力不能集结，兵力不足，为争取主动，伺机歼敌，故建议部队暂以战备状态，进到定陶、城武及金乡外围集结，休息三天，再决定第二步行动。

〔4〕陈唐，指陈士榘、唐亮，当时分别任华东野战军参谋长和政治部主任。

〔5〕张轸（一八九四——一九八一），河南罗山人。当时任国民党军第五绥靖区司令官。

关于攻打长春的几点考虑[1]

（一九四八年六月七日）

林罗刘[2]：

（一）基本上同意你们五日十九时半来电[3]的第三个方案，即用三个月至四个月时间攻克长春，并争取歼灭援敌，待秋收后再攻承德或他处。

（二）长春是否能攻克，决定于：甲、时间。乙、攻城方法。丙、打援能力及方法。在你们的计划中，时间问题已解决了，即不是如同你们原先计划的半个月，而是三个月至四个月。有了这样长的时间，兵力因经训练而加强了，攻城亦可采用新的方法了。

（三）关于攻城方法问题，我们认为必须采取地道作战与地面作战相结合的方法，方能减少伤亡与保证胜利，如果单用地面攻击方法，则伤亡必很大，而且不一定确实保证胜利。

（四）关于歼灭援敌问题，我们认为在有沈阳、锦州这样大的敌军并且必然增援的条件之下（你们应以敌人必然增援为自己作战计划的基础），虽有三个月至四个月时间采取地道作战与地面作战相结合的方法，还不能确保攻长春的胜利，必须同时在兵力部署上和作战方法上保障取得阻止援敌及歼灭援敌的胜利，方能确保攻长春的胜利。我们认为你们应有不少于五个纵队（最好是六个纵队）在沈阳、长春间援敌必经的道路上构筑必要强固阵地（利用昌图、四平、公主岭等地敌人原来构筑的阵地加以修理），先行远距离的阻击作战，借以消耗和顿挫援敌，并有能力歼灭援敌一部或大部，方能保障长春的胜利。我们认为以三个月至四个月时间采用地道与地面相结合的作战方法是保障长春胜利的第一个条件，阻止与歼灭援敌则是保障长春胜利的第二个条件，两个条件不可缺一。

（五）这个计划有平分兵力之嫌。但是因为我军采取地道与地面相结合的方法，即一方面用多数的地道向敌要塞下面攻进，一方面在地面上逐步筑垒前进，使敌之反击（敌人必然举行多次的拚命的反击，所以我军前进必须逐步构筑坚强堡垒）只能消耗敌人自己，而不能把我军打出来，因此就可以节省兵力，我军有了大约四个或五个纵队及七个独立师使用于攻城方面也就够了。在作战实施中，依据城敌与援敌两方面有利于我不利于敌之变化，你们可以酌量调节攻城与打援两方面的兵力，在某种时机将重点放在打援方面（这是首先重要的），在另一种时机将重点放在攻城方面。

（六）你们断绝敌人从地面取得粮食的来源是很必要的，你们必须做到这一点。但是敌人可能从空中取得粮食，城内粮食亦可能不只维持三个月。因此你们主要应从攻城方法方面与打援的兵力配备及作战方法方面着眼，即是说，即使敌人的粮食能维持五六个月，外面又有强大敌军来援，我们亦有办法在三四个月内攻克长春。

（七）长春胜利将给你们尔后南下作战逐一攻克各个大城市开辟道路，各个大城市的攻克将从长春战役取得经验。希望你们精心组织这次战役，预先估计到战役中将要发生的各种困难，逐步总结经验，直至完全胜利。

（八）在攻长春的三个月至四个月时间内，你们必须同时完成下一步在承德、张家口、大同区域作战或在冀东、锦州区域作战所必需的粮食、弹药、被服、新兵等项补给的道路运输准备工作。

（九）你们的及各纵队的指挥所，必须构筑巩固的可靠的防空洞。

军 委

七日十五时

根据毛泽东手稿刊印。

注 释

〔1〕本文提出的攻打长春的计划，后来因有新的考虑而没有实施（参见本卷第111—112页《停止攻击长春计划，做好南进作战准备》）。一九四八年十月十九日，长春在辽沈战役中和平解放。

〔2〕林罗刘，指林彪、罗荣桓、刘亚楼，当时分别任东北野战军司令员兼政治委员、副政治委员和参谋长。

〔3〕指林彪、罗荣桓、刘亚楼一九四八年六月五日十九时半给中共中央军委的电报。电报提出的东北我军行动的三个方案是：一，目前即正式进攻长春，但无把握，成功的可能性较小。二，目前以少数兵力围困长春，封锁粮食，主力到北宁线、热河、冀东一带作战。但南下作战，除可能到处扑空，或因敌人力量集中不好打外，粮食补给也极为困难，同时长春之敌又可能乘机退回沈阳，造成两头都无战果的结局。三，用二至四个月时间，对长春实行较长时间的围城打援，然后攻城。电报认为目前以采取第三个方案为好。

各中央局、分局、前委应向中央报告的事项

（一九四八年六月二十五日）

各中央局，分局，前委：

下列各项，嗣后必须在事先或事后报告中央，经中央审查批准已在执行中者，除业已呈报者外，须将指示或决议或条例或命令补行呈报备审。

（一）税收政策，内分农业税（即公粮）、工业税、商业税。

（二）工资政策，内分公营企业工资、民营企业工资（包括合作社）、乡村工资。

（三）每年财政预算。

（四）全区脱离生产人员的数量和人口数量的比例。

（五）每年动员新兵计划。

（六）增加新的团、旅（师）及纵队的数量及编制。

（七）全区每年土改工作范围、政策及干部配备。

（八）全区生产计划、投资及贷款计划，内分工业、交通、矿业、航业、农业及商业。

（九）货币政策及发行计划。

（十）外交政策、外交事件之处理及外人宗教案件之处理。

（十一）文化教育政策，全区文教事业计划。

（十二）高级人民代表会议及高级政府组成中我党与他党及非党人员的配备。

（十三）我党与民主党派及非党人员合作的政策。

（十四）全区司法政策，即如何对待各类犯罪分子。

（十五）党校及军校的计划及教育方针。

（十六）区党委或省委的书记、副书记及委员的配备。

（十七）旅（或师）一级及其以上各级主要人员的配备。

（十八）整党计划及政策（包括三查三整〔1〕在内）。

中　央

巳有

根据毛泽东手稿刊印。

注　释

〔1〕三查三整，见本卷第47页注〔3〕。

变敌人的假和平运动为人民的真和平运动[1]

（一九四八年七月十八日）

敌人和平运动公开出现以后，估计将产生两方面的作用。一方面，可能暂时迷惑一部分人民；另一方面，则将对国民党军队及其后方发生动摇和瓦解的作用。由于这后一种原因，国民党虽然正在准备发动和平阴谋，但仍有极大顾虑。针对这两方面的可能性，我党在全国范围内的揭露工作，应依敌方和平运动发动后的情况，一方面，坚决揭露敌人和运的欺骗性，使群众不被欺骗；另一方面，号召群众起来反对假和平，要求真和平。其具体要求，应是美国停止援助国民党，美军及美国军事代表团退出中国，取消中国对美国的一切卖国条约，国民党及其政府公开向人民承认发动内战的错误，惩办一切战争罪犯，取消伪宪伪国大及依据伪宪伪国大所成立的反动政府，召集人民代表大会，成立不包括反动派在内的民主联合政府，取消特务机关，实行言论集会自由，反饥饿，反迫害，没收官僚资本，实行土地改革。这样将美帝和国民党的假和平运动，转变为人民要求真和平的运动，以与人民解放军的攻势作战相配合，促进反动派瓦解崩溃的速度。在蒋管区提出上述口号时，应依群众情绪及环境所许可的情况有所增减，酌量提出，并须和群众生活上的迫切要求相配合，务使美帝和国民党更加孤立，而不使自己陷于孤立。

根据毛泽东手稿刊印。

注　　释

〔1〕这是毛泽东审阅中共中央关于揭破国民党反动派和平阴谋的指示稿时加写的一段话。

停止攻击长春计划，做好南进作战准备

（一九四八年七月二十二日）

林罗刘〔1〕，并告东北局：

午哿、午养两电〔2〕均悉。向南作战具有各种有利条件，我军愈向敌人后方前进，愈能使敌方孤悬在我侧后之据点被迫减弱或撤退，这个真理已被整个南线作战所证明，亦为你们的作战所证明。攻击长春，既然没有把握，当然可以和应当停止这个计划，改为提早向南作战的计划。在你们准备攻击长春期间，我们即告知你们，不要将南进作战的困难条件说得太多太死，以致在精神上将自己限制起来，失去主动性。〔3〕现在你们已经将注意力移到向南作战方面，研究南面的敌情、地形、粮食等项情况，看出其种种有利的条件，这是很好的和很必要的，并且应向全军指战员首先是干部充分说明这些条件，以鼓励和坚定他们向南进取的意志和坚定他们的决心。但在同时，必须说明将要遇到和必然会遇到的各种困难情况，诸如粮食困难，人民的欢迎不一定有如同现处地方的人民那样热烈，某些敌人的顽强抵抗和某些时候作战的不顺手等等，使他们在这方面先有精神准备，并研究克服各项困难的方法。这些必然遇到的困难情况，其中特别是粮食条件的困难，你们高级领导方面尤其要严重地估计到。现在距八月中旬已不足一个月，你们的政治动员和准备粮食等项工作，必须加紧进行，否则八月间还不能在北宁、平承、平张等线打响。关于具体作战计划，希望你们详加考虑，拟出全般方案电告。你们指挥机关似以先期南下和程子华、罗瑞卿〔4〕诸人会面为适宜。东北局应速加强冀热察〔5〕辽区域的工作，尤其财经粮食方面的工作，该区在这方面存在着相当严重的矛盾。

军 委

养亥

根据毛泽东手稿刊印。

注 释

〔1〕林罗刘，指林彪、罗荣桓、刘亚楼，当时分别任东北野战军司令员兼政治委员、副政治委员和参谋长。

〔2〕指林彪、罗荣桓、刘亚楼一九四八年七月二十日和二十二日给中共中央军委的两封电报。二十日的电报说，东北局常委重新讨论行动计划后认为，我军仍以南下作战为好，不宜勉强和被动攻击长春。东北野战军主力八月中旬即可开始南下作战。南下最大的困难是粮食的接济，但可以解决。在平绥线作战，则须晋察冀方面有所准备。二十二日的电报说，如华北敌人确实空虚，则我军南下与晋察冀配合作战，有全部歼灭敌人，夺取天津、北平的重大可能；同时，亦必引起长春、沈阳敌人撤退，有解放东北的可能。

〔3〕一九四八年四月十八日，林彪等致电毛泽东，提出于五月中下旬集中东北野战军主力攻打长春的意见。四月二十二日，毛泽东复电同意这一意见，但指出："我们同意你们先打长春的理由是先打长春比较先打他处要有利一些，不是因为先打他处特别不利，或有不可克服之困难。你们所说打沈阳附近之困难，打锦州

附近之困难，打榆锦段之困难，以及入关作战之困难等，有些只是设想的困难，事实上不一定有的。”“你们自己，特别在干部中，只应当说在目前情况下先打长春比较有利，不应当强调南下作战之困难，以免你们自己及干部在精神上处于被动地位。”

〔**4**〕程子华（一九〇五——一九九一），山西解县（今属运城市）人，当时任冀热辽军区司令员。罗瑞卿，当时任华北军区政治部主任兼第二兵团第一政治委员。

〔**5**〕热，指热河省，察，指察哈尔省，均见本卷第 82 页注〔8〕。

复各民主党派与民主人士电

（一九四八年八月一日）

李济深、何香凝、沈钧儒、章伯钧、马叙伦、王绍鏊、陈其尤、彭泽民、李章达、蔡廷锴、谭平山、郭沫若〔1〕诸先生，并转香港各民主党派、各人民团体及无党派民主人士公鉴：

五月五日电〔2〕示，因交通阻隔，今始奉悉。诸先生赞同敝党五月一日关于召开新的政治协商会议讨论并实现召集人民代表大会建立民主联合政府一项主张，并热心促其实现，极为钦佩。现在革命形势日益开展，一切民主力量亟宜加强团结，共同奋斗，以期早日消灭中国反动势力，制止美帝国主义的侵略，建立独立、自由、富强和统一的中华人民民主共和国。为此目的，实有召集各民主党派、各人民团体及无党派民主人士的代表们共同协商的必要。关于召集此项会议的时机、地点、何人召集、参加会议者的范围以及会议应讨论的问题等项，希望诸先生及全国各界民主人士共同研讨，并以卓见见示，曷胜感荷。谨电奉复，即祈谅察。

中国共产党中央委员会主席　毛泽东

八月一日

根据一九四八年八月六日《人民日报》刊印。

注　释

〔1〕李济深，当时任中国国民党革命委员会中央执行委员会主席。何香凝（一八七八——一九七二），广东南海人，当时任中国国民党革命委员会中央执行委员会常务委员。沈钧儒，当时任中国民主同盟中央委员会常务委员，在香港主持盟务。章伯钧（一八九五——一九六九），安徽桐城人，当时任中国农工民主党中央执行委员会主席、中国民主同盟中央委员会常务委员。马叙伦（一八八五——一九七〇），浙江杭县（今属余杭）人，当时任中国民主促进会中央理事会常务理事。王绍鏊（一八八八——一九七〇），江苏吴江人，当时任中国民主促进会中央理事会常务理事。陈其尤（一八九二——一九七〇），广东海丰人，当时任中国致公党中央委员会副主席。彭泽民（一八七七——一九五六），广东四会人，当时任中国农工民主党中央监察委员会主席。李章达（一八九〇——一九五三），广东东莞人，当时任中国国民党革命委员会中央执行委员会常务委员、中国人民救国会中央执行委员。蔡廷锴（一八九二——一九六八），广东罗定人，当时任中国国民党革命委员会中央执行委员会常务委员、中国国民党民主促进会代主席。谭平山（一八八六——一九五六），广东高明人，当时任中国国民党革命委员会中央执行委员会常务委员、三民主义同志联合会中央常务委员。郭沫若（一八九二——一九七八），四川乐山人，当时为无党派人士，著名历史学家、文学家和社会活动家。

〔2〕指各民主党派与民主人士一九四八年五月五日从香港发给毛泽东并转解放区全体同胞的电报。电报谴责国民党政府“窃权卖国，史无前例”，表示拥护中国共产党在“五一”劳动节口号中提出的迅速召开政治协商会议的主张。

对中间派倒蒋活动应取的策略[1]

（一九四八年八月一日）

沪局，港分局，并告克坚、汉年[2]：

据克坚午篠[3]电告，李济深、冯玉祥[4]想利用美国务院及司徒[5]促蒋下台，由李、冯主政，下令国军[6]就地停战，不听命者以武力解决。据说此事李恐我港方人员幼稚，不便实告，乃改派人告克坚将此事转告中央，克坚表示我港方人员很好，应大家合作等语。另讯，冯将回国至港。据闻，李曾派彭泽湘[7]见司徒，要求倒蒋，司徒未同意。按美国务院政策，现仍以支持蒋介石反共为主，同时对蒋无能及老吃败仗感不满。为迫蒋让出更多权力，为准备在蒋军更加崩溃时能够团结反动统治各派并企图团结一部分中产阶级分子共同反共起见，又正在进行各种阴谋活动，其中包括对我党试探和谈的可能性。到蒋介石真正无法统治下去时，则准备以李宗仁、何应钦[8]等代替蒋介石。此时则希望与我党停战议和，以便取得喘息时间，重整兵力，然后卷土重来，消灭革命力量。在准备以李、何代蒋一点上，蒋及其死党是要反抗的，近日平、津、沪、宁一带所传出的和谣及翁文灏[9]的反共演说，都是这种反抗的表现。我们对于美帝这类阴谋是应当揭穿的，但对反动统治内部的分裂与倒蒋运动则应当利用，以促成他们间的更大分裂。我们对于李济深、冯玉祥一类中间派人士的倒蒋活动，不要无分析地一概反对，而应告诉他们美帝及李宗仁、何应钦等反动集团是靠不住的，我们赞成倒蒋是因为蒋倒之后对于解放战争的开展有利，而不是对美帝及李宗仁、何应钦等有任何幻想。相反，应在人民中随时揭破美帝和反动派的阴谋，以免上当。望你们体会上述策略，与李济深、冯玉祥、章伯钧、谭平山〔10〕及其他中间派反蒋分子保持密切联系，尊重他们，多对他们作诚恳的解释工作；争取他们，不使他们跑入美帝圈套里去。是为至要。

中　央

未东

根据中央档案馆保存的原件刊印。

注　　释

〔1〕这是由周恩来起草、毛泽东修改的中共中央致上海局、香港分局的电报。

〔2〕克坚，即吴克坚（一九〇〇——一九八六），湖南平江人。汉年，即潘汉年。他们当时分别是中国共产党派在上海、香港进行统一战线工作和情报工作的负责人。

〔3〕午篠，即七月十七日。

〔4〕李济深，当时任中国国民党革命委员会中央执行委员会主席。冯玉祥，当时任中国国民党革命委员会中央执行委员会常务委员兼中央政治委员会主席，一九四八年七月底由美国启程回国准备参加新政治协商会议，途中因轮船失火于九月一日遇难。

〔5〕司徒，即司徒雷登（一八七六——一九六二），出生于中国的美国人。当时任美国驻中国大使。

〔6〕指国民党军队。

〔7〕彭泽湘（一八九九——一九七〇），湖南岳阳人。当时在李济深处帮助工作。

〔8〕李宗仁（一八九一——一九六九），广西桂林人，当时任国民党政府副总统。何应钦（一八九〇——一九八七），贵州兴义人，当时任国民党政府国防部部长。

〔9〕翁文灏（一八八九——一九七一），浙江鄞县人。当时任国民党政府行政院院长。

〔10〕章伯钧，当时任中国农工民主党中央执行委员会主席、中国民主同盟中央委员会常务委员。谭平山，当时任中国国民党革命委员会中央执行委员会常务委员、三民主义同志联合会中央常务委员。

攻济打援的初步设想

（一九四八年八月十二日）

粟陈唐张〔1〕，并告许王谭〔2〕，华东局，中原局：

灰日四时电〔3〕悉。你们所提三个方案我们正考虑中，待你们和许、王、谭会商提出更接近实际的意见以后，再正式答复你们。现我们只提出一些初步感想，作为你们会商时的参考材料。

（一）九月作战，预计结果有三种可能。第一，打一个极大的歼灭战。这即是你们所说既攻克济南，又歼灭五军等部大部分援敌。第二，打一个大的但不是极大的歼灭战。这即是攻克济南，又歼灭一部分但不是大部分援敌。第三，济南既未攻克，援敌亦不好打，形成僵局，只好另寻战机。

（二）你们第三方案之目的，是为了争取第一种结果。其弱点是只以两纵占领飞机场，对于济南既不真打，而集中十一个纵队打援，则援敌势必谨慎集结缓缓推进，并不真援。邱、区〔4〕兵团之所以真援开封，是因为我们真打开封，敌明确知道我是阻援，不是打援，故以十天时间到达了开封。如果你们此次计划不是真打济南，而是置重点于打援，则在区兵团被歼、邱黄〔5〕两兵团重创之后，援敌必然会采取（不会不采取）这种谨慎集结缓缓推进方法。到了那时，我军势必中途改变计划，将重点放在真打济南。这种中途改变计划，虽然没有什么很大的不好，但丧失了一部分时间，并让敌人推进了一段路程，可能给予战局以影响。

（三）在一个条件即是在使用许谭全力而不要其余各纵参加，或者即使参加也只是个别的师，至多不超过一个纵队的条件下，我们目前倾向于攻城打援分工协作，以达既攻克济南，又歼灭一部援敌之目的，即采取你们第二方案，争取上述第二项结果。我们觉得这样做比较稳当，比较能获结果。因为此次作战，是在区兵团主力被歼，邱、黄又受重创，二十五师后撤的情况之下，虽然新来了八师、六十四师，至多只能抵上区兵团主力之被歼及二十五师之后撤，你们集中六至七个纵队不但能阻住援敌于适当地区，而且能歼灭其一部分，至少能保障攻克济南。这就是我们所想的攻城打援分工协作计划。

（四）不管你们采取第二方案或者第三方案，在兵力部署方面，叶飞〔6〕所指挥的三个纵队，应于本月下旬结束整训，北移嘉、巨〔7〕地区。已经在北面之各纵及正在移动中之第三纵，则应适时位于兖、济〔8〕或其以南地区。即是说，除韦吉〔9〕之五个旅可以临时决定参战位置外（该部似以担任攻击徐蚌段为宜），一切正规兵力均应位于正面，先求阻击，然后寻机歼其几部。而不要企图以叶飞三个纵队尾邱、黄之后，作夹击邱、黄之部署。如果你们是企图打援，则邱、黄决不分散走两路而让你们夹击其一路。那时敌之部署，极大可能是以一部位于运河以西（例如金乡）以钳制我军一部，而以主力沿津浦路北进援济。或者相反，以一部扰击津浦路，而以主力沿运西北上援济。因此，我军必须事先夹运而阵，并构筑几道防御工事，以便随时转移兵力于运东或运西阻击与歼灭敌援。

（五）粮食是极大问题，你们到兖、济开会，华东局及冀鲁豫均应派负责干部参加协筹粮食及其他问题。

军 委

十二日十九时

根据毛泽东手稿刊印。

注 释

〔1〕粟陈唐张，指粟裕、陈士榘、唐亮、张震，当时分别任华东野战军代司令员兼代政治委员、参谋长、政治部主任和副参谋长。

〔2〕许王谭，指许世友、王建安、谭震林。许、谭，当时分别任华东野战军山东兵团司令员和政治委员。王建安（一九〇八——一九八〇），湖北黄安（今红安）人，当时任华东野战军山东兵团副司令员。

〔3〕指粟裕、陈士榘、唐亮、张震、钟期光一九四八年八月十日四时给中共中央军委的电报。电报提出华东野战军结束雨季休整后的三个作战方案。第一方案是，集中全力转到豫皖苏及淮北路东地区作战，截断徐蚌段铁路，孤立徐州，将重点放在打援上，求得于运动中首先歼灭五军，继而扩大战果，歼击其他兵团。第二方案是，集中主力攻占济南，对可能北援之敌，仅以必要兵力阻击。第三方案是，攻占济南与打援同时进行，有重点地配合与使用兵力。战役第一阶段，以两个纵队抢占济南机场，同时以其余十一个纵队打援，歼灭援敌一路或两路。第二阶段，以一部阻击而将主力转到攻击济南。电报认为，以执行第三方案为最好。

〔4〕邱，指邱清泉（一九〇二——一九四九），浙江永嘉人，当时任国民党整编第五军（一九四八年九月扩编为第二兵团）军长。区，指区寿年（一九〇二——一九五七），广东罗定人，原任国民党军第七兵团司令官，一九四八年七月在豫东战役中被俘。

〔5〕邱，指邱清泉。黄，指黄百韬（一九〇〇——一九四八），原籍广东梅县，生于天津，当时任国民党军第七兵团司令官，一九四八年十一月在淮海战役中毙命。

〔**6**〕叶飞，一九一四年生，福建南安人。当时任华东野战军第一纵队司令员。

〔**7**〕嘉、巨，指山东嘉祥和巨野。

〔**8**〕兖、济，指山东兖州和济宁。

〔**9**〕韦，指韦国清，当时任华东野战军苏北兵团司令员。吉，指吉洛，即姬鹏飞，一九一〇年生，山西临猗人，当时任华东野战军苏北兵团副政治委员。

不同意毛泽东主义的提法

（一九四八年八月十五日）

吴玉章[1]同志：

未元电[2]悉。那样说是很不适当的。现在没有什么毛泽东主义，因此不能说毛泽东主义。不是什么“主要的要学毛泽东主义”，而是必须号召学生们学习马恩列斯的理论和中国革命的经验。这里所说的“中国革命经验”是包括中国共产党人（毛泽东也在内）根据马恩列斯理论所写的某些小册子及党中央各项规定路线和政策的文件在内。另外，有些同志在刊物上将我的名字和马恩列斯并列，说成什么“马、恩、列、斯、毛”，也是错误的。你的说法和这后一种说法都是不合实际的，是无益有害的，必须坚决反对这样说。

毛　泽　东

未删

根据手稿刊印。

注　　释

〔1〕吴玉章（一八七八——一九六六），四川荣县人。当时任华北大学校长。

〔2〕指吴玉章一九四八年八月十三日给周恩来的电报。在电报中，吴玉章表

示想在华北大学成立典礼上提出："主要的要学毛泽东主义"，"把毛泽东思想改成毛泽东主义"。对这样的提法"是否妥当"，请周恩来"同主席和少奇同志商量后，赐以指示"。

执行报告制度的重要性

（一九四八年八月二十二日）

东北局：

未皓[1]电悉。你们这次检讨是有益的，这样，你们就可以脱出被动状态，取得主动。在这个问题上如果没有像你们现在所作的这种认真的自我批评，就不可能脱出被动，取得主动，就不可能克服完全不适用于现在大规模战争的某种严重地存在着的经验主义、游击主义、无纪律状态和无政府状态，就不可能克服在你们领导之下的各部门各党委（首先是军队）同样存在着的这种不良现象。不但你们应当作此种自我批评（你们已经作了），一切中央局、分局、军区及前委均应当作此种自我批评（他们还未作）。你们未皓电所指出的缺点及错误，他们及他们所属是大体上同样存在着的。因此我们决定将你们未皓电及中央本电转发给他们，并要求他们就此问题作一次正式检讨。这一问题的性质是如此重要，即只有解决这一问题，才能由小规模的地方性的游击战争过渡到大规模的全国性的正规战争，由局部胜利过渡到全国胜利。这是许多环节在目前时期的一个中心环节，这一个环节问题解决了，其他环节就可以顺利解决。中央现已起草了一个关于具体规定报告制度的决议[2]，待饶、邓、贺、徐、薄、聂[3]诸同志到齐共同讨论后，即可发给你们及各地。你们起草的工作制度与报告制度文件，望早日发来。

中 央

未养

根据毛泽东手稿刊印。

注 释

〔1〕未皓，即八月十九日。

〔2〕指《中共中央关于各中央局、分局、军区、军委分会及前委会向中央请示报告制度的决议》，这个决议于一九四八年九月由中共中央政治局会议通过。决议对各项工作中哪些决定权属于中央，哪些必须事前请示中央并得到中央批准后才能付诸实施，哪些必须事后报告中央备审，作了明确的规定。

〔3〕饶，指饶漱石，当时任中共中央华东局书记、华东军区政治委员。邓，指邓小平，当时任中共中央中原局第一书记、中原军区政治委员。贺，指贺龙，当时任陕甘宁晋绥联防军区司令员。徐，指徐向前，当时任华北军区第一副司令员。薄，指薄一波，当时任中共中央华北局第二书记、华北军区政治委员。聂，指聂荣臻，当时任中共中央华北局第三书记、华北军区司令员。

党报必须无条件地宣传中央的路线和政策[1]

（一九四八年八月二十八日）

各地党报必须无条件地宣传中央的路线和政策，并不得在宣传中将中央和受中央委托执行中央的路线、政策和任务的机关（即各中央局、分局、军委分会和前委会）处于平列的地位。相反的，必须公开向党内外声明，各受中央委托的机关是执行中央的路线、政策和任务的。各中央局、分局、军委分会及前委会在发出自己的决议、指示、命令和训令时，亦必须注意到此点，不得将自己和中央处于平列的地位，甚或向党内军内将自己造成高出中央的影响。

根据毛泽东手稿刊印。

注　　释

〔1〕这是毛泽东在中共中央关于各中央局、分局、军区、军委分会及前委会向中央请示报告制度决议的第三次稿上加写的一段话。这个决议在一九四八年九月中共中央政治局会议上通过。参见本卷第126页注〔2〕。

东北秋季作战重点应放在卫立煌范汉杰[1]系统

（一九四八年九月五日）

林罗刘[2]：

（一）同意江十九时电[3]部署。

（二）你们秋季作战的重点应放在卫立煌、范汉杰系统，不要预先涉想打了范汉杰几个师以后就去打傅作义[4]指挥的承德十三军。照你们江十九时电部署，打了义县、高桥、兴城、绥中四处之敌以后，锦西之两个师，山海关、前卫屯之两个师，锦州之五个师，津榆[5]线上之五个师（这五个师名义上属傅作义指挥，实际上似是属范汉杰指挥），均互相孤立，均好歼击。在歼击这些敌人时，卫立煌有极大可能增援，可在运动中歼击增援队。如此，你们可以在北宁线上展开大规模作战，在此线上作战补给较便利，这又是中间突破的方法，使两翼敌人（卫立煌、傅作义）互相孤立。因此，你们主力不要轻易离开北宁线，要预先涉想继续打锦州、山海关、唐山诸点，控制整个北宁路（除平津段）于我手，以利尔后向两翼机动。在我杨成武部[6]向绥远[7]进击，我杨罗耿部[8]威胁平张线的条件下，傅作义除已在唐山地区之五个师外，不可能有多的兵力向北宁线增援。你们主要要对付的敌人，目前仍然是卫立煌。因此，你们现以七个纵队又六个独立师位于新民及沈长线是正确的。但在你们未攻锦州以前，长、沈[9]敌人在你们强大兵力威胁之下是否敢于有所动作，还不敢断定，恐怕要在你们打锦州时才不得不出动。以上是我们对敌情之估计及你们行动之大体设计，希望你们预先加以考虑，具体判明及决定要在你们打了几部敌人之后。

军　委

申微

根据毛泽东手稿刊印。

注　释

〔1〕卫立煌（一八九七——一九六〇），安徽合肥人，当时任国民党军东北"剿匪"总司令部总司令。范汉杰（一八九五——一九七六），广东大埔人，当时任国民党军东北"剿匪"总司令部副总司令兼锦州指挥所主任。

〔2〕林罗刘，指林彪、罗荣桓、刘亚楼，当时分别任东北野战军司令员、政治委员和参谋长。

〔3〕指林彪、罗荣桓、刘亚楼一九四八年九月三日十九时给中共中央军委的电报。电报在分析敌情后提出东北我军的作战方案："拟以靠近北宁线的各部，突然包围北宁线各城，然后待北面主力陆续到达后，进行逐一歼灭敌人，而以北线主力控制于沈阳以西及西南地区，监视沈阳敌人，并准备歼灭由沈阳向锦州增援之敌，或歼灭由长春突围南下之敌。对长春之敌，以现有围城兵力，继续包围敌人，并准备乘敌突围时歼灭该敌。"

〔4〕傅作义（一八九五——一九七四），山西临猗人。当时任国民党军华北"剿匪"总司令部总司令。

〔5〕榆，指榆关，即山海关。

〔**6**〕指杨成武任司令员的华北军区第三兵团。

〔**7**〕绥远，即绥远省。见本卷第82页注〔6〕。

〔**8**〕指杨得志任司令员、罗瑞卿任政治委员、耿飚任参谋长的华北军区第二兵团。

〔**9**〕指吉林长春和辽宁沈阳。

在中共中央政治局会议上的报告和结论

（一九四八年九月）

一 报 告

（九月八日）

我们这次会议要解决的问题有八条。

第一，关于国际形势的估计。

对国际形势，去年十二月会议〔1〕曾作过估计。当时党内意见不一致，就在中央委员会中意见也不一致。提法是两种：一种是或者和平或者战争；一种是有战争危险，但是不致爆发战争。有战争危险是共同的，或和或战就不一样。前一种提法，认为全世界人民力量尚不足以制止战争。后一种提法，认为苏联及全世界人民能够动员力量制止战争，美、英反动派对战争也未准备好，我们可以争取时间制止战争，因此，我们有任务动员全世界人民的力量制止之。第二次世界大战后和第一次大战后不同，制止战争的可能性更大。第二次大战打败了德、日法西斯，要把他们再扶起来还不容易。美、英反动派确在准备战争，战争危险确实存在着。但以苏联为首的世界民主力量，已超过反动力量（莫洛托夫、日丹诺夫〔2〕都这样说了，我们党内有些同志，特别是中间派还看不清楚），而且还在继续发展，所以战争危险必须而且必能克服，其条件就是要努力。时间如能争取十年到十五年，就必能制止战争。我们不应提或者妥协或者破裂的问题，我们应该提或者较迟妥协或者较早妥协的问题，最近在柏林问题〔3〕上就是这样。

我们讲的妥协，不是讲在一切问题上都能妥协，如要做出决议取消殖民地那就不可能，而是讲在若干问题上可能妥协。这种妥协，是讲国际问题，而不是国内问题；不是一切问题，而是若干问题，包括重要问题在内。一九四七年苏、美、英等国就同意、罗、匈、保、芬五国订了和约。对德、奥和对日的和约，虽然很难订，但也终究会订下来的。英法与苏联之间的通商贸易有发展可能，但美、苏之间的这种可能会少些。

苏联与美英法按民主原则妥协，我们同国民党也来一个妥协吧，中间派就这样想。我看不能这样提。苏联的政策是不干涉各国内政，大西洋宪章〔4〕也承认各国人民有权选择自己国家的政治制度。中国人民是不选择蒋介石那个制度的。苏联及一切民主力量向反动派力量作斗争，按民主原则妥协就是斗争的结果。是不是各国人民都必须向国内的反动派妥协呢？不能这样提。当然，如能强迫蒋介石照我们的做，解散法西斯组织，不要土豪劣绅，让我们搞军队又搞土地改革，那有什么不好？但是蒋介石是反动派，他不赞成。从古以来，反动派对民主势力就是两条原则：能消灭者一定消灭之，暂时不能消灭者留待将来消灭之。英国现在先消灭政府内部的共产党，对社会上的共产党就慢慢来。我们对反动派也应采取同样的两条原则,我们今天实行的是第一条。

以上是去年十二月会议的三点估计。世界和平,苏联不打仗,对世界人民有极大的利益。可是蒋介石希望打第三次世界大战,我们党内也有人认为会打第三次世界大战。苏联和东欧各国人民如果能够和平生产十年到十五年,苏联能提高生产力到年产六千万吨钢,人家就望也不敢望了。时间已过了三年,只差十二年了。国际环境就是如此。

第二,关于我们的战略方针。

我们的战略方针是打倒国民党,战略任务是军队向前进,生产长一寸,加强纪律性,由游击战争过渡到正规战争,建军五百万,歼敌正规军五百个旅,五年左右根本上打倒国民党。军队向前进,就要生产长一寸,不这样就没有饭吃。又必须加强纪律性,作战方式要逐渐正规化。这是方针。

作战方式要由游击战争逐渐过渡到正规战争。游击战我们是得了益处的。我们有过早正规化的教训。这两年我们集中作战,在这一点上已正规化了,其余各点上还未正规化。现在还是过渡时期,第三年也还不能完全办到,如果不把平津打下,也还不能完全办到。没有铁轨、火车头,没有汽车,就不能组织近代化的正规战争,如东北正规化就搞得比较好。我们现在军队的编制是五个第一纵队、第二纵队、第三纵队……,五个地区都是相同的番号,碰到一块就发生困难。即使番号统一了,人数、编制、供给标准也不统一。因此,有计划地走向正规化完全必需,走迟了就要犯错误,正同过早正规化犯错误一样。要统一,要正规化,现在有很多事情要做。恩来同志正在草拟一个文件[5]，尚未准备好。

建军五百万是为了全部打倒国民党，一切角落都扫光。根本上打倒国民党，时间五年左右[6]即可以，军力四百万即可以。第三年军队数目上不增加，现在我们有军队二百八十万，加上其他人民武装力量一百四十万，共四百二十万，编制不足的还要补充起来，如只有一万多人的纵队，要补到两万人。第四、第五年还要扩大，到江南后即可以扩大。五百万是包括这一切的。

消灭敌人正规军五百个旅。第一年九十七个旅，第二年九十二个旅，两年已消灭正规军近二百个旅。第二年较少的原因是：一、敌军将每旅二团制改成了三团制。二、东北和粟裕[7]少打了一个仗。三、刘邓[8]到大别山后减弱了。四、华野外线兵团主力，去年七、八、九三个月，在山东逢水过水，逢田过田，打大仗的神气就不足。所以，消灭敌人数目就不多。今年上半年，陈粟[9]五个月未打仗，东北半年未打仗，但我们还歼敌九十二个旅，一百五十万人，可见国民党军队不难消灭。第二年的好处是把临汾打开了，徐[10]兵团变成有战斗力的兵团，许谭[11]兵团加强了，陈粟的情况变了，刘邓已开始壮了，东北虽少打一个仗，但现在壮得厉害。今年还有四个月，再搞三十六个旅是可能的。把济南、太原搞下来，刘邓搞南阳，彭[12]只要一个月缴一个旅就很好。以后各种条件更好，第三、第四、第五年再歼敌正规军三百个旅，没有理由说不可能。国民党现在有二百八十四个旅，有新的，有空的，有强的，也有弱的，消灭五百个旅，一般的是消灭了两次。根本上打倒国民党，不是说把每一个角落都扫清了，如在济南、太原打下之前，是否就可以说在山东根本上打倒了蒋介石，在山西根本上打倒了阎锡山[13]？是可以这样说的，但不是全部打倒。争取五年左右根本上打倒国民党，与公开宣传至少五六年在全国胜利也是符合的。至于夺取城市，扩大解放区的人口和面积，我们历来不提，因为把敌人消灭了，城市也来了，解放区也扩大了，人口也增加了。过去两年歼敌二百个旅，我们就得到了四平、吉林、运城、临汾、延安、潍县、洛阳等城市。

第三，关于建立无产阶级领导的以工农联盟为基础的人民民主专政，打倒帝国主义、封建主义和官僚资本主义的反动专政。

我们政权的阶级性是这样：无产阶级领导的，以工农联盟为基础，但不是仅仅工农，还有资产阶级民主分子参加的人民民主专政。这个问题的提法，在我们党内有一个历史发展过程。大革命时期我们提的是"联合战线"，当时右的理论是政权归国民党，我们以后再来革命。后来我们搞土地革命了，六大规定的是工农民主专政，没有估计到资产阶级民主分子在帝国主义压迫下还可以跟无产阶级合作。合作是后来发生的，因为有了日本的侵略，现在又有美国的侵略，我们又回到大革命中的正确时期。现在不是国共合作，但原则上还是"国共合作"。现在不是同蒋介石合作，是同冯玉祥、李济深[14]合作，同民主同盟、平津学生合作，同蒋介石那里分裂出来的资产阶级分子合作。"中间路线"、"第三方面"[15]的主张行不通，但是我们要同有这种主张的分子合作。我们是人民民主专政，各级政府都要加上"人民"二字，各种政权机关都要加上"人民"二字，如法院叫人民法院，军队叫人民解放军，以示和蒋介石政权不同。我们有广大的统一战线，我们政权的任务是打倒帝国主义、封建主义和官僚资本主义，要打倒它们，就要打倒它们的国家，建立人民民主专政的国家。

人民民主专政的国家，是以人民代表会议产生的政府来代表它的。中央政府的问题，十二月会议只是想到了它，这次会议就必须作为议事日程来讨论。石家庄一打开，晋察冀和晋冀鲁豫两区都要求统一。太原未打开，晋绥与华北的统一也还有些意见。等平绥路一打开，东北又会提出统一问题。人们的思想是跟着物质的变化而变化的，打开石家庄就是一个物质的变化。

关于建立民主集中制的各级人民代表会议制度问题，我们政权的制度是采取议会制呢，还是采取民主集中制？过去我们叫苏维埃代表大会制度，苏维埃就是代表会议，我们又叫"苏维埃"，又叫"代表大会"，"苏维埃代表大会"就成了"代表大会代表 大会"。这是死搬外国名词。现在我们就用"人民代表会议"这一名词。我们采用民主集中制，而不采用资产阶级议会制。议会制，袁世凯、曹锟〔16〕都搞过，已经臭了。在中国采取民主集中制是很合适的。我们提出开人民代表大会，孙中山遗嘱还写着要开国民会议，国民党天天念遗嘱，他们是不能反对的。外国资产阶级也不能反对，蒋介石开过两次"国大"他们也没有反对。德国、北朝鲜也是这样搞的。我看我们可以这样决定，不必搞资产阶级的议会制和三权鼎立等。

政协今年下半年或明年上半年要开一次会，现在开始准备。战争第四年将要成立中央政府。这个政府叫做什么名字，或叫临时中央政府，或叫中国人民解放委员会，其性质都是临时性的中央政府。究竟叫什么,到那时再定。

第四,关于财经统一。

这个问题不需要多讲。以华北人民政府的财委会统一华北、华东及西北三区的经济、财政、贸易、金融、交通和军工的可能的和必要的建设工作和行政工作。不是一切都统一,而是可能的又必要的就统一,可能而不必要的不统一,必要而不可能的也暂时不统一。如农业、小手工业等暂时不统一,而金融工作、货币发行就必须先统一。行政上的统一,就是由华北财委会下命令,三区的党、政、军要保障华北财委会统一命令的执行。

第五,发展党内民主,训练干部,提高理论水平,准备占领全国后所需要的各方面工作干部。

实现党内民主的办法,是实行代表大会及代表会议的制度。我们党内是有民主的,但是还不足或者缺乏,现在要增加。办法是用代表大会、代表会议代替干部会议。干部会议的好处是迅速、便利,召集比较容易,代表会议要保存干部会议的好处,不要太繁杂了。

训练干部,不仅要训练党内的,而且要训练党外的。冀中村干部轮训,是大批训练基层干部的办法。政府要办学校,包括大学、专门学校,大批培养各种干部。训练全国各方面工作的干部,是一个大问题。要出兵川、湘、鄂、赣,马上就需要两三万干部。所以要搞一个计划。

我党的理论水平,必须承认还是低的,必须提高一步。这样大的党,在许多基本理论问题上或是不了解,或是不巩固,如划阶级就表现了我们党理论水平之低。党内有许多新知识分子和工农干部，对许多基本观点不知道，对许多问题不会解释。全国有几百万学生、教授，还有许多戏班子，你说不出一篇道理来，就只好听他的。我们在理论上要提高，还要普及。中央委员、政治局委员要当作一个政治任务来注意这个问题，不然就说不服那些犯错误的同志，例如有一个候补中委，看见土改中打人、杀人的现象，他不赞成，但是他讲不出一篇道理来，没有那一股神气。如果要求大家读全部马列选集，也不现实，可以挑选一些，不然书那么多，读起来也是困难。华东局印了五本，说是有人在读。如果五本不够，可以选十本，包括《联共（布）党史》、《列宁主义概论》、《帝国主义论》〔17〕在内。列昂节夫〔18〕的《政治经济学》也可以选一些。宣传部可以研究一下，看挑些什么书好，五本不够就十本，但是不要太多，多则不灵。

第六，关于学习工业和做生意。

全党要提出这个任务来，还要写文章做宣传，在全党提倡学习工业和做生意。我们已有城市和广大地区，这个任务必须解决。

第七，关于加强纪律性，克服无纪律和无政府状态。

上面说了许多条，还必须有这一条，没有这一条，那许多条实行起来都不会顺畅。现在无纪律和无政府状态在党内已到了令人不能容忍的程度。从中央机关、中央代表机关，一直到各地，报喜不报忧，瞒上不瞒下，封锁消息。村有杀人之权。一个干事可以把一个大工厂的厂长（资本家）搞死，九个照顾〔19〕变成了九个不照顾，搬起石头打自己的脚。一些人因为没有分田，他们嗷嗷待哺。这些状态必须改变。中央同志要以全力来做这件事，要在战争的第三年内，在全党全军克服无政府、无纪律状态。

第八，关于“新资本主义”、“农业社会主义”。

我们政权的性质前面已经讲过，是无产阶级领导的、以工农联盟为基础的人民民主专政。我们的社会经济呢？有人说是“新资本主义”。我看这个名词是不妥当的，因为它没有说明在我们社会经济中起决定作用的东西是国营经济、公营经济，这个国家是无产阶级领导的，所以这些经济都是社会主义性质的。农村个体经济加上城市私人经济在数量上是大的，但是不起决定作用。我们国营经济、公营经济，在数量上较小，但它是起决定作用的。我们的社会经济的名字还是叫“新民主主义经济”好。

我们反对农业社会主义，所指的是脱离工业、只要农业来搞什么社会主义，这是破坏生产、阻碍生产发展的，是反动的。但不能由此产生误解。将来在社会主义体系中农业也要社会化。

六大决议案有一些错误，但根本上是对的。它根据对于当时形势的估计提出了中国革命的十大纲领[20]，今天我们所做的基本上仍未超过这个纲领。第一条我们正在做，第二条也在做，但策略上可以考虑，还有第三、四、五、六、七、八、九、十条，今天我们基本上还是这十条。比如我们基本的税收原则还是统一累进税。但这十条里面没有没收官僚资本，没有联合中小资产阶级。那时这个纲领对中国资产阶级，在政权上根本不要它，在经济上根本不动它。现在我们的政权是以工农联盟为基础，但可以吸收资产阶级民主分子、知识分子代表资产阶级参加（这一条比十大纲领缓和一些），经济上则没收官僚资本（这一条比十大纲领激烈一些）。这是与六大决议案有区别的。

《中国革命和中国共产党》最后有两节讲“前途”和“两重性”〔21〕，大家可以翻翻，这同我们研究的问题是有联系的。

六次大会和七次大会〔22〕都承认资本主义在民主革命胜利后要有一个发展，因为这是不可避免的。资本主义在我国太少了，需要它的发展。但讲到社会主义因素，只讲了政治条件，没有讲没收官僚资本。许多阶级受无产阶级领导，这就叫做社会主义因素。现在社会主义的可能性已经在一万万六千万人口中变成现实性了，即有了社会主义的因素。六大到现在已经二十年。这二十年，特别是在抗战八年中，官僚资本有了很大发展。我在去年十二月二十五日报告〔23〕中讲到没收官僚资本归新民主主义国家所有，新中国的经济构成，首先是国营经济，第二是由个体向集体发展的农业经济，第三是私人经济，国营经济是领导成分。现在不提国营经济就不能解决问题了。六大决议案没有规定没收官僚资本，而后来连小的也没收了，那是违反六大决议案的。抗战时期在对待资本主义经济问题上是完全实行六大决议案的。内战时期“左”的错误实际上是否定了六大的有关城市政策。

写《新民主主义论》时，民族资本与官僚资本的区别在我们脑子里尚不明晰。大工业、大银行、大商业，不管是不是官僚资本，全国胜利后一定时期内都是要没收的，这是新民主主义经济的原则。而只要一没收，它们就属于社会主义部分。我们国家银行的资本，是社会主义性质的。农民在土地革命后搞合作社，要看在谁的领导之下：在资产阶级领导之下，就是资本主义的；在无产阶级领导之下，就是社会主义的。当然，今天我们农村的合作社，是个体农民在私有财产基础上组织的合作社，不完全是社会主义的，但它带有社会主义性质，是走向社会主义的。合作社和国营企业不同，国营企业是完全社会主义性质的，它不带资本主义性。机关生产组织的合作社比民营合作社的社会主义性质更多一些。

社会主义性质这种话应该讲，但整个国民经济还是新民主主义经济，即社会主义经济领导之下的经济体系。

中国这个国家，应有五千万到一万万的产业工人。如有五百万到八百万产业工人在我们这里，那事情也就好办了。

二 结 论

（九月十三日）

我没有多少讲的了。

三年来还没有开过这样的会。七大把七大以前所存在的问题都讲了，没有那一次的总结，就不能有日本投降后的大进步。我们党现在与抗日时期不同了。那时，在一九四〇年以前，就别扭得很，在军事上，在政策上，例如群众运动、减租减息，许多地方都不一致，对党的历史上前两个时期都没有总结。七大作了总结，这才有了抗战胜利后这三年解放战争的胜利。其中头一年是没有大打的，那时许多原则问题解决了，例如对国民党实行又团结又斗争的方针没有争论了，因此政协才搞得好；军事战略问题完全一致了；减租减息早就有了，以后进行土改，命令一下就做了。这次会议的讨论比去年延安的二月会议〔24〕更展开了，这同我们政策成功和胜利有关。这次会上什么都讲了，而且连前途问题都讲了。关于几年胜利的问题，过去所讲的只是可能性，对发展前途的分析谈谈就是了，并没有正式提到会议上，就是提出讨论了也没有结论。去年七月小河会议〔25〕上总结了一年的战绩，可以看出局势的发展。现在战争已有两年多了，情况更清楚一些，可以讲出带确定性的意见了。

这次会上对国际国内局势讲得少了些，有的也讲到了。国内外形势，敌我力量对比，对我们是很好的。历来我们都讲形势是很好的，七大也讲了，不过那时对许多问题还是估计的，是那时条件下看到的“好”，有些估计后来发生了变化。例如说英、美、法、苏的团结是决定了的，而现在并不团结了。克里米亚会议〔26〕曾经说过，反法西斯战争的胜利开辟了民主的道路、团结的前途，但现在并未证明这一点，关系反而越搞越僵了。世界革命的力量超过了反革命的力量，这是日丹诺夫在九国情报局会议〔27〕上讲过的，莫洛托夫也讲过，斯大林也讲了几遍。我们现在的估计，还是九国情报局会议的估计。反动派发动战争的计划是可以打破的。战争危险很厉害，但不是马上就打，从战争危险到战争爆发是有一个过程的。总之，国际形势对我们是有利的，国内形势是我们革命力量更大了，蒋介石的力量更小了。

关于我们的任务，这次会上的意见是一致的，并且还有发挥，这很好。有很多意见是属于计划性的，例如建军计划，建立新民主主义青年团，还有妇女代表会议、青年代表会议、政工会议等，都可以开。

要提出反对浪费的口号，不只限于粮食，包括人力资源与物力资源，例如争取俘虏、常备担架队、炮弹、军工。同样是作战，有的打进去，只伤亡十二人；有的伤亡六十余人，还打不进去。对俘虏也一样，有的争取使用了，有的就放了、散了；有的争取到百分之九十以上，有的不到一半。缴获必须归公，克服浪费现象，这个口号有丰富的内容。反对浪费与发展生产相配合才能取得胜利，才能实现军队增长到五百万人、五年左右打倒国民党的目标。

加强国际联系，例如青年方面的、妇女方面的，我的报告没有提到，邓颖超〔28〕同志在妇女工作报告中提到了。这两年来，我们在妇女、青年、工人运动方面有了广泛的国际活动。这是过去所没有的，这些活动以后还要增加。我们宣布中央政府成立之后，以苏联为首的国际人民民主力量是会同我们合作的。还有，我们同其他兄弟党的联系也要增加。我们党在国际上的威信相当高，这是一件大事。

关于教育问题，值得注意。在第三、第四年，恐怕有召开教育会议的必要。还有，加强新华社的工作也是必要的，报纸是很灵的、很有力的，所以必须抓。过去中央、中央局对报纸都没有抓紧，现在新华社的大样是少奇同志看，或者恩来、弼时〔29〕同志看。这是专政吗？你们这样专政专得好呀！要专上三五个月就好了。看大样有好处，自己可以学，用心地去改，搞上了路，然后交给别人。听说华北局的报纸也是一波〔30〕同志看大样的。

"大约五年左右根本上打倒国民党"，这里有一个"大约"，一个"左右"，还有"根本上"。这些形容词不能去掉，去掉一个都不行。关于公开宣传"五年左右根本上打倒国民党"，这固然有好处，原则上我不反对，但用什么方式讲，怎么讲，还得考虑。我现在倾向于讲困难一些，像“八一”社论〔31〕上那样的提法，这可以使人更沉着、更努力些。在内部，首先在干部中，其次在战士中，是可以说的，在地方上也可以说。但说就要说得清楚些，有个“大约”五年“左右”和“根本上”，这就不会错。还要估计到，虽然解释清楚了，但一传出去，还会即刻被说成是“五年”胜利。“建军五百万”，“消灭敌人五百个旅的正规军”，“大约五年左右根本上打倒国民党”，这些话简单明了，是口号式的。口号的作用，就是好讲好传。斯大林在《论中国》里讲得很好，那时他就指出了在联合战线中对国民党要批评〔32〕。我们说“又团结又斗争”，这意思一样，作成了口号式的，就好讲好传。

这次会议对困难和克服困难的可能性作了充分估计。我们党曾遇到两次大困难，是由两次大错误造成的，那就是一九二七年的失败和一九三五年的万里长征。后来的困难同那两次困难不同，也比较容易克服。今后还会遇到什么大困难呢？比如说，假使我们估计错了，由于工作做得不好，力量不足，未能阻止战争，世界大战爆发了，并且爆发得很快，这就是困难。世界大战不爆发，当然对中国革命有利得多。苏联不打仗，养精蓄锐，我们有可能得到国际方面的援助。有世界民主力量对我们帮助，这意义是很大的。但是如果我们估计不足，世界大战来了，怎么办？还不是要打。天要下雨，娘要嫁人，有什么办法？世界大战来了，这是全世界范围内的大困难，也是我们的大困难。但是，中国人民，尤其是共产党人，经过了多年战争，对此是不怕的。我们有了精神准备，就会更好一些。再比如说，来一个大旱灾。在七大上我们讲过这一条，它很有可能来，来了确是个大困难，我们一定要战胜它。从前太行、山东、晋绥都有对付灾荒的经验。如果出现了大旱，别无办法，只有全党动员起来，组织人力克服它。又比如说，战争延长，指挥错误，军事不顺利，明年不能渡江，那就得在长江以北打。蒋介石的力量百分之八十在这一地区，消灭了他的力量，也就算打倒了国民党。所谓蒋政权，主要就是他的军队。如果李宗仁〔33〕等出来成立政府，搞个曲折，这也是困难。但是正如恩来同志所说的，我们也可以对付得了。我们不要完全拒绝谈判，这是要考虑到人民觉悟的问题。那时可能有两种情形，或者拒绝和谈，或者进行和谈。但现在就要对国民党可能搞的和谈骗局进行揭露。如果群众觉悟，要打下去，认识到和谈就是让敌人休息后再打，是费力的，那我们就打。如果群众没有这种觉悟，要和，那就进行和谈，一面谈，一面打，并在谈判中教育群众，向群众解释和谈究竟是怎么一回事，事实上还是要继续打下去，不上敌人的当。总之，那时看人民的觉悟，党内党外群众的觉悟，但始终不要把和谈的门关死。无论在党内党外，都不要犯这个错误。还有美帝国主义帮助蒋介石给我们造成的困难，这个困难我们也是能够克服的。

新民主主义和社会主义问题，少奇同志的提纲〔34〕分析得具体，很好，两个阶段的过渡也讲得很好，各位同志回到中央局后，对这一点可以作宣传。新民主主义社会中有社会主义的因素，在政治、经济、文化各方面都是这样，并且是领导的因素，而总的说来是新民主主义的。这个意思"二七"社论〔35〕都写了。现在点明一句话，资产阶级民主革命完成之后，中国内部的主要矛盾就是无产阶级和资产阶级之间的矛盾，外部就是同帝国主义的矛盾。其次，内部还有民族矛盾，如汉族同西藏、新疆等地少数民族的矛盾，同回民的矛盾，在某一个民族内部也有矛盾。这可以用苏联的办法来解决。此外，在工农之间也有矛盾，但不是对抗性的矛盾，这可以在工农联盟内部通过供给机器、组织合作社、参加国家管理等予以解决。要巩固无产阶级对农民的领导权，分给农民土地只是建立了领导权，单有这一条还不够。所谓领导权，就是要使被领导者相信，将来在经济建设方面，还要给他机器，组织合作社，使农民富裕起来，集合起来。他们信服了，领导权就巩固了，否则会失去领导权的。这个问题少奇同志讲了。关于完成新民主主义到社会主义的过渡的准备，苏联是会帮助我们的，首先帮助我们发展经济。我国在经济上完成民族独立，还要一二十年时间。我们要努力发展经济，由发展新民主主义经济过渡到社会主义。这些观点是可以宣传的。至于对经济成分的分析还要考虑，先由少奇同志考虑，并草拟文件，以便在召开二中全会时用。

我所说的一些要点，加上青年、妇女、政工等问题，要做出简单的决议案。此外，还有个别问题已写出了决定。会议基本上通过，交书记处做若干修改后发下去，以便取得一致。同志们提出的好的建议，以后一一见之实行，这里不多讲了。这次会议开了六天，长了一些，还可以紧缩一点。有的同志讲得短，使人记住了；有的讲得长，反而使人忘记了。我们也可以采取“节制资本”的办法来开会。

根据中央档案馆保存的讲话记录稿刊印。

注　释

〔1〕指一九四七年十二月二十五日至二十八日在陕北米脂县杨家沟召开的中共中央会议。这次会议印发了毛泽东一九四六年四月写的《关于目前国际形势的几点估计》，并讨论和通过了这个文件。

〔2〕莫洛托夫（一八九〇——一九八六），当时任苏联部长会议副主席兼外交部部长。日丹诺夫（一八九六——一九四八），一九四四年起任联共（布）中央书记，负责意识形态方面的工作。

〔3〕一九四八年六月美、英、法三国在他们占领的德国西部（西占区）和西柏林单独实行币制改革，断绝了西占区和苏占区之间的经济联系。随后，苏联宣布在苏占区进行币制改革，并对西柏林实施封锁，美、英、法三国又对苏占区实行反封锁，并禁止西方国家进口东欧国家的出口物品。为了解决由此引起的柏林危机，美、英、法同苏联进行了多次谈判。

〔4〕指一九四一年八月美、英大西洋会议结束时签署的联合宣言。宣言称：两国不追求领土或其他方面的扩张；尊重各国人民选择自己政府形式的权利；赞同摧毁德国纳粹暴政和解除侵略国家的武装等。

〔5〕指周恩来为中共中央军委起草的《关于统一全军组织及部队番号的规定》（一九四八年十一月一日）。

〔6〕当时预计，从一九四六年七月起，大约需要五年左右时间，可以从根本上推翻国民党反动统治。后来这个时间大为缩短。

〔7〕粟裕，当时任华东野战军代司令员兼代政治委员。在这以前，曾被任命为华东野战军副司令员兼第一兵团司令员和政治委员，进行当时计划的渡江作战的准备工作。

〔8〕指刘伯承任司令员、邓小平任政治委员的中原野战军。

〔9〕指陈毅任司令员兼政治委员、粟裕任代司令员兼代政治委员的华东野战军。

〔10〕徐，指徐向前，当时任华北军区第一兵团司令员兼政治委员。

〔11〕许、谭，指许世友、谭震林，当时分别任华东野战军山东兵团司令员和政治委员。

〔12〕指彭德怀任司令员兼政治委员的西北野战军。

〔13〕阎锡山(一八八三——一九六〇),山西五台河边村(今属定襄)人。当时任国民党军太原绥靖公署主任。

〔14〕冯玉祥,一九四八年曾任中国国民党革命委员会中央执行委员会常务委员兼中央政治委员会主席。见本卷第117页注〔4〕。李济深,当时任中国国民党革命委员会中央执行委员会主席。

〔15〕“中间路线”,即所谓第三条道路。在人民解放战争初期,有一些民主人士幻想在国民党的大地主大资产阶级专政和中国共产党领导的人民民主专政之外,另外寻找所谓第三条道路,这条道路实际上就是英美式的资产阶级专政的道路。“第三方面”,指主张走第三条道路的上层小资产阶级和中等资产阶级的知识分子中的一部分人。

〔16〕袁世凯(一八五九——一九一六),河南项城人,北洋军阀首领。清末曾任山东巡抚、直隶总督兼北洋大臣、内阁总理大臣等职。辛亥革命后,一九一二年在英、美、日等帝国主义支持下,窃取中华民国临时大总统职务,组织了代表大地主大买办阶级的第一个北洋军阀政府。一九一三年用武力胁迫国会选举他为总统,接着又把国会解散,另行组织御用工具“政治会议”和“约法会议”。一九一五年十二月恢复帝制。一九一六年三月在全国人民反对下被迫取消帝制。曹锟(一八六二——一九三八),天津人,北洋军阀直系首领之一。在一九一二年袁世凯窃取政权后,历任北洋军第三师师长、直隶督军、直鲁豫巡阅使等职。一九二二年第一次直奉战争后,他在英、美帝国主义支持下,控制了北京政府。次年十月,他贿买国会议员,当上了总统。

〔17〕《帝国主义论》,即列宁著《帝国主义是资本主义的最高阶段》。

〔18〕列昂节夫(一九〇一——一九七四),苏联经济学家、苏联科学院通讯院士。《政治经济学》一书是他早期的著作,出版于一九三五年。

〔19〕一九四六年,在讨论起草《中共中央关于土地问题的指示》(即“五四指示”)过程中,有些解放区针对一些地方土地改革中出现的“左”的错误,提出需要从政策上规定一系列的照顾,内容有九条,即:照顾中农利益,分给中农斗争果实;照顾富农的自耕部分;照顾“军干属地主”(抗日军人及抗日干部之家属中属于地主成分者),多留一些土地,政治上替他们保留面子;照顾中小地主,多留一些土地;照顾开明绅士(与“军干属地主”相同);照顾被汉奸恶霸利用的人员中的贫苦

出身者；照顾地主富农开设的工商业，除大汉奸大恶霸开设的由行署以上政府没收外，一律不动；照顾一切可能团结的知识分子，家庭是地主者多留一点土地，家庭是劳动人民者多分点斗争果实；照顾地主人员的生活出路，对豪绅、恶霸、大地主，除依法处死者外，也要留给土地，给他们饭吃，对逃亡地主应争取其回家并给以生活出路。这些照顾当时称为“九个照顾”。

〔**20**〕一九二八年六月十八日至七月十一日在莫斯科召开的中国共产党第六次全国代表大会通过的十大政纲是：一、推翻帝国主义的统治；二、没收外国资本的企业和银行；三、统一中国，承认民族自决权；四、推翻军阀国民党的政府；五、建立工农兵代表会议（苏维埃）政府；六、实行八小时工作制，增加工资，失业救济与社会保险等；七、没收一切地主阶级的土地，耕地归农；八、改善兵士生活，发给兵士土地和工作；九、取消一切政府、军阀、地方的税捐，实行统一的累进税；十、联合世界无产阶级和苏联。

〔**21**〕指《中国革命和中国共产党》一文的第二章第六节“中国革命的前途”和第七节“中国革命的两重任务和中国共产党”（《毛泽东选集》第二卷，人民出版社1991年版，第649—652页）。

〔**22**〕七次大会，指一九四五年四月二十三日至六月十一日在延安召开的中国共产党第七次全国代表大会。

〔**23**〕指毛泽东一九四七年十二月二十五日在陕北米脂县杨家沟召开的中共中央会议上的书面报告《目前形势和我们的任务》。

〔**24**〕指一九四七年二月一日在延安召开的中共中央政治局会议。这次会议通过了毛泽东为中央起草的关于时局与任务的指示，即《毛泽东选集》第四卷中《迎接中国革命的新高潮》一文。

〔**25**〕指一九四七年七月二十一日至二十三日在陕北靖边县小河村召开的中共中央扩大会议。这次会议总结了人民解放军在全面内战爆发后第一年的战绩，着重讨论了军事计划和地方工作等问题。

〔**26**〕克里米亚会议，又称雅尔塔会议。一九四五年二月四日至十一日，苏、美、英三国首脑在苏联克里米亚半岛的雅尔塔举行会议，协调最后击败德国的军事计划，讨论欧洲的战后安排和对日作战等问题。会议签署了公报和议定书，并秘密签订了《苏美英三国关于日本的协定》（即《雅尔塔协定》）。会议公报表示，三国政府“将使自己的政策协调一致”，以援助被解放的欧洲各国人民“用民主的方式解决

他们迫切的政治、经济问题”；“为和平而团结正如为战争而团结”，三国决心“在未来的和平时期将保持和加强联合国家在目标和行动上的团结一致”。

〔27〕指一九四七年九月在波兰华沙举行的保加利亚、罗马尼亚、匈牙利、波兰、苏联、法国、捷克斯洛伐克、意大利、南斯拉夫九国共产党和工人党代表会议。会议决定成立九国共产党和工人党情报局，通过了《关于国际形势的宣言》。

〔28〕邓颖超（一九〇四——一九九二），河南光山人。当时任中共中央妇女委员会副书记。

〔29〕弼时，即任弼时（一九〇四——一九五〇），湖南湘阴人。当时任中共中央书记处书记兼中央秘书长。

〔30〕一波，即薄一波，当时任中共中央华北局第二书记。

〔31〕指《人民日报》一九四八年八月一日刊载的新华社社论《人民解放战争两周年的总结和第三年的任务》。社论中说：“中国人民还必须准备继续作几年的艰苦奋斗，至少还要准备拿三、四年时间去作这种艰苦斗争，才能最后解放全中国，并在民主基础上统一全中国。在斗争过程中，某些暂时的、局部的间歇和曲折，仍然还是可能有的。那些以为中国革命会在一次或几次斗争中就能完全胜利，并在具体斗争中抱轻敌态度的人们，或者以为它会完全一帆风顺，不会有任何暂时的、局部的曲折，而在遇到这种曲折时就感觉迷乱的人们，是错误的。”

〔32〕指《列宁斯大林论中国》一书。书中编入斯大林一九二七年五月二十四日发表的演说《中国革命和共产国际的任务》，其中指出：“支持武汉的政策同时就是展开资产阶级民主革命并取得由此而产生的一切结果的政策。由此便有了共产党人之参加武汉国民党和武汉革命政府，这一参加并不排斥共产党人用一切办法批评国民党党内自己的同盟者的不彻底和动摇，而是以此为前提。”

〔33〕李宗仁，当时任国民党政府副总统。

〔34〕指刘少奇一九四八年九月十三日在中央政治局会议上的讲话。

〔35〕指新华社为纪念“二七”二十五周年发表的社论《坚持职工运动的正确路线，反对“左”倾冒险主义》。这篇社论曾经毛泽东审阅和修改过，修改部分见本卷第48—49页。

济南战役的目的和兵力部署

（一九四八年九月十一日）

世友〔1〕同志，并告粟谭陈〔2〕，华东局，中原局：

真电〔3〕悉。你已到前方，甚慰。你所说的有重点地使用兵力，是正确的。此次作战部署是根据军委指示决定的，即目的与手段应当联系而又区别。此次作战目的，主要是夺取济南，其次才是歼灭一部分援敌，但在手段上即在兵力部署上，却不应以多数兵力打济南。如果以多数兵力打济南，以少数兵力打援敌，则因援敌甚多，势必阻不住，不能歼其一部，因而不能取得攻济的必要时间，则攻济必不成功。而以一、四、六、七、八、十一、韦吉〔4〕等共八个纵队担任打援，以其余各纵担任攻城。这种部署在下列两种情形下是准备予以改变的，即：（一）在阻援与打援有出乎意料的顺利（歼敌甚多，敌已停顿），而攻城尚未得手之时，应当从打援方面抽调兵力参加攻城。（二）攻城已有把握，但尚不能最后解决战斗，而援敌则因被阻难于急进之时，亦可从打援方面抽调一部兵力参加攻城。但在另一种情况下，则应准备作和上述调动相反的调动，即在攻城第一阶段中，已经证明不能短期解决战斗，而援敌又已大举进犯，非歼灭援敌不能继续攻城，在此种情况下则应坚决由攻城兵团中抽调一部至半数兵力（除占领飞机场及其他必要部分外），加入打援。此点，你们亦应预先作精神准备。至于攻城部署，应分两阶段：第一阶段集中优势兵力攻占西面飞机场，东面不要使用主力，此点甚为重要，并应迅即部署。第二阶段则依战况发展，将主力使用于最利发展之方向，如果东面利于发展，则应使用于东面。整个攻城指挥，由你们担负。全军指挥，由粟裕担负。整个战役应争取一个月左右打完，但是必须准备打两个月至三个月，准备对付最困难的情况，并以此作为一切部署和工作的主要的出发点。饶政委〔5〕大约三天后即可由中央所在地动身回山东，并先到粟处及你处。

军　委

真亥

根据毛泽东手稿刊印。

注　　释

〔1〕世友，即许世友，当时任华东野战军山东兵团司令员。

〔2〕粟谭陈，指粟裕、谭震林、陈士榘，当时分别任华东野战军代司令员兼代政治委员、副政治委员和参谋长。

〔3〕指许世友一九四八年九月十一日给中共中央军委的电报。电报说：以现在情况打下济南是有把握的，但部署上我们兵力不集中，没有重点使用。现攻济南的兵力已布置好，不能变动，但第二步我一定集中使用兵力。打下济南我们有最大的决心与把握，只要能挡住援敌。因此，请令打援部队坚决挡住援敌，以争取时间解决济南。

〔4〕韦吉，指韦国清、吉洛（即姬鹏飞），当时分别任华东野战军苏北兵团司令员和副政治委员。

〔5〕饶政委，指饶漱石，当时任华东军区政治委员。

战争第三年的歼敌任务[1]

（一九四八年九月二十四日、二十七日）

一

关于战争第三年（今年七月至明年六月）的作战计划，要求东北全军和华北第二、第三兵团协力歼灭卫、傅[2]两军至少三十六个师，攻占北宁、平绥[3]、平承、平保四线及其线上除平、津、沈三城以外之一切城市。准备以现有主力军之半数于战争第四年向长江流域出动，留下半数攻击平、津、沈。为适应第四年出兵南进之需要，你们应于第三年内，准备第一批远出工作干部一万五千名至二万名，其条件为地方区委委员以上、军队排长以上各种党政军民财经文教及新闻工作者，望于此次干部会议上布置完毕，待命于明年秋季随军出发。那时再准备第二批一万五千至二万名远出工作干部，以便你们能在长江流域及南方管理五千万至一万万人口的新区域。

根据毛泽东手稿刊印。

二

杨罗耿，杨李李〔4〕，并告林罗刘〔5〕，华北局，东北局：

（一）战争第三年（今年七月至明年六月），我人民解放军全军应担负歼敌正规军一百二十八个旅左右。在此数内，你们华北第二、第三两兵团应担负歼敌正规军十二个旅（平均每月一个旅），七月份保北歼敌一个旅在内。因此，你们必须集结兵力作战。每一重要作战，你们必须亲临前线指挥（过去打古北口，此次打永宁，前线指挥均不得力，因此，你们应上前线亲身指挥每一个较大的作战），必须发挥正太路、清风店、石家庄等处打大歼灭战〔6〕之作风，必须有计划地独立作战，不要依赖东北主力的协助。

（二）中央在决定今年作战任务时，除分配你们十二个旅外，分配西北彭张赵兵团〔7〕担负歼敌十二个旅（包括八月已歼之一个半旅在内），他们兵力比你们要少；分配晋中徐周兵团〔8〕担负歼敌十四个旅（七月已歼八个旅在内）并攻克太原，他们兵力亦不比你们多；分配刘邓〔9〕十四个旅，他们总兵力比你们大，但因第二年大别山作战削弱了主力，故只能担负此数；分配陈粟〔10〕歼敌四十个旅，包括七月已歼七个旅、九月济南已歼六个旅及三个旅起义均在内，他们兵力较大，担负任务亦很大；分配林罗刘歼敌三十六个旅，他们兵力最大，应能担负此项任务。以上各部歼敌任务均未包括非正规军及特种部队在内，第三年全军歼敌正规军、非正规军及特种部队总数应争取超过第二年歼敌一百五十二万的数目。

（三）人民解放军全军必须争取于大约五年（一九四六年

七月算起)左右的时间内,歼敌正规军五百个旅左右(平均每年一百个旅左右),歼敌正规军、非正规军及特种部队七百五十万左右(平均每年一百五十万),建军五百万左右(现已有二百八十万),从根本上打倒国民党。这是此次中央政治局会议〔11〕规定的总任务,而这是根据过去两年经验,从最谨慎的估计出发,是有实现的充分可能性的。这一任务可向党内宣布。

军　委

申感

根据中央档案馆保存的原件刊印。

注　　释

〔1〕本篇一是毛泽东一九四八年九月二十四日在审阅周恩来起草的中共中央同意东北局召开高级干部会议的电报稿时加写的一段话。本篇二是毛泽东一九四八年九月二十七日为中共中央军委起草的电报。

〔2〕卫、傅,指卫立煌、傅作义,当时分别任国民党军东北"剿匪"总司令部总司令和国民党军华北"剿匪"总司令部总司令。

〔3〕平绥,即平绥线,指北平(今北京)至绥远(今属内蒙古自治区)包头的铁路,今京包线。

〔4〕杨罗耿,指杨得志、罗瑞卿、耿飚,当时分别任华北军区第二兵团司令员、政治委员和参谋长。杨李李,指杨成武、李井泉、李天焕。杨成武、李井泉当时分别任华北军区第三兵团司令员和政治委员。李天焕(一九一二——一九八六),湖北黄安(今红安)人,当时任华北军区第三兵团副政治委员兼政治部主任。

〔5〕林罗刘,指林彪、罗荣桓、刘亚楼,当时分别任东北野战军司令员、政治委员和参谋长。

〔6〕这是晋察冀野战军在一九四七年内举行的以下三次战役:四月九日至五月四日,在河北正定至山西太原铁路沿线歼灭国民党军三万五千余人;十月十一

日至二十二日，在河北定县清风店一带歼敌一万七千余人；十一月六日至十二日，解放石家庄，歼敌两万四千余人。这三次战役使晋察冀和晋冀鲁豫两大解放区完全连成一片。

〔7〕彭张赵兵团，指彭德怀任司令员兼政治委员，张宗逊、赵寿山任副司令员的西北野战军。

〔8〕徐周兵团，指徐向前任司令员兼政治委员，周士第任副司令员兼副政治委员的华北军区第一兵团。

〔9〕刘邓，指刘伯承、邓小平分别任司令员和政治委员的中原野战军。

〔10〕陈粟，指陈毅、粟裕分别任司令员兼政治委员和代司令员兼代政治委员的华东野战军。

〔11〕指一九四八年九月八日至十三日在河北建屏县（今属平山县）西柏坡召开的中共中央政治局会议。

举行淮海战役甚为必要

（一九四八年九月二十五日）

饶粟[1]，并告许谭王，刘陈李[2]：

我们认为举行淮海战役，甚为必要[3]。目前不需要大休整，待淮海战役后再进行一次休整。淮海战役可于十月十号左右开始行动。你们应利用目前半月时间，使攻济部队获得短时休息，然后留一个纵队位于鲁西南起牵制作用，吴化文[4]亦应移至鲁西南，其余全部南下，准备进行几个作战：（一）估计不久邱兵团[5]将退回商砀[6]地区，黄兵团[7]将回至新安镇、运河[8]车站地区，你们第一个作战应以歼灭黄兵团于新安、运河之线为目标。（二）歼灭两淮高宝[9]地区之敌，为第二个作战。（三）歼灭海州、连云港、灌云地区之敌，为第三个作战。进行这三个作战是一个大战役。打得好，你们可以歼敌十几个旅，可以打通山东与苏北的联系，可以迫使敌人分散一部兵力去保卫长江，而利于你们下一步进行徐州、浦口线上之作战。因此，你们应在酉灰[10]以前做好有关这一战役的充分的准备工作，要开一次像上月曲阜会议[11]那样的干部会，统一作战意志，调整内部关系。

军　委

二十五日十九时

根据中央档案馆保存的原件刊印。

注　　释

〔1〕饶粟，指饶漱石、粟裕，当时分别任华东军区政治委员和华东野战军代司令员兼代政治委员。

〔2〕许谭王，指许世友、谭震林、王建安，当时分别任华东野战军山东兵团司令员、政治委员和副司令员。刘陈，指刘伯承、陈毅，当时分别任中原野战军司令员和第一副司令员。李，指李达，一九〇五年生，陕西眉县人，当时任中原野战军参谋长。

〔3〕一九四八年九月二十四日粟裕致电中共中央军委，就华东野战军下一步行动提出如下建议：一、即进行淮海战役。该战役可分为两阶段，第一阶段以苏北兵团（须加强一个纵队）攻占两淮，并乘胜收复宝应、高邮，而以全军主力位于宿迁至运河车站沿线两岸，以歼灭可能来援之敌，如敌不援或被阻，而改经浦口长江自扬州北援，则我于两淮作战结束前后，即进行战役第二步，以三个纵队攻占海州、连云港，结束淮海战役，而后全军转入休整。二、只进行海州作战，仅以攻占海州、新浦、连云港等地为目的，并以主力控制于新安镇、运河车站南北及峄枣线，以备战姿态进行休整。三、全力向南求援敌之一部而歼灭之。四、全军即进入休整。

〔4〕吴化文（一九〇四——一九六二），山东掖县人。原任国民党军整编第九十六军军长，一九四八年九月十九日在济南战役中率部起义。

〔5〕邱兵团，指邱清泉任代司令官的国民党军第二兵团。

〔6〕商砀，指河南商丘和安徽砀山。

〔7〕黄兵团，指黄百韬任司令官的国民党军第七兵团。

〔8〕运河，镇名，在江苏邳县。

〔9〕两淮高宝，指江苏淮阴、淮安、高邮和宝应。

〔10〕酉灰，即十月十日。

〔11〕曲阜会议，指一九四八年八月下旬华东野战军前委在山东曲阜召开的有纵队以上领导干部参加的作战会议。会议在统一认识的基础上，制定了济南战役的作战计划。

做好淮海战役的准备工作[1]

（一九四八年九月二十八日）

黄兵团[2]调回新安镇地区业已证实。你们淮海战役第一个作战并且是最主要的作战是钳制邱李[3]两兵团、歼灭黄兵团。新安镇地区距离徐州甚近，邱李两兵团赴援甚快。这一战役必比济南战役[4]规模要大，比睢杞战役[5]的规模也可能要大。因此，你们必须有相当时间使攻济兵团获得休整补充，并对全军作战所需包括全部后勤工作在内有充分之准备，方能开始行动。战役时间包括打黄兵团、打东海、打两淮[6]在内，须有一个月至一个半月，战后休整一个月，故你们须准备两个月至两个半月的粮秣用品。此次济南战役只费十天，战后休整似需二十天左右，淮海战役估计为一个半月，共计两个半月左右。这个时间，即是原来准备对付攻济及打援可能有的最不利情况的时间，如果你们能按照这个时间取得济南（已经取得）、淮海两大战役的胜利，那是很合算的。师长以上干部到会的曲阜会议似宜推迟数日举行，以便攻济兵团各纵、师能在会议以前稍加整理。伤亡最大之九纵、十三纵等部宜迅速给以补充，在可能条件下如能抽调若干地方建制部队补入该两纵，特别是七十三团和一〇九团是有必要的。在执行淮海战役时，该两纵在作战第一阶段宜作预备队使用。俘虏六万余人中，宜有半数以上拨补全军人数最感不足的各纵。为顾到攻济兵团的休补，淮海战役出动时间似须推迟至酉哿〔7〕左右。

根据毛泽东手稿刊印。

注释

〔1〕这是毛泽东为中共中央军委起草的给华东军区政治委员饶漱石、华东野战军代司令员兼代政治委员粟裕和副政治委员谭震林并告中原野战军司令员刘伯承、第一副司令员陈毅和中共中央华东局的电报的第一部分。

〔2〕黄兵团，指黄百韬任司令官的国民党军第七兵团。

〔3〕邱，指邱清泉，当时任国民党军第二兵团代司令官。李，指李弥（一九〇一——一九七三），云南莲山（今属盈江县）人，当时任国民党军第十三兵团司令官。

〔4〕济南战役，指一九四八年九月十六日至二十四日华东野战军进行的以攻克济南为主要目标的战役。这次战役歼敌十万余人，生俘国民党军第二绥靖区司令官王耀武。

〔5〕睢杞战役，指一九四八年六月二十七日至七月六日华东野战军在睢县和杞县地区进行的一次战役。我军将国民党军区寿年兵团部、整编第七十五师及黄百韬兵团的三个多团，先后包围于睢县、杞县地区，经激战歼敌五万余人，生俘兵团司令官区寿年和整编第七十五师师长沈澄年。

〔6〕两淮，指江苏淮阴和淮安。

〔7〕酉哿，即十月二十日。后来淮海战役开始的时间是一九四八年十一月六日。

攻占义县、锦州、锦西是东北整个战局的关键

（一九四八年九月二十九日）

林罗刘〔1〕：

俭日十时电〔2〕悉。先打锦州后打锦西，计划甚好。卫立煌〔3〕赴宁与蒋、顾、何〔4〕会商，二十七日返沈，必是决定接出长春之敌和增援锦州之敌无疑。因卫如不接出长春之敌，则难向锦州增援。但接出长春之敌，估计需要十天左右时间，向锦州增援又需要十天左右时间，故你们攻取义县、锦州、锦西三点必须顾及此种时间性。你们准备追歼长春逃敌是必要的，但不知在沈敌向北迎接长春逃敌时，你们使用多少兵力，及在使用这些兵力之后，你们是否尚有足够兵力确有把握地于二十天左右时间内歼灭义县、锦州、锦西三点之敌。我们认为，你们必须将作战重心放在攻占这三点上面，因为这是你们整个战局的关键。如果以现到锦州地区各纵难于在二十天左右时间内攻占三点，则宜从现位沈阳以西各纵中抽调一部加强之，确保迅速攻占三点至少三点中之两点。当然卫立煌亦有不顾长春，径向锦州增援之可能。假定如此，你们更应于攻克义县之后，力求迅速攻克锦州，否则敌援接近，你们集中全力去打援

敌时，锦州、锦西两处之敌势必集中一处扰我后路，并使尔后难于歼击该敌。若你们能够迅速攻克义县、锦州两点，则主动权便可握在你们手中，否则，你们可能产生如像过去半年那样处在长、沈两敌之间，一个也不好打的被动姿态。你们必须估计到打沈阳倾巢援锦之敌时，有好打不好打，打得胜打不胜两种可能性。因此你们是否能取得战役主动权（当然战略主动权是早已有了的），决定于你们是否能迅速攻克三点尤其是锦州一点。只在两种设想之下，你们可以在未占锦州的情况之下，也能获得战役主动权，这即是你们能于沈敌北上迎接长敌时，能打一个极大的胜仗，歼灭敌军十万左右，或者于沈敌援锦时你们也能打一个这样的大胜仗，但是我们不知道确有此种把握否？我们觉得，首先攻占锦州是有较大把握的，并且是于全局有利的。以上望见复。此外，我军从九日出动至今日已二十一天，尚未开始攻击义县，动作实在太慢，值得检讨。

军　委

艳寅

根据毛泽东手稿刊印。

注　　释

〔1〕林罗刘，指林彪、罗荣桓、刘亚楼，当时分别任东北野战军司令员、政治委员和参谋长。

〔2〕指林彪、罗荣桓、刘亚楼一九四八年九月二十八日十时给中共中央军委的电报。电报说，我们已决定先攻锦州再打锦西，因为锦州之敌虽多但不强，易于突破，且便于随时打沈阳来援之敌。对义县之敌，因我炮兵过河困难，尚须数日才能攻击。兴城、绥中之敌均被包围，不日即可攻击解决。长春之敌最近企图突围的

迹象更多，我们已准备追歼该敌。

〔**3**〕卫立煌，当时任国民党军东北“剿匪”总司令部总司令。

〔**4**〕蒋，指蒋介石。顾，指顾祝同（一八九三——一九八七），江苏涟水人，当时任国民党军参谋总长。何，指何应钦，当时任国民党政府国防部部长。

力争于十天内外攻取锦州

（一九四八年十月三日）

林罗刘〔1〕并告东北局：

本日十七时电〔2〕发出后，我们再考虑你们的攻击方向问题，我们坚持地认为你们完全不应该动摇既定方针，丢了锦州不打，去打长春。除了前电所述之理由外，假定你们改变方针打下了长春，你们下一步还是要打两锦〔3〕，那时，第一，两锦敌军不但决不会减少，还可能增加一部，这样，将增加你们打两锦的困难；第二，目前沈阳之敌因为有长春存在，不敢将长春置之不顾而专力援锦，你们可利用长春敌人的存在，在目前十天至二十天时间（这个时间很重要），牵制全部至少一部分沈阳之敌。如你们先打下长春，下一步打两锦时，不但两锦情况变得较现在更难打些，而且沈敌可以倾巢援锦，对于你们攻锦及打援的威胁将较现时为大。因此我们不赞成你们再改计划，而认为你们应集中精力，力争于十天内外攻取锦州，并集中必要力量于攻锦州同时歼灭由锦西来援之敌四至五个师。只要打下锦州，你们就有了战役上的主动权，而打下长春，并不能帮助你们取得主动，反而将增加你们下一步的困难。望你们深刻计算到这一点，并望见复。

军　委
三日十九时

根据毛泽东手稿刊印。

注　　释

〔1〕林罗刘，指林彪、罗荣桓、刘亚楼，当时分别任东北野战军司令员、政治委员和参谋长。

〔2〕指毛泽东一九四八年十月三日十七时为中共中央军委起草的给林彪、罗荣桓、刘亚楼的电报。这个电报是对林彪、罗荣桓、刘亚楼一九四八年十月二日二十二时给中共中央军委电报的答复。林罗刘的电报根据敌新五军和九十五师海运葫芦岛的消息，向军委表示：攻锦州还是攻长春"两个行动方案，我们正考虑中。并请军委同时考虑与指示。"军委复电指出："你们应利用长春之敌尚未出动，沈阳之敌不敢单独援锦的目前紧要时机，集中主力迅速打下锦州，对此计划不应再改。"电报要求迅速将部队指挥机关移至锦州前线，部署攻锦州，并指出："迁延过久，你们有处于被动地位之危险。"

〔3〕两锦，指辽宁锦州和锦西。

把作战重点放在锦州锦西方面是正确的

（一九四八年十月四日）

林罗刘[1]并告东北局：

三日九时电[2]悉。

（一）你们决心攻锦州，甚好甚慰。

（二）你们决定以四纵和十一纵全部及热河[3]两个独立师对付锦西、葫芦岛方面之敌，以一、二、三、七、八、九共六个纵队攻锦州，以五、六、十、十二共四个纵队对付沈阳援锦之敌，以九个独立师对付长春之敌，这是完全正确的。你们这样做，方才算是把作战重点放在锦州、锦西方面，纠正了过去长时间内南北平分兵力没有重点的错误（回头打长春那更是绝大的错误想法，因为你们很快就放弃了此项想法，故在事实上未生影响）。我们过去一个月中曾有多次电报叫你们如此做，你们到现在才想通这一重要点，不是平分兵力，而是以主力放在两锦方面。虽然在时间上应当一开始就如此做，从你们部队开始行动起到今天差不多已有一个月之久，你们才把攻击重点问题弄清楚，重新增加两个纵队到两锦方面去，可能对于作战要受一些影响（是否有影响及影响之大小，要看作战结果如何才能定），但是平分兵力的错误算是纠正了。从这件事你们应取得两个教训：第一个教训是，你们的指挥所应先于部队移动到达所欲攻击的方向去（这一点我们在很早就向你们指出了），由于你们没有这样做，致使你们的眼光长期受到限制；第二个教训是，在通常的情况下必须集中主力攻击一点，而不要平分兵力。

（三）攻击锦州的时间愈快愈好，但因你们兵力尚未到齐，你们指挥所方才接近锦州附近，部队的攻城动员准备工作尚未进行，当然应当稍待时日，等候兵力到齐和完成准备工作，然后开始攻击。但是你们应当力求缩短这一准备过程，不要延迟太久，当然决不要有任何的慌忙。

（四）关于不应当回头攻长春的理由，不是如你们所说的“太费时间”以及“即令不攻长春，该敌亦必自动突围，我能收复长春，并能歼敌一部”，而是如我们昨日十七时及十九时两电[4]所说的那些理由，即你们如果真的回头攻长春，你们将要犯一个大错误。就拿突围一点来说，目前该敌突围愈迟愈有利，不突围更有利。

（五）在此以前我们和你们之间的一切不同意见，现在都没有了，希望你们按照你们三日九时电的部署，大胆放手和坚持地实施，争取首先攻克锦州，然后再攻锦西。

（六）蒋介石已到沈阳，不过是替丧失信心的部下打气。他讲些做些什么，你们完全不要理他，坚决按照你们三日九时电部署做去。

军　委

四日六时

根据毛泽东手稿刊印。

注　　释

〔1〕林罗刘，指林彪、罗荣桓、刘亚楼，当时分别任东北野战军司令员、政治委员和参谋长。

〔2〕指林彪、罗荣桓、刘亚楼一九四八年十月三日九时给中共中央军委的电报。电报说："我们拟仍攻锦州。只要我军经过充分准备，然后发起总攻，仍有歼灭锦敌的可能，至少能歼灭敌之一部或大部。目前如回头攻长春，则太费时间，即令不攻长春，该敌亦必自动突围，我能收复长春，并能歼敌一部。"电报还汇报了把作战重点放在锦州、锦西方向的具体兵力部署，并表示，尽早开始总攻，力求迅速解决战斗，战斗目的主要放在歼灭敌人上。

〔3〕热河，即热河省。见本卷第82页注〔8〕。

〔4〕指毛泽东一九四八年十月三日十七时和十九时为中共中央军委起草的给林彪、罗荣桓、刘亚楼的两封电报。见本卷第165页注〔2〕和第164—165页。

钳制徐州援敌歼灭黄百韬兵团[1]

（一九四八年十月十四日）

饶粟谭[2]，并告中原局：

文子、文亥、元午三电[3]均悉。

（一）你们文子电部署的缺点是将打援兵力放在正面，而不是放在侧面。你们元午电同意我们真电[4]意见，即可改正此项缺点。其具体部署应以一个强力纵队袭占运河[5]车站，歼灭守敌，控制该地一带；以三个纵队攻占及控制台儿庄及其以南地区，一部直达铁路；以两个纵队攻占临、韩[6]（得手后留一个纵队于临、韩，直迫贾汪，以一个纵队移至台儿庄及其以西地区）。以上共六个纵队，可由三纵、八纵、十纵、十三纵、渤纵（你们文子电未提到渤纵，不知何故）及从韦吉[7]到路北[8]之两个纵队中抽出一个纵队充任。务使邱、李[9]援敌感到威胁，不驱逐我侧面兵力，不攻占台儿庄，即无法越运河向东增援，又使徐州城内感受威胁，不得不留李部第八军驻守。

（二）韦吉率一个纵队南下（不要到滨海去补棉衣，应在现地补棉衣，即从运河车站附近直下睢宁），会合留在路南之十一纵，不要位于宿迁以东，而要位于睢宁地区，控制徐宿公路，从南面威胁徐州，使邱、李援敌感到如不驱逐韦吉，则无法经睢、宿东援，同时对于徐蚌[10]线亦起威胁作用，使李部第九军不敢离开该线。

（三）以九、广两纵出鲁西南，会合当地地方兵团，位于丰县、鱼台以西，虞城以北，城武[11]以南地区，从西北威胁徐州，使孙元良部[12]只能对付我九、广两纵，而不能到徐州接替李部第八军守城。

（四）我刘邓[13]主力一、三、四、九纵，不日开始攻击郑州，得手后以一部向东，威逼开封，吸引刘汝明[14]全部、孙元良一部西顾。

（五）以上各项部署，都是为着钳制徐州各部援敌，使其第一个感觉是我军似乎有意夺取徐州，而不能确切断定我军并非夺取徐州，而是歼灭黄兵团。等到我军对黄兵团攻歼紧急而决定增援时，又发现如不解除南北两侧威胁，则很难赴援，这样就给我军以必要的时间歼灭黄兵团。至于敌人援军的组成，大概只能使用邱兵团各师。李兵团似难离开徐、蚌，因为刘峙[15]不但要对付我军对徐、蚌的威胁，而且要防备冯治安、孙良诚[16]的可能叛变。孙元良部则可能停留在汴徐线上。

（六）以一、四、六、七、十一、鲁中等六个纵队再加特纵，担任歼灭黄兵团三个师，这是全战役的中心目标。

（七）除九、广两纵应从兖、济[17]直出丰、鱼、虞城地区外，其余各部，第一步，应全部开至临沂、梁丘、白彦[18]、邹县之线的展开位置，并休息几天，而不应先后参差不齐；第二步，各按规定任务由该线同时前进。因此，你们不但应等候棉衣、棉花完全到手分配，而且应等候攻济各部的兵员补充及由济南附近开到临沂、邹县之线，因此全军从临邹线向南出动之日期，应推迟至十一月五日至十日之间为适宜。

（八）后勤工作准备（粮食、弹药等）及政治工作准备，力求比较完备周到。

（九）你们对于上述意见望再考虑电告。

军　委

寒丑

根据中央档案馆保存的原件刊印。

注　　释

〔1〕指黄百韬任司令官的国民党军第七兵团。

〔2〕饶粟谭，指饶漱石、粟裕、谭震林，当时分别任华东军区政治委员、华东野战军代司令员兼代政治委员和副政治委员。

〔3〕指饶漱石、粟裕、谭震林一九四八年十月十二日子时、亥时和十三日午时给中共中央军委等的三封电报。文子电说：据敌黄百韬兵团现有态势，便于我分割而全部歼灭之。因此决定：（一）以八纵、三纵袭占运河车站，歼灭守敌，控制运河、邳县、官湖地区，阻击沿铁路东援之敌。以九、十、十三纵位于兰陵西南东南地区为总预备队，威胁运河，使徐敌迟疑不敢东援。（二）苏北兵团（二纵、十二纵）第一步进到滨海地区，补充棉衣，于战斗发起同时南下，进至新安镇以南、宿迁东北五花顶、晓（崔）店子地区，并以一部控制宿迁向睢宁攻势佯动，阻敌东援，并准备适时（黄兵团大部歼灭后）协同路北主力，歼击由徐州沿陇海路东援之敌，或乘胜南进进击两淮（淮阴、淮安），须依黄兵团歼灭后的敌援情况而定。（三）以鲁纵截断包围郯城之敌，相机攻歼之。以一、四、六、七、十一五个纵队及特纵日榴野炮团（必要时出坦克十辆攻击），担任分割围歼黄兵团主力于新安镇、瓦窑、红花埠地区。（四）广纵接替路北防务，担任威迫与监视临城、韩庄段敌人任务。（五）如情况无大变化，拟本月二十五日前后发起战斗。文亥电提出：（一）根据部队棉衣、棉花发放情况，建议将战役时间推迟至二十八日举行。（二）为防敌孙元良、刘汝明兵团由鲁西南地区北犯汶上、济宁地区，捣乱威胁我新解放之济南，影响前方作战，拟以九纵队放置于济宁、兖州、汶上地区，作战役预备队休整待命，并协同冀鲁豫独立旅监视

掌握鲁西南丰县、商丘一带情况；其他纵队不变。元午电说：接到军委酉真（十月十一日）电，我们感到军委部署有如下好处：（一）我们兵力规定全部展开，避免拥挤，给徐州敌侧背威胁大，增大敌人顾虑，减轻我对敌正面抗击、阻击压力。（二）便于粮食供给和后方交通运输。

〔4〕指毛泽东一九四八年十月十一日为中共中央军委起草的关于淮海战役的作战方针给华东野战军并告华东局和中原局的电报。电报提出：（一）淮海战役第一阶段的重心，是集中兵力歼灭黄百韬兵团，完成中间突破。为达到这一目的，应以两个纵队担任歼灭敌一个师的办法，即用六个至七个纵队分割歼灭黄兵团三个师，另以一半兵力牵制阻击邱、李两兵团并歼其一部。战役第一阶段力争在二至三星期内结束。（二）战役第二阶段，是以大约五个纵队的兵力，攻歼海州、新浦、连云港、灌云地区之敌。此阶段亦争取二至三个星期内完结。（三）第三阶段，可设想在两淮方面作战。时间亦须二至三个星期。这个电报已收入《毛泽东选集》第四卷，题为《关于淮海战役的作战方针》。

〔5〕运河，镇名，在江苏邳县。

〔6〕临，指临城，即今山东枣庄市薛城。韩，指韩庄，镇名，位于山东微山县东南。

〔7〕韦吉，指韦国清、吉洛（姬鹏飞），当时分别任华东野战军苏北兵团司令员和副政治委员。

〔8〕指陇海铁路线徐州至海州段以北。

〔9〕邱，指邱清泉，当时已接替杜聿明任国民党军第二兵团司令官。李，指李弥，当时任国民党军第十三兵团司令官兼第八军军长。

〔10〕蚌，指安徽蚌埠。

〔11〕城武，今山东成武。

〔12〕指孙元良任司令官的国民党军第十六兵团。

〔13〕刘邓，指刘伯承、邓小平，当时分别任中原野战军司令员和政治委员。

〔14〕刘汝明（一八九五——一九七五），河北献县人。当时任国民党军第四绥靖区司令官。第四绥靖区在淮海战役时改称第八兵团。

〔15〕刘峙（一八九二——一九七一），江西吉安人。当时任国民党军徐州“剿匪”总司令部总司令。

〔16〕冯治安（一八九六——一九五四），河北故城人，当时任国民党军第三绥

靖区司令官。孙良诚(一八九三——一九五一),天津静海人,当时任国民党军第一绥靖区副司令官兼第一〇七军军长,一九四八年十一月十三日在江苏睢宁率该军军部和一个师共五千八百人投诚。

〔**17**〕兖、济,指山东兖州和济宁。

〔**18**〕白彦,旧县名,一九五三年撤销,划归山东滕县、邹县、平邑等县。

即刻部署全歼廖耀湘兵团[1]

（一九四八年十月二十日）

林罗刘[2]：

皓二十一时电[3]悉。

（一）你们行动方针已有电示，即不打锦、葫[4]而打廖耀湘。我们完全同意你们建议，如廖兵团继进，则等敌再进一步再进攻之；一经发觉敌不再进，或有退沈阳退营口的象征时，则立即包围彰武、新立屯两处敌人，以各个击破为方法，以全歼廖兵团为目的。望即本此方针，即刻动手部署，鼓励全军达成任务。

（二）因敌有随时退至营口可能，望令十纵准备，一经发觉敌有退营口的象征，即兼程开营口守备。

（三）高、伍[5]建议以十二纵及三个独立师由钟伟[6]指挥，由四平以北上车赶于二十四日以前全部运抵清源，以急行军开至鞍山、海城，堵塞敌向营口退路。此计划甚为必要，请即电高、伍照此速办，愈快愈好。惟十纵仍须准备从打虎山[7]开营口，以占先机。当然，十纵目前可在打虎山不动，待敌有退营口征候时迅开营口。

（四）高、伍又建议，以其余各独立师及二线兵团由萧、萧[8]指挥，向法库、彰武、新民急进，配合锦州主力歼敌。我们认为这也是完全必要的。惟第一，以十二纵及三个独立师共六个师开鞍山、海城是否足够，如敌全力退营口，我六个师恐难抵御，是否应增加一二个独立师于营口方面。第二，去彰武、新民与敌接触的时机不可过迟，也不可过早，似宜适时隐蔽开至法库以北，待你们主力业已发起攻击抓住了廖耀湘时，突然断敌向沈阳退路为宜。以上两点请酌复高、伍。

（五）蒋介石十五日到沈阳时即携杜聿明〔9〕同来，是帮助卫立煌〔10〕指挥撤退的。外国通讯社十八日讯，蒋介石又到沈阳。目前数日是敌决策时机，撤退是十五日就决定了的，如何撤退则或者昨今两日已经决定，或者尚待决定，并且决定之后又可改变。望你们密切注视这数日的动态，不失时机，争取大胜。

军　委

二十日四时

根据毛泽东手稿刊印。

注　　释

〔1〕指廖耀湘任司令官的国民党军第九兵团。

〔2〕林罗刘，指林彪、罗荣桓、刘亚楼，当时分别任东北野战军司令员、政治委员和参谋长。

〔3〕指林彪、罗荣桓、刘亚楼一九四八年十月十九日二十一时给中共中央军委的电报。电报说："估计彰武、新立屯地区之敌，有可能在现地不动，等整八军到锦西后，再南北配合向锦州前进，沈阳之敌则向营口撤退。但亦有另一可能，即是：现在彰武、新立屯地区之敌撤回新民、沈阳，利用辽河阻隔我军，全部向营口撤退。"电报建议，如沈阳之敌仍继续向锦州前进，则等敌再前进一步后再向敌进攻，

但若有征候敌不再前进，或有回撤沈阳转往营口的动向时，则我军立即迅速包围彰武、新立屯两处敌人，以各个击破方法全部歼灭之。

〔4〕锦、葫，指辽宁锦西和葫芦岛。

〔5〕高，指高岗（一九〇五——一九五四），陕西横山人，当时任东北军区第一副司令员。伍，指伍修权，一九〇八年生，湖北武昌人，当时任东北军区第二参谋长。

〔6〕钟伟（一九一五——一九八四），湖南平江人。当时任东北野战军第十二纵队司令员。

〔7〕打虎山，今名大虎山，位于辽宁黑山县南部。

〔8〕萧、萧，指萧劲光、萧华。萧劲光（一九〇三——一九八九），湖南长沙人，当时任东北野战军第一兵团司令员。萧华（一九一六——一九八五），江西兴国人，当时任东北野战军第一兵团政治委员。

〔9〕杜聿明（一九〇四——一九八一），陕西米脂人。当时任国民党军徐州“剿匪”总司令部副总司令。

〔10〕卫立煌，当时任国民党军东北“剿匪”总司令部总司令。

给刘少奇的信

（一九四八年十月二十六日）

少奇同志：

此件[1]修改得很好。在第 29 页上，“决不可采取过早地限制私人资本经济的办法”，改为“决不可以过早地采取限制现时还有益于国计民生的私人资本经济的办法”。因为就我们的整个经济政策说来，是限制私人资本的，只是有益于国计民生的私人资本，才不在限制之列。而“有益于国计民生”，这就是一条极大的限制，即引导私人资本纳入“国计民生”的轨道之上。要达到这一点，必须经常和企图脱出这条轨道的私人资本作斗争。而这些私人资本虽然已经纳入这条轨道，他们总是想脱出去的，所以限制的斗争将是经常不断的。

毛　泽　东

十月二十六日

根据手稿刊印。

注　　释

〔1〕指经中共中央修改过的张闻天一九四八年九月十五日起草的《关于东北经济构成及经济建设基本方针的提纲》。

动员一切力量 歼灭可能向石家庄进扰之敌[1]

（一九四八年十月二十六日）

〔新华社华北二十六日电〕为了紧急动员一切力量，配合人民解放军歼灭可能向石家庄一带进扰的蒋傅军[2]，此间党、政、军各首长已向保石线及其两侧各县发出命令，限于三日内动员一切民兵及地方武装，准备好一切可用的武器，以利作战，尤其注重打骑兵的方法。闻蒋傅军进扰石家庄一带的兵力，除九十四军外，尚有新骑四师及骑十二旅，并附属爆破队及汽车百余辆，企图捣毁我后方机关、仓库、工厂、学校、发电厂、建筑物。据悉，该敌准备于二十七日集中保定，二十八日开始由保定南进。进扰部队为首的有九十四军军长郑挺锋，新编骑四师师长刘春芳，骑十二旅旅长鄂友三（即今春进扰河间之敌）。此间首长们指示地方各界切勿惊慌，只要大家事前有充分准备，就有办法避开其破坏，诱敌深入，聚而歼之。今春敌扰河间，因我方事前毫无准备，受到部分损失，敌部亦被其逃去。此次务须全体动员对敌，不使敢于冒险的敌人有一兵一卒跑回其老巢。今年五月，阎[3]、傅曾有合扰石家庄的计划，保石线及正太线各县曾经一度动员对敌。后来阎军一个师在盂县被歼，傅军惧歼未动，但保石线人民已有了一次动员经验。此次因蒋介石在北平坐督，傅作义不敢不动。华北军区已向各县指出，不要以为上次未来，此次也不会来，不作准备，致受损失。即令敌人惧歼不来，我有此种准备，总是有益无害。

根据毛泽东手稿刊印。

注　释

〔1〕这是毛泽东为新华社写的新闻稿，发表在一九四八年十月二十八日《人民日报》。

〔2〕指国民党军傅作义部。傅作义当时任国民党军华北“剿匪”总司令部总司令，一九四九年一月率部接受和平改编。

〔3〕阎，指阎锡山，当时任国民党军太原绥靖公署主任。

东北解放军正举行全线进攻[1]

（一九四八年十月二十七日）

〔新华社辽西前线二十七日十七时急电〕由沈阳进至辽西的蒋军五个军，已全部被我包围和击溃。我军俘敌数万，现正猛烈扩张战果中。此五个军，即新一军、新三军、新六军、七十一军、四十九军，全部美械装备，由廖耀湘[2]统率，锦州作战时即由沈阳进至新民、彰武、新立屯地区。锦州攻克，长春解放，该敌走投无路，全部猬集黑山、北镇、打虎山[3]地区，企图逃跑。我军迅移锦州得胜之师回头围歼，飞将军从天而降，使该敌逃跑也来不及。蒋军尚有五十二军、五十三军、青年军整编二〇七师（辖三个旅）及各特种部队、杂色部队，在沈阳、铁岭、抚顺、本溪、辽阳、新民、台安等处，一部占我海城、营口，连廖兵团在内，共有二十二个正规师，加上其他各部，共约二十万至三十万人，为蒋军在东北的主力。廖兵团五个军，则为其主力中的主力。从十五日至二十五日十一天内，蒋介石三至沈阳，救锦州，救长春，救廖兵团，并且决定了所谓“总退却”，自己住在北平，每天睁起眼睛向东北看着。他看着失锦州，他看着失长春，现在他又看着廖兵团覆灭。总之一条规则，蒋介石到什么地方，就是他的可耻事业的灭亡。我东北人民解放军全军现正举行全线进攻，为歼灭全部蒋军而战。

根据一九四八年十月二十九日
《人民日报》刊印。

注　　释

〔1〕这是毛泽东为新华社写的新闻稿。

〔2〕廖耀湘（一九〇六——一九六八），湖南邵阳人。当时任国民党军第九兵团司令官。

〔3〕打虎山，今名大虎山，位于辽宁黑山县南部。

东北华北部队准备协力夺取平津地区

（一九四八年十月三十一日）

林罗刘[1]，并告程黄[2]，东北局，华北局：

三十日九时半部署电[3]及三十日十一时电均悉，部署很好。下列各点请注意：

（一）我杨罗耿兵团[4]全部已从平张线向平石线转移，平张线上尚有敌暂三、暂四两军及暂五军一个师。我杨成武李井泉兵团[5]正在准备夺取归绥[6]（约戌灰[7]左右开始），张平线敌有以一个军向归绥增援之可能，而我杨李兵团只有攻城力量，没有打援力量。我平北、察[8]北部队有积极负责向张北、张家口、宣化、怀来之线的敌人举行钳制性作战的任务，如该线敌有一部向归绥增援时，并应派部向绥[9]东、兴和、集宁等地尾敌前进，抓住该敌。因此，察北骑十一师、骑十六师似不宜向北平附近前进，而以归詹、牛[10]指挥担负上述任务为宜。

（二）四纵、十一纵、独四、独六、独七、独八等师向北平附近前进后，锦榆线及热河[11]空虚，请在占领沈阳后，从北面各独立师中抽出几个先行南下，应付锦西、承德之敌，免其泛滥残民。

（三）东北主力除四纵、十一纵等部即行南下外，其余在沈营线战斗结束后，应休整一个月左右，约于十二月上旬或中旬开始出动，攻击平津一带，准备于战争第三年的下半年即明年一月至六月期间，协同华北力量歼灭傅作义〔12〕主力，夺取平津及北宁、平绥〔13〕、平承、平保各线，完成东北与华北的统一，以便于战争第四年的第一季即明年秋季，即有可能以主力向长江流域出动，并使政治协商会议能于明年夏季在北平开会。

（四）争取于一个月内外修通沈锦线、彰武义县承德线铁路，整理热河及冀东境内各主要公路，以利军运并迅速运屯粮弹，否则将无法供应大军作战。此项部署望迅速作出。

（五）中央九月会议〔14〕规定五年左右建军五百万，歼敌正规军五百个旅，根本上打倒国民党的任务，因为战争迅速发展，可能提早一年完成。此点你们应有精神准备，从而加速组织准备，并以此种精神教育干部。

军　委

酉世

根据毛泽东手稿刊印。

注　释

〔1〕林罗刘，指林彪、罗荣桓、刘亚楼，当时分别任东北野战军司令员、政治委员和参谋长。

〔2〕程，指程子华，当时任东北野战军第二兵团司令员。黄，指黄志勇，一九一四年生，江西崇义人，当时任东北野战军第二兵团参谋长。一九四八年十月二十八日，程、黄率四纵、十一纵、热河独立第四、第六、第八师和骑兵师组成东北野战军入关先遣兵团。

〔3〕指林彪、罗荣桓、刘亚楼一九四八年十月三十日九时半给程子华、黄志勇等并报中共中央军委、东北局的电报。电报说：我军决定四纵、十一纵及独四、六、七、八师及热河骑兵师及察北骑十一、十六师，统向北平近郊前进，并统归程黄指挥。我东北全力待营口、沈阳之线战斗结束后，稍加补充兵员，即向北平、天津前进，夺取平津。

〔4〕杨罗耿兵团，指杨得志任司令员、罗瑞卿任政治委员、耿飚任参谋长的华北军区第二兵团。

〔5〕指杨成武任司令员、李井泉任政治委员的华北军区第三兵团。

〔6〕归绥，即今呼和浩特市。

〔7〕戌灰，即十一月十日。

〔8〕察，指察哈尔省，见本卷第82页注〔8〕。

〔9〕绥，指绥远省，见本卷第82页注〔6〕。

〔10〕詹，指詹大南，一九一四年生，安徽金寨人，当时任冀热察军区司令员。牛，指牛树才（一九〇八——一九九〇），河北曲阳人，当时任冀热察军区政治委员。

〔11〕热河，即热河省，见本卷第82页注〔8〕。

〔12〕傅作义，当时任国民党军华北“剿匪”总司令部总司令。

〔13〕平绥，即平绥线，指北平（今北京）至绥远（今属内蒙古自治区）包头的铁路，今京包线。

〔14〕指一九四八年九月八日至十三日在河北建屏县（今属平山县）西柏坡召开的中共中央政治局扩大会议。

中原我军占领南阳[1]

（一九四八年十一月五日）

〔新华社郑州五日电〕在人民解放军伟大的胜利的攻势下，南阳守敌王凌云于四日下午弃城南逃，我军当即占领南阳。南阳为古宛县，三国时曹操与张绣[2]曾于此城发生争夺战。后汉光武帝刘秀[3]，曾于此地起兵，发动反对王莽王朝[4]的战争，创立了后汉王朝。民间所传二十八宿，即刘秀的二十八个主要干部，多是出生于南阳一带。在过去一年中，蒋介石极重视南阳，曾于此设立所谓“绥靖区”，以王凌云为司令官，企图阻遏人民解放军向南发展的道路。上月，白崇禧[5]使用黄维兵团[6]三个军的力量，经营整月，企图打通信阳、南阳间的运输道路，始终未能达到目的。最近蒋军因全局败坏，被迫将整个南部战线近百个师的兵力，集中于以徐州为中心和以汉口为中心的两个地区，两星期前已放弃开封，现又放弃南阳。从此，河南全境，除豫北之新乡、安阳，豫西之灵宝、阌乡，豫南之确山、信阳、潢川、光山、商城、固始等地尚有残敌外，已全部为我解放。去年七月，南线人民解放军开始向敌后实行英勇的进军以来，一年多时间内，除歼灭了大量的国民党正规部队以外，最大的成绩，就是在大别山区（鄂豫区）、皖西区、豫西区、陕南区、桐柏区、江汉区、江淮区（即皖东一带）恢复和建立了稳固的根据地，创立了七个军区，并极大地扩大了豫皖苏军区老根据地。除江淮军区属于苏北军区管辖外，其余各军区，统属于中原军区管辖。豫皖苏区、豫西区、陕南区、桐柏区现已联成一片，没有敌人的阻隔。这四个军区并已和华北联成一片。我武装力量，除补上野战军和地方军一年多激烈战争的消耗以外，还增加了大约二十万人左右，今后当有更大的发展。白崇禧经常说，“不怕共产党凶，只怕共产党生根”，他是怕对了。我们在所有江淮河汉区域，不仅是树木，而且是森林了。不仅生了根，而且枝叶茂盛了。在去年下半年的一个极短时间内，我们在这一区域曾经过早地执行分配土地的政策，犯了一些策略上的“左”的错误。但是随即纠正了，普遍地利用了抗日时期的经验，执行了减租减息的社会政策和各阶层合理负担的财政政策。这样，就将一切可能联合或中立的社会阶层，均联合或中立起来，集中力量反对国民党反动统治势力及乡村中为最广大群众所痛恨的少数恶霸分子。这一策略，是明显地成功了，敌人已经完全孤立起来。在我强大的野战军和地方军配合打击之下，困守各个孤立据点内的敌人，如像开封、南阳等处，不得不被迫弃城逃窜。南阳守敌王凌云统率的军队是第二军、第六十四军以及一些民团，现向襄阳逃窜。襄阳也是国民党的一个所谓“绥靖区”，第一任司令官康泽〔7〕被俘后，接手的是从新疆调来的宋希濂〔8〕。最近宋希濂升任了徐州的副总司令兼前线指挥所主任，去代替原任的杜聿明〔9〕。杜聿明则刚从徐州飞到东北，一战惨败，又逃到了葫芦岛。王凌云到襄阳，大概是接替宋希濂当司令官。但是从南阳到襄阳，并没有走得多远，襄阳还是一个孤立据点，王凌云如不再逃，康泽的命运是在等着他的。

根据一九四八年十一月九日
《人民日报》刊印。

注 释

〔1〕这是毛泽东为新华社起草的新闻稿。

〔2〕曹操(一五五——二二〇),谯(今安徽亳县)人,三国时的政治家和军事家。张绣(?——二〇七),三国武威祖厉(今甘肃靖远西南)人,董卓部将张济之侄。张济死后,继领其众屯兵宛城(今南阳)。一九七——一九八年,曹操几次征讨张绣。后张绣降曹。

〔3〕刘秀(公元前六年——公元五十七年),南阳蔡阳(今湖北枣阳西南)人,西汉皇族。新朝末年起兵反对王莽,加入绿林军,公元二十五年称帝,建立东汉王朝,亦称后汉王朝。

〔4〕王莽(公元前四十五年——公元二十三年),"新王朝"的建立者。西汉末年,以外戚掌握政权。公元八年称帝,改国号为"新"。公元二十三年,农民起义军攻入长安,王莽被杀,新朝灭亡。

〔5〕白崇禧,当时任国民党军华中"剿匪"总司令部总司令。

〔6〕黄维兵团,指黄维任司令官的国民党军第十二兵团。

〔7〕康泽(一九〇四——一九六七),四川安岳人。曾任国民党军第十五绥靖区司令官,一九四八年七月被中国人民解放军所俘。

〔8〕宋希濂(一九〇七——一九九三),湖南湘乡人。一九四八年八月任国民党军华中"剿匪"总司令部副总司令兼第十四兵团司令官,九月调任国民党军徐州"剿匪"总司令部副总司令。

〔9〕杜聿明,一九四八年十月由国民党军徐州"剿匪"总司令部副总司令调任国民党军东北"剿匪"总司令部副总司令。

淮海战役第一仗和第二仗的歼敌任务[1]

（一九四八年十一月七日）

粟陈张钟刘，并告陈邓[2]，华东局及王谭[3]：

（一）完全同意鱼戌电[4]所述攻击部署，望你们坚决执行。非有特别重大变化，不要改变计划，愈坚决愈能胜利。在此方针下，由你们机断专行，不要事事请示，但将战况及意见每日或每两日或每三日报告一次。

（二）第一仗估计需要十天左右时间，力争歼灭黄百韬[5]十个师（包括四十四军），李弥[6]一个至两个师，冯治安[7]四个师（包括可能起义者在内），刘汝明[8]六个师（包括可能起义者在内），以上共计二十一个至二十二个师。如能达成此项任务，整个形势即将改变，你们及陈邓即有可能向徐蚌线迫进，那时蒋介石可能将徐州及其附近的兵力撤至蚌埠以南。如果敌人不撤，我们即可打第二仗，歼灭黄维、孙元良[9]，使徐州之敌完全孤立起来。

（三）为了连续作战歼灭大量敌人之目的，你们应仿照济南战役之办法，对我各作战部队随战随补，随补随战，使部队经常保有充足的兵员和旺盛的士气，此点甚为重要。为此，应将后方补训兵团移到接近战场的位置，以便将已经训练好的新兵及俘虏能够迅速补充部队，同时将此次战役中所获俘虏迅速接收训练及补充部队。

军　委
七日二十时

根据中央档案馆保存的原件刊印。

注　释

〔1〕这是毛泽东为中共中央军委起草的给华东野战军代司令员兼代政治委员粟裕、参谋长陈士榘、副参谋长张震、政治部副主任钟期光和后勤司令刘瑞龙的电报。

〔2〕陈邓，指陈毅、邓小平，当时分别任中原野战军第一副司令员和政治委员。

〔3〕王谭，指王建安、谭震林，当时分别任华东野战军山东兵团副司令员和政治委员。

〔4〕指粟裕、陈士榘、张震等一九四八年十一月六日戌时给中共中央军委的电报。电报说："淮海战役决仍按已定方针执行。为着驱逐与解决沂河以东沿岸少数土顽，便于掩护架桥和主力开进，今晚即以鲁纵围歼郯城、大埠之王洪九顽部；六纵围歼马头及南北沿河岸之敌；七纵围歼峄县、枣庄之敌；十纵包围临城，逼独立旅（土顽改编的）起义"。三纵、广纵及冀鲁豫独立旅向丰县、砀山线前进，以求扫清敌外围。明晚即迫近敌人，封锁消息，八日晚即完成分割包围，展开攻击。电报还说："已令淮海分区派队迫近新浦、海州，确实查明情况。如敌确已撤退，即布置接收入城，维持秩序纪律，掌握政策，并控制连云港，向海上布置警戒。另以一部配合滨海地方武装及苏北兵团一部，严防敌四十四军之西进，使其不能迅速与黄兵团会合配合作战。"

〔5〕黄百韬，当时任国民党军第七兵团司令官。

〔6〕李弥，当时任国民党军第十三兵团司令官。

〔**7**〕冯治安，当时任国民党军第三绥靖区司令官。

〔**8**〕刘汝明，当时任国民党军第四绥靖区司令官。

〔**9**〕黄维（一九〇四——一九八九），江西贵溪人。当时任国民党军第十二兵团司令官。孙元良，一九〇四年生，四川华阳（今属成都市）人，当时任国民党军第十六兵团司令官。

截断宿蚌路，歼敌于淮河长江以北〔1〕

（一九四八年十一月九日）

陈邓，粟陈张，并谭王〔2〕：

齐电〔3〕悉。

（一）徐州敌有总退却模样，你们按照敌要总退却的估计，迅速部署截断敌退路以利围歼是正确的。

（二）陈、邓直接指挥各部，包括一、三、四、九纵应直出宿县，截断宿蚌路，四纵不应在黄口附近打邱清泉〔4〕，而应迅速攻宿县，一纵在解决一八一师后，应立即去宿县。华野三、广两纵的任务是对付邱清泉，但应位于萧县地区从南面向黄口徐州线攻击，以便与宿县我军联结。如敌向南总退却时，则集中六个纵队歼灭之。

（三）粟、陈、张应令谭、王集中七、十、十三纵及由南向北之十一纵，以全力向李弥兵团〔5〕攻击，用迅速手段歼灭该兵团的全部或大部，控制并截断徐州至运河〔6〕车站之间的铁路，运东主力则歼灭黄兵团〔7〕。

（四）只要以上几点办到，就能破坏敌人总退却的计划，遭我全部歼灭，并占领徐州。现在不是让敌人退至淮河以南或长江以南的问题，而是第一步（即现在举行之淮海战役）歼敌主力于淮河以北，第二步（即将来举行的江淮战役〔8〕）歼敌余部于长江以北的问题。

（五）敌指挥系统甚为恐慌混乱，望你们按照上述方针，坚决执行，争取全胜。此时我军愈坚决，愈大胆，就愈能胜利。

军　委

九日十六时

根据中央档案馆保存的原件刊印。

注　释

〔1〕这是毛泽东为中共中央军委起草的给中原野战军第一副司令员陈毅、政治委员邓小平和华东野战军代司令员兼代政治委员粟裕、参谋长陈士榘、副参谋长张震等的电报。

〔2〕谭王，指谭震林、王建安，当时分别任华东野战军山东兵团政治委员和副司令员。

〔3〕指陈毅、邓小平一九四八年十一月八日给谭震林并报中共中央军委的电报。电报说，我已令三纵向黄口、徐州急进，协同四纵歼敌。现三、九两纵正向东进。今晨经由永城向宿县逃退之敌，确系邱清泉兵团部队。蒋军究竟只撤退邱清泉、刘汝明两部，还是整个放弃徐州，不日即可判明。如判明蒋军整个南撤设防淮河时，如有可能，你们要派部队举行追击，迅速进至淮南、路东。

〔4〕邱清泉，当时任国民党军第二兵团司令官。

〔5〕李弥兵团，指李弥任司令官的国民党军第十三兵团。

〔6〕运河，镇名，在江苏邳县。

〔7〕黄兵团，指黄百韬任司令官的国民党军第七兵团。

〔8〕江淮战役于一九四九年一月十六日至二十四日举行。这次战役歼灭了残留在淮河以南长江以北地区并向江南撤退的敌人，解放了江淮间广大地区。

再有一年左右时间即可从根本上打倒国民党

（一九四八年十一月十一日）

林罗刘谭[1]，并告东北局及各局、各前委负责同志：

（一）戌齐作战经过报告[2]收到阅悉，甚为欣慰。即转发各野战军前委阅看，以资参考。中央对你们胜利之贺电，望即印发全军，以励士气。

（二）你们尚有许多新的经验教训，望写出电告，以资推广。

（三）国民党全军除后方部队外，分为徐州、沈阳、北平、汉口、西安、太原六个集团，以徐州、沈阳两个最大的集团为主干，沈阳集团业已被我解决，徐州集团如能被我大部解决，国民党即已失去主力。我全军九、十两月的胜利，特别是东北及济南的胜利，业已根本上改变了敌我形势。七月至现在四个多月的作战，共歼敌军近百万人。国民党全军（连近月补充者在内）现已不足三百万人，我军则已增至三百余万人。九月上旬（济南战役前）中央政治局会议[3]时所作的五年左右建军五百万，歼敌五百个正规师，根本上打倒国民党的估计及任务，因为九、十两月的伟大胜利，已经显得是落后了。这一任务的完成，大概只需再有一年左右的时间即可达到了。即是说，国民党已不可能再动员三百万人，我军已不需要再以三年时间（从今年七月算起）歼敌三百个正规师，才能达到根本上打倒国民党之目的。我军大约再以一年左右的时间，再歼其一百个师左右，即可能达成这一目的。但要全部解决国民党并占领全国，则尚须要更多的时间。我党我军仍须稳步前进，不骄不躁，以求全胜。我们的口号是："军队向前进，生产长一寸，加强纪律性，革命无不胜。"以上请向干部会上宣布。

毛 泽 东

戌真

根据手稿刊印。

注 释

〔1〕林罗刘，指林彪、罗荣桓、刘亚楼，当时分别任东北野战军司令员、政治委员和参谋长。谭，指谭政（一九〇七——一九八八），湖南湘乡人，当时任东北野战军政治部主任。

〔2〕指林彪、罗荣桓、刘亚楼、谭政一九四八年十一月八日关于九、十两月作战一般情况总结给毛泽东并东北局的电报。

〔3〕指一九四八年九月八日至十三日在河北建屏县（今属平山县）西柏坡召开的中共中央政治局扩大会议。

淮海战役的作战部署

（一九四八年十一月十四日）

刘陈邓[1]，并告粟陈张，韦吉，谭王[2]及华东局，中原局：

（一）粟元酉电[3]悉。

（二）目前数日内必须集中精力，彻底解决黄兵团[4]全部及宿蚌段上敌人。

（三）我们很担心寒、删两日[5]不能解决黄百韬，又担心阻击兵力不足或阻击不得力，邱李[6]能够靠拢黄匪。希望粟裕同志照元酉计划，集中力量首先解决黄匪二十五军、四十四军、一百军，留下黄之兵团部及六十四军，吸引邱李东进，然后以韦吉、谭王两集团向邱李东西合围，乘势猛击，歼其一部，构成徐州与邱李间之阻绝阵地。同时，士榘[7]指挥各部歼灭黄匪余部。只要此着成功，整个形势即有利于我。

（四）请刘陈邓集中全力于歼灭宿县之敌后迅速南进，歼灭现已进至固镇等地之刘汝明[8]六十八军及可能跟进之五十五军。此着胜利，则黄维兵团[9]处于孤立地位，较易对付。

（五）黄维兵团到阜阳后，因为黄百韬被歼及宿县、固镇之敌被歼蚌埠感受威胁之情况，估计蒋介石将令其先到蒙城或蚌埠集中，徐图向北推进。我们应即决定以中原一、二、三、四、六、九纵及豫皖苏地方兵团之全力，以徐蚌路为枢纽，对付黄维及南面可能增加之敌人。华野全部则对付陇海线上之敌人。

（六）在黄百韬全部被歼、邱李与徐州之联系已被确实切断、敌已无法打通之情况下，究竟先打邱李，后打徐州，还是先打徐州，后打邱李，值得考虑。但同时打两个敌人则不适宜。我们现在设想，在黄百韬被歼、邱李被围的情况下，估计蒋介石必令邱李迅速猛烈突围回徐州。因此，必须集中华野全力，首先完成对邱李之包围，其中主要是以最强大兵力隔断徐州与邱李之联系，在徐州与邱李之间构筑稳固的突不破的阻绝阵地，同时举行对邱李之猛击，歼灭其三分之一左右的兵力，使其无法动弹。然后再看形势，或者继续完成歼灭邱李再打徐州，或者先打徐州再灭邱李。为此目的，华野三纵似应加入韦吉集团，参加打邱李之任务，而中原四纵则应南下，参加现在打刘汝明、将来打黄维之任务。三纵究应如何行动，请刘、陈、邓决定令行。

（七）此战役为我南线空前大战役，时间可能要打两个月左右，伤员可能在十万以上，弹药、民工需要极巨，请华东局、中原局用全力组织支援工作。

军 委

十四日二十三时

根据毛泽东手稿刊印。

注　释

〔1〕刘陈邓，指刘伯承、陈毅、邓小平，当时分别任中原野战军司令员、第一副司令员和政治委员。

〔2〕粟陈张，指粟裕、陈士榘、张震，当时分别任华东野战军代司令员兼代政治委员、参谋长和副参谋长。韦吉，指韦国清、吉洛（即姬鹏飞），当时分别任华东野战军苏北兵团司令员和副政治委员。谭王，指谭震林、王建安，当时分别任华东野战军山东兵团政治委员和副司令员。

〔3〕指粟裕一九四八年十一月十三日酉时给刘伯承、陈毅、邓小平、陈赓并报中共中央军委等的电报。电报提出了包围国民党军黄百韬兵团，阻击并歼灭邱清泉、李弥兵团的具体作战部署。

〔4〕黄兵团，指黄百韬任司令官的国民党军第七兵团。

〔5〕寒、删两日，即十四日、十五日。

〔6〕指邱清泉、李弥分别任司令官的国民党军第二兵团和第十三兵团。

〔7〕士榘，即陈士榘。

〔8〕刘汝明，当时任国民党军第四绥靖区司令官。

〔9〕黄维兵团，指黄维任司令官的国民党军第十二兵团。

先以四个纵队夜行晓宿秘密入关

（一九四八年十一月二十日）

林罗刘〔1〕，并告程黄，杨罗耿〔2〕，东北局：

十九日十一时电〔3〕悉。

（一）包围唐山敌人的时机值得考虑，程黄可以准备在二十五日至二十七日之间包围唐山，切断唐敌退路，但实行须等候我们最后命令。

（二）应研究者，傅作义〔4〕的指挥能力较卫立煌〔5〕等人为强，程黄包围唐山过早，距离主力到唐山、平、津附近有两三星期之久，这个时间内蒋〔6〕、傅必有所动作。如果敌以中央系在北平附近各军，甚至加傅军一部或大部或全部进至津塘唐线，而以主力位于塘沽，则可以接出唐山之敌，并完成从海路撤退的准备，我军入关很难歼灭该敌。

（三）我们认为，应以锦州新民线上及营口地区之我军先行秘密开动，以四个纵队的兵力与程黄现有兵力同时隔断天津、北平间和唐山、塘沽间之联系，使北平、唐山两处之敌均不能到达津、沽。欲达此目的，就要推迟程黄包围唐山的行动，并先以四个纵队夜行晓宿秘密入关，执行隔断平、津的任务。而沈阳附近的兵力则宜推迟出发时间，因沈阳有敌电台，我一行动，敌必警觉。

（四）杨罗耿部两个纵队现在曲阳，可以出张家口附近与杨成武、詹大南〔7〕配合，执行包围张家口，阻止傅部西退的任务，亦可以执行切断平、津的任务。但该部六个旅共四万人左右，以之单独担负切断平、津实感力量不足，以之配合杨成武、詹大南包围张家口则较适合，该部如何使用，望林、罗、刘提出意见。由曲阳至平津线及至平张线各有若干里，需多少行军时间，望杨、罗、耿即告。

（五）为不使早日惊动傅军，我们已令聂、薄、滕〔8〕转令攻击保定之七纵停止攻击，改取包围监视方针。该城现只有一个由地方部队编成的师留守，其目的是钳制我军一部，使傅军执行撤退或固守计划有余裕时间（傅现正大批将地方兵力，例如王凤岗〔9〕等编入傅、蒋两系正规军内。王等不愿，正和我们接洽投诚）。

（六）傅、蒋在山海关的一个军尚未撤退，其目的是估计你们主力入关必走该地，让该部先挡一挡，争取主力逃跑或固守之余裕时间。因此你们主力入关应取四纵、十一纵所走道路，不要走山海关。

（七）部队行动须十分荫蔽，蒋、傅对我军积极性总是估计不足的，他们尚未料到你们主力会马上入关。因此除部队行动应十分荫蔽外，请东北局及林、罗、谭〔10〕令新华社及东北各广播台在今后两星期内，多发沈阳、新民、营口、锦州各地我主力部队庆功祝捷练兵开会的消息，以迷惑敌人。

（八）以上各项望复。

军　委

二十日二十四时

根据毛泽东手稿刊印。

注　　释

〔1〕林罗刘，指林彪、罗荣桓、刘亚楼，当时分别任东北野战军司令员、政治委员和参谋长。

〔2〕程黄，指程子华、黄志勇，当时分别任东北野战军第二兵团司令员和参谋长。杨罗耿，指杨得志、罗瑞卿、耿飚，当时分别任华北军区第二兵团司令员、政治委员和参谋长。

〔3〕指林彪、罗荣桓、刘亚楼一九四八年十一月十九日十一时给中共中央军委的电报。电报提出以程子华、黄志勇所属之四纵、十一纵及三个独立师、一个骑兵师于二十四日全力包围唐山的作战部署，向军委请示。

〔4〕傅作义，当时任国民党军华北“剿匪”总司令部总司令。

〔5〕卫立煌，原任国民党军东北“剿匪”总司令部总司令，后被软禁于南京。

〔6〕蒋，指蒋介石。

〔7〕指杨成武任司令员的华北军区第三兵团和詹大南任司令员的冀热察军区部队。

〔8〕聂、薄、滕，指聂荣臻、薄一波、滕代远，当时分别任华北军区司令员、政治委员和第二副司令员。

〔9〕王凤岗（一九一四——一九六六），河北新城（今高碑店市）人，当时任国民党河北省第十专署专员兼保安司令。

〔10〕林、罗，指林彪、罗荣桓。谭，指谭政，当时任东北野战军政治部主任。

必须准备连续作战
争取战役全胜[1]

（一九四八年十一月二十三日）

刘陈邓，粟陈张，谭王，韦吉[2]并转各纵委，并告华东局，中原局，豫皖苏分局，华中工委：

（一）庆祝你们歼灭黄百韬[3]兵团十个师的伟大胜利。

（二）从戌虞至戌养[4]十六天中，你们消灭了刘峙[5]系统正规军十八个整师（包括争取何张三个师起义[6]在内），并给邱清泉、李弥、孙元良、刘汝明四个兵团[7]以相当打击，占领徐州以南、以东、以北、以西广大地区，隔断徐蚌联系，使徐敌处于孤立地位，这是一个伟大胜利。在战役发起前，我们已估计到第一阶段可能消灭敌人十八个师，但对隔断徐蚌，使徐敌完全孤立这一点，那时我们尚不敢作这种估计。这种形势的造成，主观上是因为我华东、中原两大野战军会合并攻占宿县，客观上是敌人只有某种程度的防御能力（对于这一点决不可轻视），很少有攻击能力（对于这一点必须有充分认识）。

（三）敌八个兵团，一个起义（何张），一个被歼（黄百韬），四个受了相当打击，北面邱李孙、南面黄刘李[8]已被我分割为二，敌人士气将有进一步衰落。你们及各级干部必须认识这一伟大胜利的重大意义，并向战士进行教育，这是一方面。但是，同时必须认识敌人主力邱清泉、李弥、黄维三兵团及李延年兵团中的一个军（从葫芦岛调来的五十四军）在防守方面尚有相当顽强的战斗力。敌直接与你们作战的六十六个师（冯治安[9]四个、黄百韬十个、邱清泉十个、李弥七个、孙元良四个、黄维十一个、刘汝明六个、李延年九个、刘峙直辖五个）中，除被歼者外，尚有五十个师左右。这个敌人是可以消灭的。但是，必须准备给予全战役以三个月至五个月时间，必须准备以几个作战阶段（你们已完成了第一个作战阶段）去取得全战役胜利，必须准备全军部队及民伕一百三十万人左右三个月至五个月的粮食、草料、弹药，十万至二十万伤员的医治，必须争取全军各部队在全战役所需时间中有二分之一以上时间的休息整补，务使士气旺盛，精力饱满。对于兵员必须实行随战随补、随补随战的方针，对于人民必须实行耕战互助的方针。在战术方面，必须不是依靠急袭，而是依靠充分的侦察和技术准备（近迫作业、步炮协同等）去取得成功。必须对于我军及居民进行充分的政治工作，对于敌军进行猛烈的有实效的政治攻势，对于刘汝明等部则进行内部策反工作。只要你们注意了和完成了这些条件，你们就有可能取得这一具有全国意义的伟大战役的胜利。

（四）只在一种情况下，可能使你们离开现地区另寻作战机会，即南面黄维、刘汝明、李延年暂时停止不进，又未受到你们的严重歼灭打击，蒋介石为救出邱、李、孙各兵团重新部署江防保卫沪宁之目的，将桂系各军及平津蒋系各军调至蚌埠，向北打通徐蚌，接出徐敌。如果蒋介石这样做，他将丢掉平津，并使武汉及长江中游暴露于我军面前，对于国民党是很危险的。敌人是否这样做，时间上是否来得及，短时期内即可看清楚。对于我们，最有利的是以现态势各个歼灭当面之敌，我们应力争这一着。如果我们能在第二阶段中大量地歼灭南面敌人，即使敌人这样做，我们亦有可能实现原定计划。

（五）望华野、中野全军在刘、陈、邓、粟、谭五人总前委（邓为书记）〔10〕统一领导之下，争取新的大胜利。

军　委

戌梗

根据中央档案馆保存的原件刊印。

注　释

〔1〕这是毛泽东为中共中央军委起草的给中原野战军等的电报。

〔2〕刘陈邓，指刘伯承、陈毅、邓小平，当时分别任中原野战军司令员、第一副司令员和政治委员。粟陈张，指粟裕、陈士榘、张震，当时分别任华东野战军代司令员兼代政治委员、参谋长和副参谋长。谭王，指谭震林、王建安，当时分别任华东野战军副政治委员兼山东兵团政治委员和山东兵团副司令员。韦吉，指韦国清、吉洛（即姬鹏飞），当时分别任华东野战军苏北兵团司令员和副政治委员。

〔3〕黄百韬，原任国民党军第七兵团司令官，一九四八年十一月二十二日在碾庄附近战斗中毙命。

〔4〕戌虞至戌养，即十一月七日至十一月二十二日。

〔5〕刘峙，当时任国民党军徐州"剿匪"总司令部总司令。

〔6〕国民党军第三绥靖区副司令官何基沣、张克侠（均系中共地下党员）在淮海战役第一阶段，于一九四八年十一月八日率一个军部和三个师、一个团共二万余人，在徐州东北贾汪、台儿庄地区起义。

〔7〕指邱清泉、李弥、孙元良、刘汝明分别任司令官的国民党军第二兵团、第

十三兵团、第十六兵团和第八兵团。

〔8〕指黄维任司令官的国民党军第十二兵团、刘汝明任司令官的国民党军第八兵团和李延年（一九〇四——一九七四，山东广饶人）任司令官的国民党军第六兵团。

〔9〕冯治安，当时任国民党军第三绥靖区司令官。

〔10〕一九四八年十一月十六日，中共中央军委指示由刘伯承、陈毅、邓小平、粟裕、谭震林五人组成总前委，以邓小平为书记，在淮海战役期间统筹一切。

东北大军入关后的作战计划[1]

（一九四八年十一月二十六日）

林罗刘并告程黄，杨罗耿[2]：

（一）你们大军入关，敌情必有变化。作战计划部署必须适时决定。因此，希望你们数日内处理后方事务完毕，在主力到达冀东之前，你们乘车赶过部队先到冀东。此点甚为重要。

（二）截至现在止，平、津、张、唐之敌，尚是固守计划，没有撤退计划。但今后数星期变化如何，则难断定。

（四）作战计划：甲、已令杨成武[3]包围怀来及张家口之敌，并令杨罗耿由曲阳进至涿县、涞水以西，必要时加至平张线，拖住几部敌人。乙、你们主力的第一个作战应不是唐山，而是在平津线上之廊坊等地。该地有九十四军两个师，估计可能增加兵力，你们必须首先歼灭此敌，并且必须准备歼灭北平方面可能增援之敌。因傅、蒋[4]主力是在北平为中心的区域，计有十三军四个师、十六军三个师、九十四军一个师、三十五军三个师、三十一军一个师、暂三军三个师、暂四军三个师、暂五军一个师、新二军一个师及四个骑兵旅，分布于涿州、北平、通州、密云、张家口之线。你们必须准备和这些敌军之一部或大部增援兵力作战并歼灭之，方能达成切断平、津联系（一条铁路及一条公路）的任务。与此的同时，应以必须兵力包围唐山之敌（八十七军三个师），使其跑不掉。丙、在上述切断平津、包围唐山两个任务达成后，第二个作战任务还不是打唐山，而是歼灭天津、唐山间之六十二军三个师（芦台及天津以东之赤城滩）及独九十五师一个团（塘沽），假如该些敌人没有跑掉的话。丁、歼灭唐山之敌。戊、夺取天津（九十二军及独九十五师主力）。己、歼灭北平周围之敌。庚、夺取北平。以上是我们想到的作战计划大要，提供你们考虑，待你们到冀东后依据当前情况决定，交我们作最后批准。

（五）唐山是平津的煤源，在你们没有切断平、津以前去包围唐山，有调动北平敌人到津、唐作战或从海路陆路跑掉的危险。如你们同意这点，望电告程黄目前不要去包围唐山，但如唐山之敌有撤退的确实消息，则应迅速包围之。

（六）如果杨成武包围了张、宣〔5〕之敌，而怀来、北平之敌向张、宣增援时，则程黄从蓟县，杨罗耿从涿县附近，迅速西进切断平、张，协同杨成武歼灭该敌。

军　委

二十六日八时

根据毛泽东手稿刊印。

注　释

〔1〕这是毛泽东为中共中央军委起草的给东北野战军司令员林彪、政治委员罗荣桓和参谋长刘亚楼电报的节录。原电共六项，本篇略去第三项。

〔2〕程黄，指程子华、黄志勇，当时分别任东北野战军第二兵团司令员和参谋长。杨罗耿，指杨得志、罗瑞卿、耿飚，当时分别任华北军区第二兵团司令员、政治委员和参谋长。

〔**3**〕杨成武，当时任华北军区第三兵团司令员。

〔**4**〕傅，指傅作义，当时任国民党军华北“剿匪”总司令部总司令。蒋，指蒋介石。

〔**5**〕宣，指今河北宣化。

迅速抓住扭打平张线上之敌

（一九四八年十一月二十七日）

林罗刘，程黄，杨罗耿，杨李[1]，并告华北局：

为着在十二月全月份内吸引傅作义[2]部几个军于平张线上，并歼灭该线各军之一部或大部，借此使我林罗主力于十二月进至冀东以后顺利地切断平津、津唐诸线，歼灭数部敌人，打开主要地区的战局之目的，部署如下：

（一）以程、黄所率东北四纵、十一纵及一个骑兵师，杨、罗、耿所率华北第二兵团之三纵、四纵、八纵，杨、李所率华北第三兵团之一纵、二纵（两个旅）、六纵，再加詹大南[3]地方兵团组成平张战役之兵力，以上各部受程、黄统一指挥。

（二）杨、李率所部已于二十五日由绥[4]东地区东进，三十日左右集中于柴沟堡、怀安附近地区，然后以迅速动作抓住并包围柴沟堡、怀来或张家口、宣化诸点之敌一个军左右之兵力，并相机举行攻击，吸引东面敌人向西增援。

（三）杨、罗、耿率所部已于二十六日由石家庄以北曲阳地区出发，十二月一日集中于易县西北紫荆关地区荫蔽待命，然后准备以五日行程进至涿鹿地区相机作战。

（四）程、黄所部务于数日内在平谷地区集中，准备完毕，待杨李在柴、怀、张、宣地区抓住几部敌人之后，迅即超越密云、怀柔、顺义线上之敌,向延庆、怀来地区前进,相机作战。由平谷至怀来的里程、时间,望程、黄查告。

(五)敌现在兴和有一个骑兵旅,柴、怀有一个师两个骑兵旅,张家口有一个师及一〇五军军部及十一兵团孙兰峰[5]司令部,宣化有一个师,下花园有一个师,怀来、土木、沙城、南口有一〇四军三个师及十六军一个师,共八个步兵师、三个骑兵旅。估计在柴、怀、张、宣被围,你们各部前进后,十六军两个师,三十五军三个师,有极大可能增援上去。如此,你们须准备和十三个步兵师、三个骑兵旅作战。敌以火车、汽车运兵是很快的,你们的动作亦须注意迅速。

(六)只要你们在十二月份内能抓住扭打上述步、骑十六个师、旅于平张线上,并歼灭其一部,打得该敌不能动弹,不能西逃也不能东窜,那就是极大的战略上胜利。

(七)必须充分估计到在形势不利时,傅部直属各军可能西逃,那时你们就必须以前堵后追两项手段将其歼灭之。

(八)又必须估计在形势不利时,该线诸敌将夺路东窜,那时你们就必须以同样手段将其歼灭之。

(九)在你们部队中进行充分的歼灭傅部的动员工作。

(十)该线粮食较为困难,望令北岳、热察[6]两区用尽一切方法解决你们全军两个月的粮食需要。

(十一)在林、罗、刘入关以前,平绥线[7]作战受军委直接指挥;在林、罗、刘入关以后,即交与林、罗、刘指挥。

(十二)林、罗、刘对于程黄行动有何意见,即告。

军　委

二十七日二时

根据毛泽东手稿刊印。

注　　释

〔1〕林罗刘，指林彪、罗荣桓、刘亚楼，当时分别任东北野战军司令员、政治委员和参谋长。程黄，指程子华、黄志勇，当时分别任东北野战军第二兵团司令员和参谋长。杨罗耿，指杨得志、罗瑞卿、耿飚，当时分别任华北军区第二兵团司令员、政治委员和参谋长。杨李，指杨成武、李天焕，当时分别任华北军区第三兵团司令员和副政治委员兼政治部主任。

〔2〕傅作义，当时任国民党军华北“剿匪”总司令部总司令。

〔3〕詹大南，当时任冀热察军区司令员。

〔4〕绥，指绥远省，见本卷第82页注〔6〕。

〔5〕孙兰峰（一八九五——一九八七），山东滕县人。当时任国民党军第十一兵团司令官。

〔6〕热，指热河省，察，指察哈尔省，均见本卷第82页注〔8〕。

〔7〕平绥线，指北平（今北京）至绥远（今属内蒙古自治区）包头的铁路，即今京包线。

向国民党军黄维兵团的广播讲话[1]

（一九四八年十一月二十七日）

一

请宿县西南地区国民党军黄维兵团的将军们、军官们、士兵们注意！

人民解放军总部和你们讲话：

人民解放军现在已经把你们完全包围住了。你们已经走不出去了，你们的命运已经到了最后关头。为你们自己设想，为人民设想，你们应当赶快缴械投降。冯治安的四个师已经起义了[2]，黄百韬[3]的十个师已经消灭了，此外还有四个师被消灭了。蚌埠的李延年、刘汝明[4]已被我军阻隔，不能援助你们。徐州的邱清泉、李弥、孙元良[5]也被我军阻隔，不能援助你们。蒋介石、刘峙[6]是完全没有办法的。你们可知道，前些天，在碾庄被围的黄百韬兵团不是等着徐州的增援吗？蒋介石一天数令催迫邱清泉增援，结果走了十一天，只进三十几里路，眼看着黄百韬被消灭。你们现在的情形，比黄百韬更坏，你们离徐州更远，你们从南阳赶路到宿县附近的南平集走得太辛苦了，你们还能打下去吗？不如早些缴枪，少死些人，留着活命，替中国人民做点工作。人民解放军的宽大政策你们是知道的，无论是不是蒋介石的嫡系，只要放下武器，就给以宽大待遇，不论官兵，一律不杀不辱。你们的王耀武、范汉杰、郑洞国〔7〕及其他一切被俘将领，都在我们这里住得好好的。其中许多人已被放回去了。还有许多人我们准备放他们回家。你们都是中国人，何必替美国人打仗呢？中国人民反对蒋介石的内战、独裁、卖国，你们何必替蒋介石等少数反动派卖命呢？时机紧急，牺牲无益，你们应当立刻放下武器。南京政府已经摇摇欲倒，黄维兵团十一个师的将军们、军官们、士兵们，赶快掉转枪口，和我们一道打到南京去吧！

二

宿县南平集国民党军十二兵团司令官黄维将军及所属四个军军长、十一个师师长、各团营连排长及全体士兵们：

现在中国人民解放军中原野战军司令员刘伯承将军、华东野战军司令员陈毅将军向你们讲话。

国民党十二兵团司令官黄维将军及黄将军所属全兵团官长士兵们！我们和你们都是中国人。你我两军现在在打仗。我们包围了你们。你们如此大军，仅仅占住纵横十几个华里内的六七个小村庄，没有粮食，没有宿营地，怎么能够持久呢？不错，你们有许多飞机、坦克，我们在这里连一架飞机、一辆坦克也没有，南平集的天空是你们的，你们想借这些东西作掩护向东南方面突出去。但是你们突了两天，突破了我们的阵地没有呢？不行的，突不出去的。什么原因呢？打仗的胜败，不决定于武器，而决定于人心。我们的士兵都想打，你们的士兵都不想打，你们将军们知道吗？还是放下武器吧。放下武器的都有生路，一个不杀。愿留的当解放军，不愿留的回家去。不但对士兵、对下级官、对中级官是这样，对高级将领也是这样，对黄维也是这样。替国民党贪官污吏打仗有什么意思呢？你们流血流汗，他们升官发财。你们送命，他们享福。快快觉悟过来吧。放下武器，我们都是一家人。打内战，打共产党，杀人民，这个主意是蒋介石和国民党定下的，不是你们多数人愿意的，你们多数人是被迫打仗的。既然如此，还打什么呢？快快放下武器吧！过去几天，我们还只是布置包围阵地，把你们压缩在一片豆腐块内，还没有举行总攻击。假如你们不投降，我们就要举行总攻击了。我们希望黄维将军仿照长春郑洞国将军的榜样，为着爱惜兵士和干部的生命起见，下令投降。如果黄维将军愿意这样做，着即派遣代表出来和我们的代表谈判投降办法。你们保证有秩序地缴枪，不破坏武器和装备，我们保证你们一切人的生命安全和随身财物不受侵犯。何去何从，立即抉择。切切此告。

刘伯承　陈　毅

十一月二十七日

根据毛泽东手稿刊印。

注　释

〔1〕淮海战役第二阶段，国民党军黄维兵团被人民解放军包围在宿县西南的

狭小地带。陕北新华广播电台连续播出五篇讲话，劝该兵团投降。本篇一是毛泽东以中国人民解放军总部名义写的讲话稿。本篇二是毛泽东以中原野战军司令员刘伯承、华东野战军司令员陈毅名义写的讲话稿。

〔2〕冯治安，原任国民党军第三绥靖区司令官。一九四八年十一月八日，第三绥靖区副司令官何基沣、张克侠（都是中共地下党员）率一个军部和三个师、一个团共二万余人，在徐州东北贾汪、台儿庄地区起义，冯治安飞往南京。

〔3〕黄百韬，原任国民党军第七兵团司令官，一九四八年十一月二十二日在碾庄附近战斗中毙命。

〔4〕指李延年、刘汝明分别任司令官的国民党军第六兵团和第八兵团。

〔5〕指邱清泉、李弥、孙元良分别任司令官的国民党军第二兵团、第十三兵团和第十六兵团。

〔6〕刘峙，当时任国民党军徐州"剿匪"总司令部总司令。

〔7〕王耀武（一九〇三——一九六八），山东泰安人，原任国民党军第二绥靖区司令官，一九四八年九月在济南战役中被俘。范汉杰，原任国民党军东北"剿匪"总司令部副总司令，一九四八年十月在锦州战役中被俘。郑洞国（一九〇三——一九九一），湖南石门人，原任国民党军东北"剿匪"总司令部副总司令兼第一兵团司令官，一九四八年十月十九日率部在长春放下武器。

歼灭强敌必须用强攻方法

（一九四八年十二月四日）

刘陈邓[1]，并告粟陈张，谭王李，韦吉[2]：

江亥电[3]悉。

（一）黄维[4]实力被歼已近半数，据黄维自己表示，三十三个团中被歼已达十六个团，尚余十七个团。目前数日是过坳时机，只要你们再歼其三四个团，敌即处于数量上完全劣势地位，全歼该敌就较易了。

（二）打黄百韬[5]和打黄维两次经验均证明：对于战斗力顽强之敌，依靠急袭手段是不能歼灭的，必须采取割裂、侦察、近迫作业、集中兵力火力和步炮协同诸项手段，才能歼灭。

（三）对于歼灭邱李孙[6]之作战，目前最重要的是乘其运动之际，我各纵大胆插入敌人各军（共九个军）之间，务必不使敌人结成一团，然后各个歼灭之。其中对于十二军、四十一军、四十七军、七十二军等部，或者可以采用急袭方法解决；对于其他各军，则必须用强攻方法（即大分割、小分割、侦察、近迫作业、集中兵力火力、步炮协同等）方能解决。东北我军在辽西打廖兵团[7]之所以能迅速解决，是因为我各纵大胆插入敌各军之间，而敌又指挥错乱（先向西遇挫，又向东南遇挫，又向东北），故能迅速解决。华野此次对邱李孙亦可能遇到此种情形，假定如此，那就可能迅速解决。但你们主观上必须准备在迅速解决各战斗力不强之敌以后，用较长时间用强攻方法去解决之。

（四）李延年部〔8〕已渡淝河向包家集进，你们如何对付该敌，望刘陈邓电告。

军 委

四日十六时

根据毛泽东手稿刊印。

注 释

〔1〕刘陈邓，指刘伯承、陈毅、邓小平，当时任中原野战军司令员、第一副司令员和政治委员。

〔2〕粟陈张，指粟裕、陈士榘、张震，当时分别任华东野战军代司令员兼代政治委员、参谋长和副参谋长。谭王，指谭震林、王建安，当时分别任华东野战军山东兵团政治委员和副司令员。李，指李迎希（一九〇二——一九八一），河南商城人，当时任华东野战军山东兵团参谋长。韦吉，指韦国清、吉洛（即姬鹏飞），当时分别任华东野战军苏北兵团司令员和副政治委员。

〔3〕指刘伯承、陈毅、邓小平一九四八年十二月三日亥时给中共中央军委并邓子恢、李达的电报。电报报告了近日我军同国民党军黄维兵团的作战情况，提出："我们决定立即使用华野之七纵、十三纵（预备队）加入进攻，其战法仍采用碾庄经验，即有重点地多面攻击。因敌紧缩顽抗，尚须时日才能全歼该敌。"

〔4〕指黄维任司令官的国民党军第十二兵团。

〔5〕指黄百韬任司令官的国民党军第七兵团。

〔6〕指邱清泉、李弥、孙元良分别任司令官的国民党军第二兵团、第十三兵团和第十六兵团。

〔7〕廖兵团，指廖耀湘任司令官的原国民党军第九兵团。该兵团一九四八年十月二十六日被东北野战军包围于辽宁黑山、打虎山、新民地区，随后被全歼。

〔8〕李延年部，指李延年任司令官的国民党军第六兵团。

准备隔断平津，包围唐山，歼击芦台塘沽之敌

（一九四八年十二月八日）

林罗刘〔1〕：

七日二十一时半电〔2〕悉。

（一）张家口仍有敌四个步兵师、两个骑兵旅被我杨成武〔3〕包围。东逃之敌系三十五军军部及该军两个师，该敌乘汽车三百余辆，如无阻碍两天即可到北平。宣化有敌两个师，其中一个师属一〇一军，拟向张家口集中，昨（七）日被我杨成武部于张宣路上歼灭；另一个师属一〇四军，随三十五军东窜。怀来有一〇四军两个师，南口有十六军三个师。三十五军两个师及一〇四军一个师，六日下午为我杨罗耿〔4〕一个旅阻击于宣化、怀来之间，如杨罗耿主力昨（七）日能赶上包围该敌，则该敌跑不掉，且我杨罗耿部亦能独力歼灭该敌。否则，该敌将于昨日或今日会合怀来之敌逃至北平，程黄〔5〕到怀来后，亦将无事可做。

（二）你们想以第三、第五两纵去打十六军，在全盘计划上是不妥的。现傅作义〔6〕有十四个师、一个骑兵师集中北平、涿县、通县、顺义、南口区域（下花园、怀来之五个师未计在内），

你们的首要任务是不使这些敌人逃至天津，其方法是以四个纵队占领廊坊、香河之线，隔断平、津联系。只要此着成功，北平区敌人十四个师即无法逃脱。你们第二个任务是以一个纵队加上冀东地方兵团包围唐山敌人三个师，使这部分敌跑不掉。只要北平、唐山两区敌人跑不掉，天津、塘沽、芦台之敌（十个师）即少有单独逃跑的可能。你们第三个任务是以一个纵队隔断天津、塘沽间联系，以三个纵队攻歼塘沽、芦台线上之独九十五师、六十二军两个师（另一个在天津）及从秦皇岛撤回的八十六军三个师共六个师之敌。只要你们除程黄外手里有了九个纵队，即可同时实行上述三项任务。只要你们手里有六个纵队，即可实行隔断平、津及包围唐山两项任务（以四个纵队隔断平、津，以两个纵队包围唐山。这里说包围唐山要两个纵队，是说没有兵力去打塘沽、芦台之敌，故要两个纵队并加冀东地方兵团方能完成包围唐山之任务）。如果情况紧急，北平敌人有向天津撤退的确实征候（现在尚无此种征候），而你们后续兵力未能赶上，手里只有四个纵队时，那就只有首先使用于隔断平、津，使北平敌无法逃脱，以待后续兵力之到达。

（三）在平、津未隔断的条件下，如果你们除程黄外再使用两个纵队去打南口的十六军，并把十六军消灭了，那就有迫使北平之敌早日逃至天津、塘沽的危险。

（四）平、津之敌没有向西安、郑州、徐州逃跑的危险，因为我有徐周、彭张两军〔7〕可以阻止其向西安，有刘邓、陈粟两军〔8〕可以阻止其向郑州、徐州（我歼黄维、邱清泉、李弥、孙元良〔9〕等四个兵团三十四个师之作战可于十天内外解决，然后我军在陇海、淮河之间须有一时期休息）。

（五）平、津之敌没有向绥远〔10〕逃跑的危险，因为我有八个纵队在平绥路〔11〕。

（六）平、津之敌有向青岛逃跑的某种危险，因为我在天津、济南、青岛之间没有兵力。但此种危险不大，因为敌人由天津经济南到青岛，比较我军由徐州附近到青岛之路程要长些，我军可以由徐州到胶济线去截击它。

（七）敌人逃跑的主要危险是海路，但一则津、塘港口快要封冻，二则船只不足，三则傅作义此时尚无此种准备。他的方针现在还是固守平、津、唐。张垣〔12〕有敌二万余被围（围而不打），亦使傅作义难下弃之不顾、单独逃跑的决心。

（八）因此，你们仍应静候后续兵力到达，准备实行隔断平、津，包围唐山，歼击芦、塘之计划。

（九）如果我能包围下花园、怀来之敌，那就是最好的形势。

军　委

八日七时

根据毛泽东手稿刊印。

注　　释

〔1〕林罗刘，指林彪、罗荣桓、刘亚楼，当时分别任东北野战军司令员、政治委员和参谋长。

〔2〕指林彪、罗荣桓、刘亚楼一九四八年十二月七日二十一时三十分给中共中央军委的电报。电报说：为确保歼灭傅作义全部及南口之十六军，拟以先头部队之第三、第五两个纵队立即经平谷与顺义附近，以五六天行程插到南口附近，参加作战。届时如北平、张家口间战役结束，则我之先头两个纵队即转至北平、通县以

南，防止平敌南逃。我后到之各纵的行动，拟依尔后北平敌情决定。如平敌继续退天津，则我各先到纵队均插至北平东南堵击敌人。如届时已判明敌守北平，则以我后到部队包围唐山和切断平津联系。

〔3〕杨成武，当时任华北军区第三兵团司令员。

〔4〕指杨得志、罗瑞卿、耿飚分别任司令员、政治委员和参谋长的华北军区第二兵团。

〔5〕指程子华、黄志勇分别任司令员和参谋长的东北野战军第二兵团。

〔6〕傅作义，当时任国民党军华北“剿匪”总司令部总司令。

〔7〕徐周军，指徐向前任司令员兼政治委员、周士第任副司令员兼副政治委员的华北军区第一兵团。彭张军，指彭德怀任司令员兼政治委员、张宗逊任副司令员的西北野战军。

〔8〕刘邓军，指刘伯承任司令员、邓小平任政治委员的中原野战军。陈粟军，指陈毅任司令员兼政治委员、粟裕任代司令员兼代政治委员的华东野战军。

〔9〕黄维、邱清泉、李弥、孙元良，当时分别任国民党军第十二兵团、第二兵团、第十三兵团和第十六兵团司令官。

〔10〕绥远，即绥远省。见本卷第82页注〔6〕。

〔11〕平绥路，指北平（今北京）至绥远（今属内蒙古自治区）包头的铁路，即今京包铁路。

〔12〕张垣，即今张家口市。

迅速构筑阻击阵地
务使各敌不能逃脱

（一九四八年十二月十日）

林罗刘，程黄，杨罗耿，杨李〔1〕，并告聂薄滕〔2〕：

（一）程、黄十日十四时十五分电〔3〕悉。敌一〇四军既已退回怀来，你们两个军全部用于南口、怀来间阻援及打援是完全正确的。

（二）我杨李兵团（一纵）数日前曾于张垣〔4〕、宣化间歼敌一个师大部并占领宣化，昨（九）日又英勇击退张垣敌主力多次突击，确保自己包围阵地（二纵）。我杨罗耿兵团昨（九）日英勇击退新保安敌三十五军、怀来敌一〇四军的两面夹击，完成了对三十五军的确实包围。我程黄兵团前曾攻占密云（十一纵），九、十两日又歼十六军军部及该军一〇九师又二十二师一个团（四纵），并控制怀来、南口间铁路线，完成了对一〇四军的包围。凡此均堪庆贺，应予嘉奖。

（三）至此，傅〔5〕部本身主力三十五军、一〇四军、一〇五军各全部及两个骑兵旅，已被我军分别包围于张家口、新保安、怀来三处，又将九十四军、九十二军从天津吸引至南口及北平，使天津、塘沽、唐山仅各有一个军（塘沽尚有一个独立师),对于大局极为有利。

(四)被围各敌必多方企图突围,望你们严令各部迅速完成一切必要的阻击阵地,务使各敌不能逃脱。

(五)我华东、中原两大野战军协力进行的淮海战役,第一阶段完成歼敌十八个师任务之后,紧接着进行第二阶段,于徐州、宿县、砀山、永城、蒙城之间,包围敌黄维、邱清泉、李弥、孙元良〔6〕等四个兵团三十四个师,大约再有若干天即可解决该敌。如果我东北全军协同华北主力,能够于不久时间内,抓住并歼灭平、津、张、唐一线傅、蒋〔7〕北线全军步骑四十四个师旅,不使逃脱,则将使全国革命过程大为缩短。

军　委

灰亥

(此电望通告各纵)

根据毛泽东手稿刊印。

注　　释

〔1〕林罗刘,指林彪、罗荣桓、刘亚楼,当时分别任东北野战军司令员、政治委员和参谋长。程黄,指程子华、黄志勇,当时分别任东北野战军第二兵团司令员和参谋长。杨罗耿,指杨得志、罗瑞卿、耿飚,当时分别任华北军区第二兵团司令员、政治委员和参谋长。杨李,指杨成武、李天焕,当时分别任华北军区第三兵团司令员和副政治委员兼政治部主任。

〔2〕聂薄滕,指聂荣臻、薄一波、滕代远,当时分别任华北军区司令员、政治委员和第二副司令员。

〔3〕指程子华、黄志勇一九四八年十二月十日十四时十五分给中共中央军委及林彪、罗荣桓、刘亚楼等的电报。电报说:敌一〇四军东撤,十六军军部及一〇九师、二十二师六十六团被歼。在此情况下,杨得志、罗瑞卿、耿飚的兵力可包围住新

保安之敌。东路可能来更多援敌，首先打通南口、怀来联系，因此已令十一纵及詹大南、苏启胜部就地停止集结，准备参加康庄附近之打援战斗，其三十二师已向八达岭开进。

〔4〕张垣，即今张家口市。

〔5〕傅，指傅作义，当时任国民党军华北"剿匪"总司令部总司令。

〔6〕黄维、邱清泉、李弥、孙元良，当时分别任国民党军第十二兵团、第二兵团、第十三兵团和第十六兵团司令官。

〔7〕蒋，指蒋介石。

对今后作战方针的意见

（一九四八年十二月十二日）

刘、陈、邓、粟、谭[1]：

（一）黄维兵团[2]歼灭后，请伯承同志来中央商谈战略方针。估计黄维数日内可全歼，邱、李[3]则尚须较多时间才能全歼。黄维歼灭后，请刘、陈、邓、粟、谭五同志开一次总前委会议，商好在邱、李歼灭后的休整计划、下一步作战计划及将来渡江作战计划，以总前委意见带来中央。如粟、谭不能分身到总前委开会，则请伯承至粟、谭指挥所，与粟、谭见一面，了解华野情况，征询粟、谭意见，即来中央。我们希望伯承能于亥哿至亥有[4]间到达中央会谈。

（二）我们对今后作战方针大致意见如下：甲、在全歼黄、邱、李诸敌后，华野、中野两军休整两个月（分为四期，每半月为一期），并大致准备好渡江作战所需诸件（雨衣、货币、炮弹、治疗药品、汽船等）及初步完成政治动员。乙、在江淮间现有诸敌未退至江南的条件下，两军协力以一个月至两个月时间举行江淮战役[5]，歼灭江淮间诸敌，占领长江以北、淮河以南、平汉以东、大海以西诸城镇，主要是安庆至南通一带诸城镇，控制长江北岸。丙、然后再以相当时间，最后地完成渡江的诸项准备工作，即举行渡江作战。其时间大约在明年五月或六月。丁、华野、中野两军协力经营东南，包括皖南、苏南、浙江福建两全省、江西一部，并夺取芜湖、杭州、镇江、苏州、南京、上海、福州诸城而控制之。戊、东北我军协同华北主力，于明年一、二两月完成夺取平、津、张、唐任务，三、四两月休整，五月沿平汉南下，六、七两月执行江汉战役〔6〕，并完成渡江准备工作，八月渡江。第一步经营湖北南部、湖南全省及江西一部，包括夺取武汉、岳州〔7〕、长沙、常德、宝庆、衡州〔8〕、郴州、九江、南昌、吉安、赣州在内；第二步夺取两广。己、华北主力协同东北我军夺取平、津、张、唐后，如那时太原尚未攻下，则协力夺取太原，然后以杨罗及杨成武两部〔9〕夺取绥远〔10〕、宁夏，与彭贺〔11〕会合。徐周兵团〔12〕则早日与彭贺会合，先肃清兰州、潼关线上及其以南以北诸敌，并夺取潼关、西安、天水、汉中诸城，然后入川。庚、争取于明年秋季至迟冬季修好津浦、平汉、陇海三路，以津浦供应你们，以平汉供应林罗〔13〕，以陇海供应彭贺。辛、上述计划是就现时敌我形势及将来敌方可能部署为基础来考虑的。在你们当面之敌及平津之敌被歼后，估计敌方部署将以较多的兵力位于江南，以第二部兵力位于湘、鄂、赣，以第三部兵力位于川、陕。壬、上述计划是从军事上、政治上和经济上的许多考虑出发，采取稳扎稳打方针，和我们过去与陈、邓、粟三同志所谈者有些不同，请你们于伯承动身前加以考虑。

(三)此电只发刘、陈、邓，请小平负责于粟、谭至你处开会时，给粟、谭二人一阅，阅后焚毁，保守机密。

中央军委

亥文

根据毛泽东手稿刊印。

注　释

〔1〕刘、陈、邓、粟、谭，指刘伯承、陈毅、邓小平、粟裕、谭震林，当时分别任中原野战军司令员、第一副司令员、政治委员和华东野战军代司令员兼代政治委员、副政治委员。他们五人组成总前委，统筹淮海战役一切事宜。

〔2〕黄维兵团，指黄维任司令官的国民党军第十二兵团。

〔3〕邱、李，指邱清泉、李弥，当时分别任国民党军第二兵团和第十三兵团司令官。

〔4〕亥哿至亥有，即十二月二十日至十二月二十五日。

〔5〕江淮战役于一九四九年一月十六日至二十四日举行。这次战役歼灭了残留在淮河以南长江以北地区并向江南撤退的敌人，解放了江淮间广大地区。

〔6〕江汉战役，因辽沈、淮海、平津三大战役和渡江作战的胜利，江汉（汉水）地域之敌害怕被歼，纷纷向长江以南撤退，故计划中的此次战役实际上没有进行。

〔7〕岳州，即湖南岳阳。

〔8〕宝庆、衡州，即湖南邵阳和衡阳。

〔9〕指杨得志、罗瑞卿分别任司令员和政治委员的华北军区第二兵团，杨成武任司令员的华北军区第三兵团。

〔10〕绥远，即绥远省。见本卷第82页注〔6〕。

〔11〕指彭德怀任司令员兼政治委员的西北野战军和贺龙任司令员的陕甘宁晋绥联防军区部队。

〔12〕徐周兵团，指徐向前任司令员兼政治委员、周士第任副司令员兼副政治委员的华北军区第一兵团。

〔13〕指林彪、罗荣桓分别任司令员和政治委员的东北野战军。

充分注意保护北平工业及重要文化古迹

（一九四八年十二月十七日）

林罗刘〔1〕，并告程黄〔2〕：

（一）丰台、门头沟、石景山、长辛店系重要工业区，我五纵、十一纵正在此区作战，望令他们充分注意保护工业。其办法是一切原封不动，用原来的工人、职员、厂长、经理办事，我军只派员监督，派兵保护。

（二）沙河、清河、海淀、西山系重要文化古迹区，对一切原来管理人员亦是原封不动，我军只派兵保护，派人联系。尤其注意与清华、燕京等大学教职员、学生联系，和他们共同商量如何在作战时减少损失。

（三）十一纵既在石景山作战，并尚须协同五纵在丰台一带作战，似暂时难于去南口、沙河一带接替四纵任务。因此，四纵可留一个师在南口、沙河一带，纵队部率主力去张家口即很够用。该纵出发时间请林、罗、刘规定，大约一星期内外到达张家口即可。

军　委

十七日十八时

根据毛泽东手稿刊印。

注释

〔1〕林罗刘，指林彪、罗荣桓、刘亚楼，当时分别任东北野战军司令员、政治委员和参谋长。

〔2〕程黄，指程子华、黄志勇，当时分别任东北野战军第二兵团司令员和参谋长。

目前形势和党在一九四九年的任务[1]

（一九四九年一月八日）

甲、目前的形势：

（一）军事方面，一年计划，半年超过[2]。一九四八年七月至十二月歼敌正规军一百四十八个师，内有一百一十一个整师。平津、淮海、太原、大同诸役结束时，又将歼敌六十几个整师。上述已歼及将歼两项共计二百一十个师以上，内有一百七十三个师以上是属于整师。一九四九年春季以后，国民党就只剩下一百六十几个师了，其中大部分是新编成的，或者是被歼后补充起来的，或者是战斗力不强的，只有一小部分具有较强的战斗力，例如桂系和马家[3]。一九四九年国民党可能动员五十万人左右，除补充已有各师外，将编成若干新师，但是毫无战斗力。在平津、淮海、太原、大同诸役以后，可不可以说国民党政权已经在基本上被我们打倒了呢？就其军事主力已经被歼灭这一点来说，是可以这样说的。但是在南京、武汉、西安等处还有几个大仗要打。在打了这几个大仗以后，那末，不但就军事上来说，而且就政治上和经济上来说，国民党政权是被我们基本地打倒了。基本地打倒了国民党，不等于全部地打倒了国民党，中国尚有许多敌军待我们去歼灭，尚有许多地区待我们去占领和去工作。轻敌的观念无论何时是不应该有的，我们决不要使胜利冲昏自己的头脑。

（二）中国阶级力量的对比已经起了根本的变化。广大人民群众是大群大群地脱离国民党的影响和控制而站到我们方面来。自由资产阶级〔4〕向我们找出路，跟国民党走的很少了。各民主党派和人民团体的代表们已经或正在成批地来到解放区。整个国民党在长江以北的战略上的战线已经崩溃，国民党在其统治区域内是处在极大的混乱和崩溃的状态中。我们已经完全有把握地在全国范围内战胜国民党。一九四九年和一九五〇年将是中国革命在全国范围内胜利的两年。我们必须将革命进行到底，而不容许半途而废。我们必须在党内，在人民解放军内，在人民群众中，有说服力地进行教育工作，在各民主党派各人民团体的代表人物中进行解释工作，使大家懂得必须将革命进行到底，而不容许半途而废的理由。国民党的所谓和平谈判〔5〕的阴谋必须继续地给以揭露和打击。

（三）到南方去作战的有利条件是：国民党军队已经没有主力了，我们则有强大的军队；国民党的威信已经丧失，特别是在南京和武汉被我们夺取以后，它将更加威信扫地，我党则有极大的威信；南方是曾经经过了一九二四年至一九二七年的革命和一九二七年以后数年的土地革命的区域，现在已经有了许多游击部队和游击区。这些都是有利条件。到南方去作战的不利条件是：最广大区域是在国民党统治之下的，我党在那里的组织还不强大，那里的群众还没有发动。在这种条件下，军队的给养在头一个时期内将遇到许多困难；大城市夺取容易，但掌握它则将较掌握北方诸城要困难得多。这些都是不利条件。以上有利的和不利的条件我们均必须看到，并且必须明白地讲给准备到南方去的全体干部和战士们听，使他们有充分的精神准备，好好地利用有利条件去克服不利条件，争取全国的胜利。

（四）我们从来就是将美国直接出兵占领中国沿海若干城市并和我们作战这样一种可能性，计算在我们的作战计划之内的。这一种计算现在仍然不要放弃，以免在事变万一到来时，我们处于手足无措的境地。但是，中国人民革命力量愈强大，愈坚决，美国进行直接的军事干涉的可能性也就将愈减少，并且连同用财政及武器援助国民党这件事也就可能要减少。一年以来，特别是最近三个月以来，美国政府的态度的摇摆不定和某些变化，证明了这一点。在中国人民中和我们党内存在着的对于美国帝国主义力量的过分估计的错误观点，必须继续地加以指明和克服。

（五）美帝国主义的对华政策，已由单纯地支持国民党武装反共，转变为两面性的政策。这即是：一方面，支持国民党残余军事力量及地方军阀，继续地抵抗人民解放军；另一方面，则派遣其走狗混入革命阵营，组织所谓反对派从内部来破坏革命。在人民解放军接近于全国胜利时，甚至不惜用承认人民共和国的方法，以求取得合法地位，实施这一“内部破坏”的政策。对于这一帝国主义的阴谋计划，我们必须提高警惕性，并坚决地将其击破。〔6〕

（六）全党大多数干部，在过去几年，特别是在一九四八年，有系统地学会了在农村工作中，在城市工作中和在军事工作中的各项具体的政策和策略，有系统地纠正了右的和“左”的偏向。许多同志在过去长时期内没有学会的东西，一个年头内都学会了。这样，就使党的总路线〔7〕在全党内能够贯彻执行。这是一个最伟大和最根本的胜利。这是我党政治成熟程度的极大的增长。这样一件事就指明：我党在不要很久的时期内是能够有把握地取得全国政权的。为了保证胜利，一九四九年还要进行普遍的和深入的政策教育工作。说是“学会了”，并不等于不要再学了，我们还要学习很多的东西。说是“偏向已经纠正了”，并不等于说党内已经没有任何偏向，或者将来也不会再发生偏向。现在党内还是存在着某些偏向，将来也还是会发生偏向的，我们还是必须随时地注意纠正党内的偏向。

乙、党在一九四九年的任务：

（一）一九四九年夏、秋、冬三季，我们应当争取占领湘、鄂、赣、苏、皖、浙、闽、陕、甘等九省的大部，其中有些省则是全部。

（二）一九四九年夏、秋、冬三季需要随军使用的五万三千个干部，必须及时地征调和训练好。

（三）一九四九年必须使各野战军进一步地正规化，这主要地是加强炮兵和工兵，使用铁路、公路和水路的近代运输工具，加强军队的组织性和纪律性，坚决地克服现在还是相当严重地存在于军队中的某些无纪律的状态，并加强司令部的工作。

（四）一九四九年及一九五〇年我们应当争取组成一支能够使用的空军及一支保卫沿海沿江的海军，这种可能性是存在的。

（五）一九四九年必须使全区的农业生产和工业生产比较一九四八年确实地提高一步。我们区域的主要的铁路和公路均应修复和使用。我们区域的经济工作和财政工作，应在可能和必需的基础之上更具计划性和统一性，以免浪费人力物力，障碍生产的提高和对前线的支援工作。

（六）一九四九年必须使人民解放军的后方勤务工作的组织性和效率在可能和必需的基础上加强起来，以便有效地支援人民解放军向南方各省的大进军。这些工作，包括军火工业的适当的生产计划，军火以外各项军需工业的调整或建立，军械制度的确立，各种供给标准的统一规定，卫生和通讯器材的统一分配，运输和仓库的前后分工以及后方勤务组织与系统的确定等项。

（七）一九四九年必须使人民解放军的政治工作，在军委政治部领导下，做出关于"新式整军运动"、"党委制"、"革命军人委员会"、"连队支部工作"等项的总结，并制成条例或章程，以便普及全军，成为定制。

（八）一九四九年在各主要解放区内的土地改革工作和整党工作，必须是围绕着生产运动，利用群众的闲暇时间，一部分一部分地去解决那些为数不多的尚未完成的分配土地或调剂土地的工作和整党的工作。在各主要解放区内建立各级人民代表会议，并选举各级人民政府委员会。在各主要解放区内健全党委制，召开党的各级代表大会及代表会议。在中原解放区是实行减租减息、发动群众的工作。在长江以南诸省，在三年至五年内，不是分配土地的问题，而是减租减息、发动群众的问题，必须在减租减息、发动群众以后方能谈得上分配土地。

（九）一九四九年的干部教育计划，即在干部训练学校中及在在职干部中进行学习马恩列斯的理论及中国革命各项具体政策的计划，必须适合目前革命形势和革命任务的需要。

（十）一九四九年的国民教育计划（大学教育，各种专科教育，中学教育，小学教育和成人补习教育）必须适合当前革命形势和革命任务的需要。通讯社和报纸的工作亦是如此。文学和艺术工作亦是如此。

（十一）一九四九年的职工会工作、青年团工作和妇女工作，均应比一九四八年有更好的成绩。一九四九年的上半年应当完成全国青年代表大会和妇女代表大会的工作。

（十二）一九四九年必须召集没有反动派代表参加的以完成中国人民革命任务为目标的各民主党派各人民团体的政治协商会议，宣告中华人民民主共和国的成立，组成共和国的中央政府，并通过共同纲领。

（十三）平津、淮海、太原、大同诸役以后，几个大的野战军必须休整至少两个月，完成渡江南进的诸项准备工作。然后，有步骤地稳健地向南方进军。

（十四）关于在全党全军各级领导机关内，开展反对某些严重地存在着的无纪律无政府状态的斗争，必须按照中央规定，于一九四九年三月底以前办理完毕。军队团委以上地方县委以上关于此事的决议，必须于四月份交来中央。有特殊原因要求推迟者，亦须于四月办理完毕，五月交来中央。

（十五）在一切新占领区域必须谨慎地发展党的组织。对于上层知识分子入党尤须采取严格地审查的方针，在大城市内尤其要注意这一点，宁少勿滥。

（十六）在一切解放区必须加强保卫工作，坚决地和一切暗藏的或公开的反革命分子作斗争。

（十七）北平解放后，必须召集第七届第二次中央全体会议。这个会议的任务是：1. 分析目前形势和规定党的任务；2. 通过准备提交政治协商会议的共同纲领的草案；3. 通过组成中央政府的主要成分的草案；4. 批准军事计划；5. 决定经济建设方针〔8〕；6. 决定外交政策；7. 其他事项。

根据中央档案馆保存的原件刊印。

注　释

〔1〕这是毛泽东为一九四九年一月六日至八日召开的中共中央政治局会议起草的决议，一月八日由会议通过。一月六日和八日毛泽东曾在会议上两次发表讲话，讲话的主要内容已包括在这个决议中。

〔2〕一九四八年九月七日毛泽东在为中共中央军委起草的给林彪、罗荣桓、刘亚楼的电报中提出："我们准备五年左右（从一九四六年七月算起）根本上打倒国民党，这是具有可能性的。只要我们每年歼灭国民党正规军一百个旅左右，五年歼敌五百个旅左右，就能达到此项目的。过去两年我军共歼敌正规军一百九十一个旅，平均每年九十五个半旅，每月八个旅弱。今后三年要求我军歼敌正规军三百个旅以上。今年七月至明年六月，我们希望能歼敌正规军一百十五个旅左右。"后来因为军事形势发展迅速，一九四八年七月至一九四九年六月的一年歼敌计划到一九四八年十二月只半年即已完成并超过，达到歼敌正规军一百四十八个师。

〔3〕马家，指国民党军青海马步芳部和宁夏马鸿逵部。

〔4〕这里说的自由资产阶级是指民族资产阶级。

〔5〕指一九四九年一月一日蒋介石提出的愿意和中国共产党进行和平谈判的建议。他的目的是为了取得喘息时间，以保存国民党的残余力量。

〔6〕毛泽东在一九四九年一月六日会议上的讲话讲到这个问题时说：我们不

要忙于求得帝国主义国家的承认。我们是反帝。将来我们要做生意，才发生承认与否的问题。我们也不忙承认他们，只是保护侨民，忙的是同苏联及民主国家建立外交关系。

〔7〕指一九四八年四月一日毛泽东《在晋绥干部会议上的讲话》中提出的："无产阶级领导的，人民大众的，反对帝国主义、封建主义和官僚资本主义的革命，这就是中国的新民主主义的革命，这就是中国共产党在当前历史阶段的总路线和总政策。"

〔8〕毛泽东在一月六日会议上的讲话讲到这项任务时说：经济建设方针，去年九月会议讨论了一下，基本方针是决定了的。经济成分包括国营、合作社、国家资本主义（公私合营、租借）、私人资本、个体。东北有个文件，基本是对的，与九月会议讨论的精神相符。一方面，决不可以认为新民主主义经济不是计划的和向社会主义发展的，而完全是资本主义世界。我们赞成孙中山国民党第一次全国代表大会的规定。国营经济在东北占全部经济的47%，在全国是否平均占10%，没有统计。这样的情况，会长期存在，要在国营经济领导下，好好掌握，使它向社会主义经济发展，防止右倾。另一方面，我们必须谨慎，不要急于追求社会主义化。前年十二月二十五日我说过，不怕资本主义发展，它的这个积极性我们要利用。要容许自由贸易，但国民经济由我们操纵。合作社必须发展，少奇同志对这个问题很有研究。但合作社不可能很快发展，大概要准备十几年工夫，文化落后，你就没有会计呀，要长期地稳健地进行。凡有害的，加以限制；凡无害的，加以利用。如果希望搞社会主义，太快了，会翻筋斗。东北和关内的情况也有不同，东北和波兰情况差不多，但也要谨慎。毛泽东在一月八日会议上的讲话中又指出：中共二十八年，再加二十九年、三十年两年，完成全国革命任务，这是铲地基，花了三十年。但是起房子，这个任务要几十年工夫。

给宋庆龄的两封信

（一九四九年一月十九日、六月十九日）

一

庆龄先生：

中国革命胜利的形势已使反动派濒临死亡的末日，沪上环境如何，至所系念。新的政治协商会议将在华北召开，中国人民革命历尽艰辛，中山先生遗志迄今始告实现，至祈先生命驾北来，参加此一人民历史伟大的事业，并对于如何建设新中国予以指导。至于如何由沪北上，已告梦醒〔1〕与汉年、仲华〔2〕切商，总期以安全为第一。谨电致意，伫盼回音。

毛　泽　东
周　恩　来
子皓

根据中央档案馆保存的原件刊印。

二

庆龄先生：

重庆违教，忽近四年。仰望之诚，与日俱积。兹者全国革命胜利在即，建设大计，亟待商筹，特派邓颖超[3]同志趋前致候，专诚欢迎先生北上。敬希命驾莅平，以便就近请教，至祈勿却为盼！专此。敬颂

大安！

毛　泽　东

一九四九年六月十九日

根据手稿刊印。

注　　释

〔1〕梦醒，即廖梦醒（一九〇四——一九八八），广东惠阳人。当时是宋庆龄的秘书。

〔2〕汉年，即潘汉年，当时是中国共产党派往上海、香港开展统一战线工作的负责人。仲华，即金仲华（一九〇七——一九六八），浙江桐乡人，当时在上海做统战工作。

〔3〕邓颖超，当时任中共中央候补委员、中华全国民主妇女联合会副主席。

热烈祝贺淮海战役胜利结束[1]

（一九四九年一月二十日）

刘伯承、陈毅、邓小平、饶漱石、张云逸、粟裕、谭震林、陈赓[2]诸同志，华东人民解放军和中原人民解放军的全体同志们：

淮海战役自去年十一月六日开始，至今年一月十日已完全胜利结束。在这六十五天作战中，你们消灭了国民党反动政府在南线的主力黄百韬兵团[3]全部五个军十个师，黄维兵团[4]全部四个军十一个师（内有一个师起义），杜聿明所率邱清泉、李弥、孙元良三个兵团[5]全部十二个军三十一个师（内有一个骑兵旅），冯治安[6]部两个军四个师（内有三个半师起义），刘汝明[7]部一个师，孙良诚[8]部一个军两个师，宿县、灵璧守军各一个师，以上共正规军二十四个军六十一个师，加上其他部队，共消灭敌军兵力五十三万余人。你们生俘了战争罪犯国民党徐州“剿匪”总司令部副总司令杜聿明，国民党第十二兵团司令黄维及国民党军其他高级将领多名，击毙了国民党第七兵团司令黄百韬。你们击退了李延年[9]、刘汝明两兵团的增援，迫使他们向沿江一线逃窜，从而使淮河以北地区完全解放，使淮南一带地区亦大部入我掌握。你们在淮海战役中获得如此伟大的胜利，与东北人民解放军在锦州、长春、辽西、沈阳诸役中的伟大胜利一样，证明人民解放军的战斗力已经无比地强大，因此我军能在一个战役中同时包围敌人的几个兵团，连续消灭敌人六十一个整师（内有四个半师起义）。淮海战役既然消灭了南线国民党军的主力，这就奠定了你们渡江南进夺取国民党匪巢南京，并解放江南各省的巩固的基础。

中国共产党中央委员会特向我参加此次伟大战役的一切指挥员、战斗员、前后方服务的工作人员、游击部队、民兵等全体人员致以热烈的祝贺和慰问。同时告诉你们：敌人的主力虽已消灭，敌人的残部尚图抵抗，南京伪政府尚在布置所谓“京沪决战”。南京伪政府发动反革命战争，残杀数百万人民，在所谓“剿匪”“戡乱”的伪令之下，压迫工、农、兵、学、商各界人民，无所不用其极。凡此种种，南京伪政府今已自食其果，主力被歼，众叛亲离，伪政府统治已至不能维持的境地。在此种形势下，南京伪政府乃由战争罪犯蒋介石、孙科〔10〕等出面，一面提出虚伪的反动的和平条件，一面布置所谓“京沪决战”，企图阻止人民解放军渡江，保存匪帮残余力量，取得美帝国主义援助，休养生息，然后向人民解放军发动进攻，消灭人民解放军。此种阴谋诡计，现已完全暴露。现在全国人民对于南京伪政府业已完全丧失信任，伪政府已无继续存在之余地。伪府诸酋，虽欲恋栈，已不可能。为使全国人民早日获得和平，中国共产党中央委员会业已向南京伪政府提出八个真正的民主的和平条件，等候南京伪政府答复。如果他们同意这些条件，你们即应和平地开入南京，代表中国人民接收南京伪政府的一切权力，听候即将成立的民主联合政府处理。如果他们不同意这些条件，那就证明他们的所谓和平建议不过是一个骗局，你们即应命令南京伪政府投降。如果他们又不愿意投降，你们即应歼灭之。在等候南京伪政府答复我们的和平建议的期间内，你们的攻击暂以长江北岸为范围，准备渡江，但是不要立即渡江，以便给南京伪政府人员一个考虑和战的机会。

在这里有一件事要告诉你们：不论和战，战争罪犯是必须拘捕的。我们的八个和平条件的第一个，就是惩办战争罪犯。现在南京城内尚有头等战争罪犯蒋介石、李宗仁、孙科、何应钦、吴铁城、王世杰、戴传贤、张群、陈果夫、陈立夫、翁文灏、王云五、张厉生、朱家骅、顾祝同、刘峙、余汉谋、周至柔、王叔铭、桂永清、汤恩伯、陶希圣及其他罪大恶极的帮凶们，例如胡适、郑介民、叶秀峰等人，企图继续作恶。你们现在就应侦察他们的动向，以便你们在不论是和平开进或者战斗解决时，能够不失时机，一律拘捕，交给人民法庭判罪。一切在逃之战争罪犯，即使逃到天涯地角，亦须穷追务获，归案法办，决不宽恕。而对于其他在伪党伪政府系统内服务之绝对大多数人员（占百分之九十以上）则应采取宽大政策，免予追究，并可分别优劣，量材录用，转为人民政府服务。对于那些过去犯有罪咎，现已彻底悔悟，愿从伪方自拔来归，或愿于伪方不愿和平解决时里应外合协助我军攻城歼敌者，应即准予将功折罪，并得依其情况酌予奖励。总之，你们应按照人民解放军总部早已宣布的首恶者必办、胁从者不问、立功者受奖三项原则，妥为办理，不纵不滥，以竟全功。

现在长江以南一带地方处于水深火热之中的工、农、兵、学、商各界广大人民群众，盼望你们前去，帮助他们获得解放，十分迫切，你们的责任还很重大。希望你们团结一致，继续努力，为完成解放南京及江南一带地方的伟大任务而奋斗！

中国共产党中央委员会

一九四九年一月二十日

根据中央档案馆保存的原件刊印。

注　释

〔1〕这个电报大部分是毛泽东加写和改写的。

〔2〕刘伯承，当时任中原野战军司令员。陈毅，当时任中原野战军第一副司令员、华东野战军司令员兼政治委员。邓小平，当时任中原野战军政治委员。饶漱石，当时任华东军区政治委员。张云逸（一八九三——一九七四），广东文昌（今属海南省）人，当时任华东军区副司令员。粟裕，当时任华东野战军代司令员兼代政治委员。谭震林，当时任华东野战军副政治委员。陈赓，当时任中原野战军第四纵队司令员。

〔3〕指黄百韬任司令官的国民党军第七兵团。

〔4〕指黄维任司令官的国民党军第十二兵团。

〔5〕指邱清泉、李弥、孙元良分别任司令官的国民党军第二兵团、第十三兵团和第十六兵团。

〔6〕冯治安，原任国民党军第三绥靖区司令官。

〔7〕刘汝明，当时任国民党军第八兵团司令官。

〔8〕孙良诚，原任国民党军第一绥靖区副司令官兼第一〇七军军长。

〔9〕李延年，当时任国民党军第六兵团司令官。

〔10〕孙科（一八九一——一九七三），广东香山（今中山市）人。当时任国民党政府行政院院长。

中共发言人就和平谈判问题发表谈话[1]

（一九四九年一月二十五日）

〔新华社二十五日陕北电〕据南京国民党反动政府的中央通讯社二十二日报道，这个反动政府的行政院已于二十二日推翻了它自己在十九日所作若不先行停战便不愿意进行谈判的那个荒谬决议，而重新决定派遣五个代表向中国共产党进行谈判。这五个代表是邵力子、张治中、黄绍竑、彭昭贤、钟天心[2]。中共发言人称：我们愿意在一月十四日毛泽东主席对时局声明的基础之上和南京反动政府谈判和平解决的问题。南京反动政府应负发动反革命内战的全部责任，全国人民对于这个政府早已完全丧失信任，这个政府早已没有代表中国人民的资格。有资格代表中国人民的政府，只能是由即将召开的没有反动分子参加的新的政治协商会议所产生的民主联合政府。因此，我们允许南京反动政府派出代表和我们进行谈判，不是承认这个政府还有代表中国人民的资格，而是因为这个政府手里还有一部分反动的残余军事力量。如果这个政府感于自己已经完全丧失人民的信任，感于它手里的残余反动军事力量已经无法抵抗强大的人民解放军，而愿意接受中共的八个和平条件[3]的话，那末，用谈判的方法去解决问题，使人民少受痛苦，当然是比较好的和有利于人民解放事业的。最近北平问题的和平解决，就是一个实例。但是，南京反动政府是否愿意接受中共所提出的反映全国人民公意的八个条件，现在谁也不知道。现在所知道的，就是在南京反动政府方面放出了许多虚伪的装腔作势的和平空气，企图欺骗人民，以达其保存反动势力，获得喘息机会，然后卷土重来，扑灭革命力量之目的。全国人民应有清醒的头脑，决不可被那些伪善的空谈所迷惑。谈判的地点，要待北平完全解放后才能确定，大约将在北平。彭昭贤是主战最力的国民党CC派[4]的主要干部之一，人们认为是一个战争罪犯，中共方面不能接待这样的代表。关于战争罪犯名单问题，中共发言人称，我们尚未发表全部战争罪犯名单，去年十二月二十五日新华社发表的仅仅是第一批名单，发动内战残杀人民的国民党反动派中的主要负责人员决不止四十三个。

根据中央档案馆保存的原件刊印。

注　释

〔1〕这是毛泽东为新华社起草的新闻稿。在一九四九年一月二十六日《人民日报》发表。

〔2〕邵力子（一八八二——一九六七），浙江绍兴人，当时是国民党政府政策咨询委员会委员。张治中（一八九〇——一九六九），安徽巢县人，当时任国民党军西北军政长官公署长官兼新疆省政府主席。黄绍竑（一八九五——一九六六），广西容县人，当时任国民党政府立法委员。彭昭贤（一八九七——？），山东牟平人，曾任国民党政府内政部部长。钟天心（一九〇二——一九八七），广东长乐（今五华）

人，当时任国民党政府水利部部长。

〔3〕一九四九年一月十四日，中共中央主席毛泽东发表《关于时局的声明》，针对蒋介石在新年文告中的所谓“和谈”建议，提出八项和谈条件，即：惩办战争罪犯；废除伪宪法；废除伪法统；依据民主原则改编一切反动军队；没收官僚资本；改革土地制度；废除卖国条约；召开没有反动分子参加的政治协商会议，成立民主联合政府，接收南京国民党反动政府及其所属各级政府的一切权力。

〔4〕CC 派，指国民党内以陈果夫、陈立夫为首的拥蒋集团。

不要在约法八章等之外再发任何口号

（一九四九年一月二十六日）

林罗谭[1]，并告北平市委、天津市委并转所属，并告各中央局、分局、前委：

新华社东北前线分社转来东野[2]政治部所拟口号十六条收到阅悉。我军入北平，只宣传约法八章[3]及毛主席一月十四日声明[4]，不要再发出任何口号。不论军队或党、政，都应如此。你们所拟十六条口号中有些已包括在约法八章内，例如“没收官僚资本”，而约法八章内很多重要内容十六条口号中又未提到，故很不完全，使人怀疑这些重要内容似乎不重要了。“实行土地改革”一条，实行于大城市附近的种菜地有很多不适宜的地方，乡村中的土地改革办法，决不能施行于大城市附近。“消灭封建势力”一条宣传出去，必致惊动许多老官僚、老军阀及大批藏在北平的土豪劣绅，以为就要动他们了，他们将大起恐慌，埋藏财物，对于我们将来逐步地用征税方法或其他适当方法去吸收他们适当分量的财富归公的政策，会要发生困难。目前时期，在大城市中，对于这类封建财富，以保存不动为有利。“把革命进行到底”、“打到南京去，消灭国民党反动派”两条口号，只应在军队中做实际教育，而不要当作标语写在北平、天津这样的大城市里，也不要当作单纯的口号登在大城市报纸的广告上，也不要在我军尚未实行打南京时在平、津这类大城市的市民会议上去叫出来。这样去写、去登、去叫这两个口号，就显得很不策略，因为我党正在根据毛主席一月十四日声明准备和南京的代表开谈判，借以击破美帝及国民党的和平攻势，并争取仿照和平解决北平问题的榜样去和平地解决南京等处的问题（假如有此可能的话）。其他几条口号，或则空洞无大意义（例如建设新北平），或则已包括在我党一月十四日声明中（例如召开新政协）。因此，你们只要将林、罗约法八章及毛主席一月十四日声明各点去做宣传就够了，不要另外提出一批口号。此外，在平、津这类大城市的墙壁上写大字标语是否适宜，亦值得考虑。我们觉得，以张贴一月十四日声明及约法八章的印刷品为适宜。

总之，在大城市工作的作风，决不能搬用在乡村工作的作风。在大城市，凡事均须从新仔细考虑，一举一动都要合乎城市的情况。凡属处理较重要的新事件，均须事前向上级请示，以免犯了错误，收不回来，影响很坏。务望注意。

中　央

子宥

根据毛泽东手稿刊印。

注　释

〔1〕林罗谭，指林彪、罗荣桓、谭政，当时分别任东北野战军司令员、政治委员

和政治部主任。

〔2〕东野，即东北野战军。

〔3〕指一九四八年十二月二十二日中共中央以林彪、罗荣桓名义发布的《中国人民解放军平津前线司令部布告》中宣布的“约法八章”。其要点是：(一)保护各城市全体人民的生命财产；(二)保护民族工商业；(三)没收官僚资本；(四)保护学校、医院、文化教育机关、体育场所及其他一切公共建筑；(五)除首要的战争罪犯及罪大恶极的反革命分子外，凡属国民党省、市、县各级政府机关的官员、警察人员、区镇乡保甲人员，凡不持枪抵抗、不阴谋破坏者，本军一律不加俘虏和逮捕，凡有一技之长而无反动行为或严重劣迹者，民主政府准予分别录用；(六)一切散兵游勇均应向当地本军部队及警备司令部或公安局投诚报到；(七)保护外国侨民生命财产的安全；(八)无论在本军进城以前和进城以后，城内一切市民及各界人士，均须共同负责，维持全城秩序，免遭破坏。

〔4〕指一九四九年一月十四日中共中央主席毛泽东发表的《关于时局的声明》(《毛泽东选集》第四卷，人民出版社1991年版，第1386—1389页)。

北平问题和平解决的基本原因[1]

（一九四九年二月一日）

南京国民党反动政府，对于北平的和平解决采取什么态度，是值得注意的。国民党中央社于一月二十二日发表傅作义[2]将军的文告，该文告称北平的和平解决，是为了“迅速缩短战争，获致人民公议的和平，保全工业商业基础与文物古迹，使国家元气不再受损伤，以期促成全国彻底和平之早日实现”。一月二十七日中央社又发表南京政府国防部的文告称：“华北方面，为了缩短战争，获致和平，借以保全北平故都基础与文物古迹，傅总司令作义曾于二十二日发表文告，宣布自二十二日上午十时起休战。平市国军大部当即遵从总部指示，先后撤离市区，开入指定地点。共军已有少部开进市区。绥远[3]、大同两地亦将实施休战。”

战败了，一切希望都没有了，比较好的一条出路，是军队离城改编，让人民解放军和人民政府和平地接收城防和市政，这是北平问题和平解决的基本原因。为什么天津不肯这样做呢？难道天津的“工业商业基础与文物古迹”不应当保全吗？难道天津的“国家元气”应当受损伤吗？为什么一月二十二日应当“促成全国彻底和平之早日实现”，而在一月十三日就不应当，而令天津的和平解决不能实现呢？基本的原因是傅作义将军还想打一打。天津打败了，二十九个钟头内十几万人解除武装，陈长捷、林伟俦、杜建时〔4〕等一齐被俘，北平孤立了，毫无希望了，决心走第二条路，和平解决北平问题的可能性从此产生。人民解放军十五日攻克天津，十六日林彪、罗荣桓、聂荣臻〔5〕三位将军即和傅作义将军的代表邓宝珊〔6〕将军、周北峰〔7〕将军成立了和平解决北平问题的基本协议，往后数日又成立了细节方面的许多协议。周北峰将军是在一月八日由张东荪〔8〕教授引导出城和林彪将军等谈过一次的，这回出城是第二次。和平地解决北平问题的基本原因是人民解放军的强大与胜利，难道还不明显吗？

北平人民，包括劳动人民、资产阶级及绅士们在内，一齐渴望和平解决，又是一个原因。一月十九日北平人民的十一个代表出城和人民解放军公开接洽，他们听了人民解放军方面的宽大处理政策，甚为满意。人民解放军第四十一军军部招待了代表们，举行了畅谈和欢宴。代表们中的一个是前北平市长何思源，他是过去山东国民党省政府的主席，坚决反对过人民解放军，当北平市长时也是坚决压迫人民的，他是国民党系北方派的干员之一。不管他过去做得怎么坏，这一次总算做对了。又一个代表是吕复，他是国民党法统内的立法委员。又一个代表是北平古物保管机关的康同璧女士。其余是官办的民众团体的代表。他们就是二十二日傅作义将军文告中所说“获致人民公议的和平”那一句话中所谓“人民公议”的表现。不管这一切，他们总算是代表了真正的民意，这和过去大半个月内国民党 CC 系〔9〕在南方各省策动官方的参议会、商会、工会等起劲地叫嚣的所谓“和平攻势”，是截然不同的，人们切不可将这二者混为一谈。最近南京、上海、武汉开始酝酿的局部和平运动，也是资产阶级及绅士们策动的，应属于何思源、吕复、康同璧这一类，因而被CC系死硬派战争罪犯潘公展[10]所反对。

北平和平解决的又一个原因，是近二十万的国民党军队除少数几个死硬分子外，从兵士们到将军们，一概不愿打了。天津失守后的傅作义将军代表了这种情绪，下了出城改编的决心。不管傅作义过去如何反动透顶，华北人民如何恨之入骨，这件事总算是做得对的。只要他以后向有利于人民事业的方面走，愿意向人民低头，在军队改编问题上予以协助，不起阻碍作用，而不再企图高踞在人民头上压迫人民，人民解放军就有理由向人民说明，赦免他的战犯罪，并给他以新的出路。

南京政府为什么也同意这样干呢？这是全国革命高潮和国民党大崩溃的表现。他们不得不同意，就像他们不得不同意以共产党的八个和平条件[11]为谈判基础一样。在全国人民的逼迫下，他们孤立了，他们的二十万军队已经这样做了，他们无法不同意。这一同意是有巨大意义的，全国的问题就有合法（合国民党之法）理由遵循北平的道路去解决，他们丝毫也没有理由反对别地这样做了。尽管以蒋介石为首的国民党死硬派还在准备"抵抗到底"，但是他们将被完全地彻底地孤立起来，他们的反动政策会被人民的革命浪潮迅速地打得粉碎。

根据毛泽东手稿刊印。

注　　释

〔1〕这是毛泽东为新华社写的述评。在一九四九年二月三日《人民日报》发表。

〔2〕傅作义，原任国民党军华北“剿匪”总司令部总司令，一九四九年一月二十一日与人民解放军达成《关于和平解决北平问题的协议》后，率二十余万守军撤出北平市区接受改编。一月三十一日，北平和平解放。

〔3〕绥远，即绥远省，见本卷第82页注〔6〕。

〔4〕陈长捷（一九〇五——一九八〇），福建闽侯人，原任国民党军津塘防区副司令兼天津警备区司令部司令官。林伟俦，一九〇四年生，广东台南人，原任国民党军天津警备区司令部副司令官兼第六十二军军长。杜建时（一九〇六——一九八九），天津杨村人，原任国民党政府天津市市长。

〔5〕林彪、罗荣桓、聂荣臻，当时分别任东北野战军司令员、政治委员和华北军区司令员。

〔6〕邓宝珊（一八九四——一九六八），甘肃天水人。原任国民党军华北“剿匪”总司令部副总司令，当时为傅作义的和平谈判代表。

〔7〕周北峰（一九〇三——一九八九），山西永济人。原任国民党军华北“剿匪”总司令部土地处处长，当时为傅作义的和平谈判代表。

〔8〕张东荪（一八八六——一九七三），浙江杭州人。当时是中国民主同盟北平分部负责人、燕京大学教授。

〔9〕CC系，指国民党内以陈果夫、陈立夫为首的拥蒋集团。

〔10〕潘公展（一八九五——一九七五），浙江吴兴人。当时任国民党上海市参议会议长。

〔11〕指中共中央主席毛泽东一九四九年一月十四日在《关于时局的声明》中提出的与国民党进行和平谈判的八项条件，见本卷第245页注〔3〕。

复李济深等五十六人电[1]

（一九四九年二月二日）

李济深、沈钧儒、马叙伦、郭沫若、谭平山、彭泽民、章伯钧、李锡九、蔡廷锴、周建人、符定一、章乃器、李德全、胡愈之、沙千里、茅盾、朱学范、陈其尤、黄振声、朱蕴山、邓初民、翦伯赞、王绍鏊、吴晗、许广平、楚图南、丘哲、韩兆鹗、许宝驹、田汉、洪深、侯外庐、沈兹九、宦乡、杨刚、曹孟君、李文宜、罗叔章、刘清扬、张曼筠、施复亮、孙起孟、严信民、李民欣、梅龚彬、沈志远、周颖、安娥、吴茂荪、何惧、林一元、赖亚力、孔德沚、袁震、沈强、王蕴如诸先生共鉴：

二月一日来电读悉，极感盛意。中华民族与中国人民的解放斗争，百余年来，前仆后继。无数先烈的鲜血，洒遍了锦绣山河；亿兆后起的人民，表现了英雄气概。此次人民解放战争之所以胜利，是由于全国人民不畏强御，团结奋斗，各民主党派各人民团体一致奋起，相与协力，从而使人民解放军获得各方面的援助，使人民的敌人完全陷于孤立，胜负之数，因以判明。现在残敌尚存，诡谋时作。求喘息谓为求和平，待外援名曰待谈判。口诵八条[2]，手庇战犯，眼望美国，脚向广州。欲求人民解放斗争获得最后胜利，必须全国一切民主力量同德同心，再接再厉，为真正民主的和平而奋斗。诸先生长期为民主事业而努力，现在到达解放区，必能使建设新中国的共同事业获得迅速的成功。特电布复，敬表欢迎。

毛 泽 东
朱 德
二月二日

根据毛泽东修改件刊印。

注 释

〔1〕李济深、沈钧儒、马叙伦、郭沫若等五十六人，是当时已到达解放区的各民主党派、各人民团体、文化艺术界、新闻界、社会科学界以及其他方面有影响的爱国民主人士。他们在一九四九年二月一日联名致电毛泽东、朱德等，庆祝人民解放战争的伟大胜利。

〔2〕八条，指中共中央主席毛泽东一九四九年一月十四日在《关于时局的声明》中提出的同国民党政府进行和平谈判的八项条件。当时国民党政府已口头表示接受这八条作为谈判的基础。见本卷第245页注〔3〕。

对部队进行地理常识教育极为重要

（一九四九年二月十日）

林罗，刘陈邓，粟谭，彭张赵，徐周〔1〕：

据杨罗耿潘丑鱼电〔2〕称，华北第二兵团一九三师干部学习感到重要，读文件已深入一步，普遍感到越学越有好货。特别是在此次时局与任务传达后，情绪很高涨，都说好像打了清血针。同时，并发现干部水平很低，营连干部中有人认为共产主义社会全国人都成共产党员，过了长江还过黄河，故今后对地理与名词常识的教育很重要等语。关于地理常识的教育极为重要。请你们考虑，是否可以制印长江以南及西北、西南的简明地图一张，图上有大的河流、山脉，有省界，有大城市及中等城市的名称。在省名及大城市名的旁边注明该省该市的人口总数。在各野战军自己担任占领和工作的区域内，标注重要县镇的名称。图幅不要太大，以纵横一公尺左右为适宜。除发给营部以上各级机关每处一张外，如能每个连队有一张，使一切识字的连排长及战士都能阅看，则极为有益。我们认为，此种地图常识的教育，将使指战员们增加勇气和对于任务的明确性。望酌量办理为要。

军　委

丑灰

根据毛泽东手稿刊印。

注　释

〔1〕林罗，指林彪、罗荣桓，当时分别任东北野战军司令员和政治委员。刘陈邓，指刘伯承、陈毅、邓小平，当时分别任第二野战军司令员、第三野战军司令员兼政治委员和第二野战军政治委员。粟谭，指粟裕、谭震林，当时分别任第三野战军副司令员兼第二副政治委员（代理第三野战军司令员兼政治委员）和第一副政治委员。彭，指彭德怀，当时任第一野战军司令员兼政治委员。张，指张宗逊，当时任第一野战军副司令员。赵，指赵寿山（一八九四——一九六五），陕西户县人，当时任第一野战军副司令员。徐，指徐向前，当时任华北军区副司令员、第十八兵团司令员兼政治委员。周，指周士第（一九〇〇——一九七九），广东乐会（今海南省琼海）人，当时任第十八兵团副司令员兼副政治委员。

〔2〕指第十九兵团（原华北第二兵团）司令员杨得志、政治委员罗瑞卿、参谋长耿飚和政治部主任潘自力一九四九年二月六日反映部队学习情况的电报。

把南北通船通航通邮诸事当作一件大事去做

（一九四九年二月十五日）

彭叶[1]，并告总前委、天津市委、华北局，并发各局、各前委：

丑文[2]电悉。

为了（一）恢复南北商业联系，发展生产；（二）使南方各大城市资产阶级了解我党政策措施，便利我们在占领南方各大城市时孤立国民党，顺利地接收管理和发展各大城市的生产；（三）使轮船、飞机、邮政、电报从国民党手中转入我们手中等项目的，我们对于不论何种轮船业，民航公司（中航、央航[3]），都应当允许其先在平、津、秦皇岛恢复通航。北平电讯局未停，天津电讯局亦应准备恢复通电。平、津与南方邮务、交通亦应恢复。银行、钱庄、邮局及商家的汇兑，亦应恢复。在通船、通航、通邮、通电、通汇之后，我们的检查不可过严。对付特务，主要应从群众工作和内线工作方面去取得成绩，而不要从限制交通、通讯方面去求成绩。京、沪、汉等地的国民党必然会利用我们恢复交通、通讯派遣一些特务来平、津，并互相联络。但平、津方面增加了一些特务，京、沪、汉方面即减少了一些特务，特务总数并不因此增加。而京、沪、汉诸地几个月之后即是属于我们的。因此，你们对于南北通船、通航、通邮、通电、通汇诸事，应当看作一件大事去做，而不应当采取消极态度。此次南京代表团回去对我影响极好。现在上海代表团又来了，将来武汉、长沙亦可能派代表团来。这些代表团都是资产阶级及绅士们的代表，其中有些是国民党人。他们处在国民党灭亡在即、我军即将占领全国的形势下，不得不向我们找出路。这是有利于我们发展的现象，故应好好地应付这些代表团。并由总前委及董薄〔4〕、彭叶共同负责研讨并提出对于南北通船、通航、通邮、通电、通汇诸事的具体办法报告我们批准，以便与上海代表及魏文瀚、金山〔5〕等解决问题。

中　央

删亥

根据毛泽东手稿刊印。

注　释

〔1〕彭，指彭真，一九〇二年生，山西曲沃人，当时任中共北平市委书记。叶，指叶剑英，当时任北平市市长。

〔2〕丑文，即二月十二日。

〔3〕中航、央航，即国民党政府的两个民用航空公司：中国航空公司、中央航空公司。

〔4〕董，指董必武（一八八六——一九七五），湖北黄安（今红安）人，当时任华北人民政府主席。薄，指薄一波，当时任华北人民政府副主席。

〔5〕魏文瀚（一八九六——？），天津市人，当时任上海市轮船业同业公会理事长，被推为赴北平参加南北通航谈判的代表。金山（一九一一——一九八二），湖南沅陵人，当时是清华电影公司经理，受中共中央委派参加南北通航谈判工作。

在中共七届二中全会上的总结[1]

（一九四九年三月十三日）

马克思主义的普遍真理与中国革命的具体实践的统一

马克思主义的普遍真理与中国革命的具体实践的统一，应该这样提法，这样提法较好。而不应该像王明[2]同志的提法，说毛泽东思想“是马列主义在殖民地半殖民地的具体运用和发展”，这种提法不妥当。因为照王明的提法，则有点划分“市场”的味道。世界上殖民地半殖民地的范围很宽，一划分开，就似乎是说，斯大林只管那些工业发展的地方，而殖民地半殖民地就归我们管，那岂不就把马克思主义的“市场”分割了吗？而且，我们说殖民地半殖民地归我们，可是有那么一个国家，提出不买你的货，而要直接到莫斯科去买货，这又怎么办呢？另外，如果是真理，那它就有点普遍性，就不能不超过一定的范围。比如，拿日本来说，按照王明的提法，它现在算归我们，将来美帝国主义撤走以后，它又该归斯大林管了，这岂不是笑话？当然，我们不要忙于想宽了，先把中国自己的事情做好。如果有可以运用到其他国家的经验，自然会有人运用的。所以，不要做这种定义。斯大林做列宁主义的定义〔3〕，是在对第二国际机会主义和季诺维也夫〔4〕等的斗争中产生的。那时候在俄国，有马克思、列宁的影响，还有季诺维也夫及第二国际机会主义的影响，所以要那样提。马、恩、列、斯在中国的威信很高，中国不发生这种问题。

为什么不应当将中国共产党人和马、恩、列、斯并列呢？我们要普遍宣传马克思主义，同时不反对也不应当反对宣传中国的东西。但我们比较缺乏的是马、恩、列、斯的理论，我们党的理论水平低，虽然也翻译了很多书，可是实际上没有对马、恩、列、斯著作做很好的宣传。所以现在应当在全中国全世界很好地宣传马、恩、列、斯关于唯物主义、关于党和国家的学说，宣传他们的政治经济学等等，而不要把毛与马、恩、列、斯并列起来。我们说，我们这一套是一个国家的经验，这样说法就很好，就比较好些。如果并列起来一提，就似乎我们自己有了一切，似乎主人就是我，而请马、恩、列、斯来做陪客。我们请他们来不是做陪客的，而是做先生的，我们做学生。对科学的东西不能调皮，不能比国家的大小，不能因为保加利亚小，苏联也只有两万万人口，而我们国家大，一下就搞了四万万多人口，就应该占先。在这里，数量不等于质量。如果硬要比较，那末马克思的祖国，那里今天还没有革命，那又应当怎么看呢？

有人说，斯大林的思想之称为学说，不称主义，是斯大林的谦虚。我看不是的，不能解释为谦虚，而是因为苏联已经有了一个列宁主义，而斯大林的思想是合乎这一主义的，并且把它贯彻到实际政策中去了。不然，有一个列宁主义，再有一个斯大林主义，那就有了两个主义。同样，中国革命的思想、路线、政策等，如再搞一个主义，那末世界上就有了几个主义，这对革命不利，我们还是作为马克思列宁主义的分店好。

关于十二本干部必读的书[5]，过去我们读书没有一定的范围，翻译了很多书，也都发了，现在积二十多年之经验，深知要读这十二本书，规定在三年之内看一遍到两遍。对宣传马克思主义，提高我们的马克思主义水平，应当有共同的认识，而我们许多高级干部在这个问题上至今还没有共同的认识。如果在今后三年之内，有三万人读完这十二本书，有三千人读通这十二本书，那就很好。

关于十月革命和中国革命的关系

关于俄国十月革命和中国革命的关系，十月革命是无产阶级革命时代人类第一个最伟大的胜利，第二次世界大战打倒德、意、日帝国主义是第二个最伟大的胜利，中国革命是第三个最伟大的胜利。历史的次序也是如此排列的。不能设想，没有十月革命和第二次世界大战反法西斯的胜利而有中国革命的胜利。如果没有十月革命，中国革命的胜利是不可能的。在帝国主义制度存在的时代，没有国际援助，任何国家的革命都不可能取得胜利。直到苏联实行第三个五年计划的时候，斯大林还是这样谈问题，因为苏联在国内虽然胜利了，但国外来的干涉问题并未消除，现在仍然如此。估计形势，是我们必胜，社会主义必胜，这是整个的趋势和可能性。但要等到最后取胜了才算胜利，中国革命也是一样。而且胜利之后的巩固，没有外国无产阶级的援助，也是不行的。如果认为没有国际无产阶级的援助也可以胜利，那是不正确的，违背马列主义的。我们不能设想，没有苏联，没有欧洲的和美国的工人运动吸引美帝国主义的力量在西方，我们中国革命也能胜利。我说，东方的空气比较稀薄，而西方的气压很重，我们就在东方冲破帝国主义力量比较薄弱的这一环。中国革命胜利以后的巩固也是一样，帝国主义是要消灭我们的，没有各国无产阶级，首先是苏联的援助，巩固是不可能的。自然，我们受人帮助，也要时刻准备帮助别人。这就是国际主义。中苏关系是密切的兄弟关系，我们和苏联应该站在一条战线上，是盟友，只要一有机会就要公开发表文告说明这一点。现在对非党人士也要说明这一点，也要做这种宣传。

应当宣传中国革命胜利的伟大意义，要在全国人民中、在全党中广泛宣传。但同时我们不应当骄傲，从将来建设新中国来说，道路还是很长的，而革命战争的胜利仅是很短的历程，还只是事情的开始。

“毕其功于一役”

“毕其功于一役”，我是在流血的革命这一点上说的，就是说流血的革命只有这一次，将来由新民主主义革命转变到社会主义革命那一次就不用流血了，而可能和平解决。但这只是可能，将来是否不流血，还要看我们工作的努力情况。如果国家，主要的就是人民解放军和我们的党腐化下去，无产阶级不能掌握住这个国家政权，那还是有问题的。至于说“政治上、经济上都毕其功于一役”，那是不能这样说的，王明同志这样说，那就错了。

如何帮助王明同志改正错误？

如何帮助王明同志改正错误？许多同志都讲了，王明同志的发言很不好。他昨天后半段的发言，比较有些进步。问题是他现在失掉了主动性，是被动的，其原因在于他没有自我批评，不愿意承认错误及其错误的基本点。他的“主动性”还停留在四中全会〔6〕及十二月会议〔7〕上，而那些是错误的，已经受到了批判，那是一条完整的错误路线，“左”的右的都有。在中国产生这样一条错误路线，恐怕是不可避免的，这是社会现象在党内的反映。

至于王明是否有个人野心，这一点他是不承认的，我认为也没有十分必要一定要他承认。但他承认了个人主义，这就是说不以人民利益为第一，而以个人利益为第一了。其实，个人而成了主义，这也就很可观了。个人野心，他觉得不好承认，实际上内战时期及抗战时期两次错误路线的总司令是他，虽然他并没有总书记、总司令的称号，名称只是什么委员等等，但那是没有关系的。实质是他企图按照他的面貌来改造党，这在内战时期表现为小资产阶级的形态，在抗战时期表现为资产阶级的形态。这种现象，在世界上别的国家也发生过。这不是个人问题，而是社会上一部分人有这种思想，王明是他们在党内的代表人物。内战时期的错误路线，讲完全一点是王明、博古〔8〕路线，简单一点称王明路线也可以。抗战时期的错误路线，总司令就是王明，是他单人独枪担当的。立三路线的总司令是李立三〔9〕，而不是向忠发〔10〕，虽然向忠发是总书记。实际情况就是如此。

王明路线在内战时期是“左”，在抗战时期是右，但它的阵容起了一些变化。王稼祥、洛甫〔11〕在遵义会议就已觉悟了，六中全会后博古等也觉悟了，经过整风和路线学习，这些同志更觉悟了，而王明仍未觉悟。七大时，王明写过声明书，但两个月后他说那是被迫写的，想不承认。直到这次发言，他还未觉悟。他昨天发言的后半段说了些老实话，我们欢迎他这一点进步，看他以后怎样做。

党内曾经有些人想按照他们的口味来改造党，但没有达到目的；可是，要是他们达到了目的，那就坏了。这个问题的性质是社会上的阶级斗争在党内的反映。整风运动提高了同志们的嗅觉，缩小了教条主义的市场。有人说，这是阴谋，是要取而代之。其实，这不是阴谋，而是阳谋，也是要取而代之。王明对党内“左”、“中”、“右”一齐打，打了“左”派（反立三路线）打“中”派（反周恩来、瞿秋白〔12〕的“调和路线”〔13〕），打了“中”派打“右”派，把老人打得差不多了。许多人讲篡党、篡军、篡政，是确有其事的，是从四中全会开始的，不是从五中全会〔14〕开始的，一直到王明在共产国际，到他从苏联回国，到六中全会〔15〕。六中全会，一滴酒精使微生物缩小了。两个钦差大臣，一个是王明，一九三七年十一月回来传达了所谓“国际路线”；一个是王稼祥，一九三八年夏天回来也传达了国际路线，但他传达的和王明的“国际路线”不同。王稼祥带回来国际文件，成了一滴酒精，滴下去，微生物缩小了。经过整风，微生物更大为缩小了，破除了迷信。但是王明的头脑里，仍有微生物，还没有消毒。

我同意要王明写个东西。博古、洛甫等过去都写过的。写出来的东西也不是定案，以后还有完全的自由，完全推翻或部分修改都可以，不是像过去那样强迫签字，定成铁案。是否要限制一点时间？我看要，像过去那样没有时间限制，恐怕不妥当。我看可限定一个月的时间，但这要王明自己说说意见。（王明说：一个月可以。）这中间搬往北平的时间不算进去。以后还是采取"惩前毖后，治病救人"的方针，凡属在党内犯了错误的，都要给他分配工作。不仅要欢迎他积极找我们谈，我们也要找他谈，向他做工作。我们党内有许多同志懂得要向傅作义〔16〕做工作，要向民主人士做工作，但只要一个人一挂上共产党员的招牌，就不向他做工作了，这是不好的。对于有错误的同志，我们还是要做工作。

人民代表会议制度和党的代表会议制度

人民代表会议制度和党的代表会议制度。我们不采取资产阶级共和国的国会制度，而采取无产阶级共和国的苏维埃制度。代表会议就是苏维埃。自然，在内容上我们和苏联的无产阶级专政的苏维埃是有区别的，我们是以工农联盟为基础的人民苏维埃，"苏维埃"这个外来语我们不用，而叫做人民代表会议。苏维埃是俄国人民创造的，列宁加以发扬。在中国，因为资产阶级共和国的国会制度在人民中已经臭了，我们不采用它，而采用社会主义国家的政权制度。

与人民代表会议制度相配合的还有党的代表会议制度。这次二中全会，按其性质来说就是一次党的代表会议，不过，这种中央全会的形式更可以充分讨论问题，较之一两千人的大会解决问题更好些。

根据中央档案馆保存的讲话记录稿刊印。

注 释

〔1〕毛泽东在中共七届二中全会上的总结共十个部分，其中第二部分“关于党委制”已收入《毛泽东选集》第四卷，题为《党委会的工作方法》。这里选入的是第三、四、五、六、九五个部分，文中的小标题是编者加的。

〔2〕王明，即陈绍禹（一九〇四——一九七四），安徽金寨人。一九二五年加入中国共产党。一九三一年一月中共六届四中全会起，任中共中央委员、政治局委员。一九三一年十一月到莫斯科担任中共驻共产国际代表。他是一九三一年一月至一九三五年一月遵义会议前中国共产党内“左”倾冒险主义错误的主要代表。一九三七年十一月回国，随后任中共中央长江局书记。在抗日战争初期，他提出许多右倾投降主义的主张。他相信国民党超过相信共产党，不敢放手发动群众，不敢放手发展人民军队，不敢在日本占领地区扩大解放区，主张“一切经过统一战线”，将抗日战争的领导权送给国民党。由于毛泽东为代表的正确路线已经在全党占统治地位，王明的这些错误只在局部地区一度产生过影响。他长期拒绝党的批评和帮助，一九五六年后一直滞留苏联，并写文章攻击中国共产党。

〔3〕斯大林一九二四年在《论列宁主义基础》的讲演中说：“列宁主义是帝国主义和无产阶级革命时代的马克思主义。确切些说，列宁主义是无产阶级革命的理论和策略，特别是无产阶级专政的理论和策略。”（《斯大林选集》上卷，人民出版社 1979 年版，第 185 页）

〔4〕季诺维也夫（一八八三——一九三六），苏联“新反对派”首领。一九〇一年加入俄国社会民主工党，曾参加一九〇五年革命，一九〇七年当选为中央委员。

十月革命后，历任中央政治局委员、彼得格勒苏维埃主席、共产国际执委会主席等职。一九二五年组织"新反对派"，后又同托洛茨基结成联盟，一九二七年被清除出党。一九三六年被处决。一九八八年苏联最高法院撤销对他的判决，宣布他在法律、国家和人民面前无罪。

〔5〕指中共七届二中全会规定干部学习马列主义必读的十二本著作，即：《社会发展史》、《政治经济学》、《共产党宣言》、《社会主义从空想到科学的发展》、《帝国主义是资本主义的最高阶段》、《国家与革命》、《共产主义运动中的"左派"幼稚病》、《论列宁主义基础》、《联共（布）党史》、《列宁斯大林论社会主义建设》、《列宁斯大林论中国》、《马恩列斯思想方法论》。

〔6〕指一九三一年一月七日在上海召开的中国共产党第六届中央委员会第四次全体会议。王明等在共产国际及其代表米夫的支持下，通过这次会议取得了在中共中央的领导地位，开始了长达四年之久的"左"倾冒险主义错误在党内的统治。

〔7〕指一九三七年十二月九日至十四日在延安召开的中共中央政治局会议。王明在会上自称代表国际路线，发言中根本否认一九三七年八月中共中央洛川会议确定的方针和政策，提出了许多右倾投降主义的主张。他的错误意见没有能形成会议决议。

〔8〕博古，即秦邦宪（一九〇七——一九四六），江苏无锡人。一九三一年九月至一九三五年一月，曾是中共临时中央和中共六届五中全会后中央的主要负责人。在这期间，犯过严重的"左"倾冒险主义的错误。遵义会议后，被撤销了党和红军的最高领导职务。抗日战争初期，先后在中共中央长江局、南方局工作。一九四一年以后，在毛泽东的领导下，在延安创办和主持《解放日报》和新华通讯社。对自己过去的错误作了自我批评。一九四五年在中共第七次全国代表大会上继续当选为中央委员。一九四六年二月到重庆参加同国民党谈判。四月八日在返回延安的途中因飞机失事遇难。

〔9〕李立三（一八九九——一九六七），湖南醴陵人。从一九二九年起任中共中央政治局常委、中央宣传部部长。他在担负中共中央领导工作期间，于一九三〇年六月至九月犯了"左"倾冒险主义错误。后来他接受党对他所犯错误的批评，认识和改正了错误。一九四五年在中共第七次全国代表大会上，继续被选为中央委员。

〔10〕向忠发（一八八〇——一九三一），湖北汉川人。一九二八年七月开始担任中共中央政治局主席、中央政治局常务委员会主席。一九三〇年附和李立三推行了“左”倾冒险主义错误。

〔11〕王稼祥（一九〇六——一九七四），安徽泾县人。一九三一年春以中共中央代表团成员身份进入江西革命根据地，任中共苏区中央局委员、中国工农红军总政治部主任。一九三四年一月，在中共六届五中全会上被增选为中央委员，当选为中央政治局候补委员。在一九三五年一月遵义会议上支持和拥护毛泽东的正确主张，会后同毛泽东、周恩来组成中央三人军事领导小组，领导红军继续长征。一九三七年十一月任中国共产党驻共产国际代表，一九三八年夏回到延安。后任中共中央革命军事委员会副主席、总政治部主任兼八路军政治部主任。一九四四年因伤病复发离职休养。一九四五年在中国共产党第七次全国代表大会上当选为候补中央委员。洛甫，即张闻天（一九〇〇——一九七六），江苏南汇（今属上海市）人。一九三一年九月任中共临时中央政治局常委。一九三三年一月进入中央革命根据地。一九三四年一月，在中共六届五中全会上当选为中央政治局委员，二月被任命为中华苏维埃共和国中央执行委员会人民委员会主席。在一九三五年一月遵义会议上支持和拥护毛泽东的正确主张，并为中共中央起草了遵义会议决议。会后，根据中央政治局常委分工，接替博古在中央负总责。

〔12〕瞿秋白（一八九九——一九三五），江苏常州人。一九二二年加入中国共产党，是党的早期领导人之一。在一九二七年大革命失败后的紧要关头，同李维汉主持召开八七会议。会后任中共临时中央政治局常务委员，主持中央工作。一九二七年十一月至一九二八年四月犯过“左”倾盲动主义错误。一九三〇年九月同周恩来主持召开中共六届三中全会，纠正李立三“左”倾冒险主义的错误。在一九三一年中共六届四中全会上，受到王明“左”倾教条主义宗派分子的打击，被排斥于党的中央领导之外。一九三五年二月从江西往福建转移途中被国民党逮捕，六月十八日在福建长汀就义。

〔13〕一九三〇年六月至九月，李立三在担负中共中央领导工作期间犯了“左”倾冒险主义错误。同年八月，周恩来、瞿秋白受共产国际执委会的派遣，从莫斯科回国纠正李立三的错误。九月下旬，中国共产党在上海召开了扩大的六届三中全会。这次会议指出了李立三的错误，停止了李立三等组织全国总起义和集中全国红军进攻中心城市的冒险行动，决定恢复党、团、工会的独立组织和经常性工作。

这样，就结束了李立三“左”倾冒险主义错误在中央的统治。但是会议认为李立三只是犯了“个别的策略上工作上组织上的错误”，表现了某些调和妥协的精神。这一点后来被王明等人上升为“调和主义”、“调和路线”来反对。

〔14〕指一九三四年一月中旬在江西瑞金召开的中国共产党第六届中央委员会第五次全体会议。这次会议错误地断定中国已存在“直接革命形势”，第五次反“围剿”即是争取革命“完全胜利的斗争”，使“左”倾错误发展到顶点。

〔15〕指一九三八年九月二十九日至十一月六日在延安召开的中国共产党第六届中央委员会扩大的第六次全体会议。这次会议批准了以毛泽东为代表的中央政治局的路线，基本上克服了王明右倾投降主义错误。

〔16〕傅作义，原任国民党军华北“剿匪”总司令部总司令。一九四九年一月率部接受中国人民解放军的和平改编，对北平和绥远的和平解放作出了贡献。

嘉勉重庆号巡洋舰起义[1]官兵

（一九四九年三月二十四日）

邓兆祥舰长并转全体官兵：

热烈庆祝你们的英勇的起义。美国帝国主义者和国民党的空军虽然炸毁了重庆号，但是这只能增加你们的起义的光辉，只能增加全中国爱国人民、爱国的海军人员和国民党陆军、空军人员的爱国分子的愤恨，使他们更加明了你们所走的道路乃是爱国的国民党军事人员所应当走的唯一道路。你们的起义，表示国民党反动派及其主人美帝国主义者已经日暮途穷。他们可以炸毁一艘重庆号，但是他们不能阻止更多的军舰将要随着你们而来，更多的军舰、飞机和陆军部队将要起义，站在人民解放军方面。中国人民必须建设自己强大的国防，除了陆军，还必须建设自己的空军和海军，而你们就将是参加中国人民海军建设的先锋。

祝你们努力！

毛泽东　朱德

一九四九年三月二十四日

根据一九四九年三月二十七日《人民日报》刊印。

注　释

〔1〕重庆号舰是国民党海军中最大的一艘巡洋舰。一九四九年二月二十五日，该舰官兵在上海吴淞口起义，加入中国人民海军。同年三月十九日被国民党空军炸沉于葫芦岛附近。

对傅作义通电[1]的复电

（一九四九年四月二日）

傅作义将军：

四月一日通电读悉。南京国民党反动政府发动反革命内战的政策，是完全错误的。数年来中国人民由于这种反革命内战所受的浩大灾难，这个政府必须负责。但是执行这个政策的国民党反动政府的文武官员，只要他们认清是非，翻然悔悟，出于真心实意，确有事实表现，因而有利于人民解放事业之推进，有利于用和平方法解决国内问题者，不问何人，我们均表欢迎。北平问题的和平解决，贵将军与有劳绩。贵将军复愿于今后站在人民方面，参加新民主主义的建设事业，我们认为这是很好的，这是应当欢迎的。

毛　泽　东

一九四九年四月二日

根据手稿刊印。

注　释

〔1〕傅作义，原任国民党军华北“剿匪”总司令部总司令。一九四九年一月二十一日与人民解放军达成《关于和平解决北平问题的协议》，率部接受和平改编。

一九四九年四月一日，傅作义通电全国，表明自己拥护中国共产党的领导、实行新民主主义、和平建设新中国的政治立场。

注意吸收自由
资产阶级代表参加工作

（一九四九年四月七日）

邓饶陈[1]：

（一）长江水势一个月内（四月上旬至五月上旬）是否会有很大的变动，请即查告。

（二）上海民主建国会主要负责人黄炎培、章乃器、盛丕华、包达三、张絅伯、施复亮等已到北平，表示向我们靠拢。他们是上海自由资产阶级的代表。我们认为，接收及管理上海如果没有自由资产阶级的帮助，可能发生很大的困难，很难对付帝国主义、官僚资本及国民党的强大的联合势力，很难使这些敌对势力处于孤立。这件事，你们现在就应开始注意。因此，请你们考虑，是否有必要在没有占领上海以前，即吸收他们参加某些工作。而在占领上海以后，则吸引更多的这类人物参加工作。如果允许他们参加工作，采取何种方式为宜，设立某种咨询机关例如参议室之类是否适宜，请考虑答复。

（三）不但上海如此，整个京沪杭区域都应注意此点。

（四）黄炎培给陈毅同志的电报〔2〕应给以回答。

中　央

卯虞

根据毛泽东手稿刊印。

注　释

〔1〕邓，指邓小平，当时任中共中央华东局第一书记、第二野战军政治委员。饶，指饶漱石，当时任中共中央华东局第二书记、华东军区政治委员。陈，指陈毅，当时任中共中央华东局第三书记、第三野战军司令员兼政治委员。

〔2〕指黄炎培一九四九年三月二十八日给陈毅的电报，其中说："弟今已抵平，特向兄遥致敬意，握手欢迎，为期不远，珍重珍重。"

复李宗仁[1]电

（一九四九年四月八日）

南京李德邻先生勋鉴：

卯阳电[2]悉。中国共产党对时局主张，具见本年一月十四日声明[3]。贵方既然同意以八项条件为谈判基础，则根据此八项原则以求具体实现，自不难获得正确之解决。战犯问题，亦是如此。总以是否有利于中国人民解放事业之推进，是否有利于用和平方法解决国内问题为标准，在此标准下，我们准备采取宽大的政策。本日与张文白[4]先生晤谈时，即曾以此意告之。为着中国人民的解放和中华民族的独立，为着早日结束战争，恢复和平，以利在全国范围内开始生产建设的伟大工作，使国家和人民稳步地进入富强康乐之境，贵我双方亟宜早日成立和平协定。中国共产党甚愿与国内一切爱国分子携手合作，为此项伟大目标而奋斗。

毛　泽　东

一九四九年四月八日

根据一九四九年四月十日《人民日报》刊印。

注　释

〔1〕李宗仁，字德邻。一九四九年一月二十一日蒋介石辞去国民党政府总统职务后任代总统。

〔2〕指李宗仁一九四九年四月七日给毛泽东的电报。李宗仁在电报中称：自"主政以来，排除万难，决心谋和"，"协谈问题亦已采纳贵方所提八条为基础"。在日益诡谲的世界风云下，"国共合作，尤为迫切"，"今日所冀，惟化干戈为玉帛，登斯民于衽席"。

〔3〕指中共中央主席毛泽东一九四九年一月十四日发表的《关于时局的声明》（《毛泽东选集》第四卷，人民出版社1991年版，第1386—1389页）。

〔4〕张文白，即张治中，当时任国民党政府和谈代表团首席代表。

关于我军渡江时间的考虑

（一九四九年四月十四日）

总前委，并告二野，三野：

（一）总前委卯文指示电[1]甚好。请二野、三野即照此指示向师以上干部着重说明推迟渡江时间的理由，加强战斗准备工作，并多筹粮草油盐。

（二）渡江时间仍按四月二十二日（卯养）实施，不要改变。但有可能再推迟几天，即推迟至四月二十五日（卯有），至迟四月二十七日（卯感）。是否如此，要待四月十八日左右才能确定。

（三）昨（十三）日起谈判已至正式阶段，我方协定草案已交张治中代表团[2]，并由双方代表团开了一次正式会议。张治中等表示原则上接受我方草案，仅在个别问题上有意见。惟南京李、何、白、顾[3]等是否能拒绝美、蒋干涉（此种干涉现已加紧）愿意接受，则尚无把握。我们现要李、何、于右任、居正、童冠贤[4]等五人来北平共商。如彼等不来，则由张治中派人回南京征求意见。如南京根本拒绝不愿签字，则争取张治中代表团签字，然后由我军渡江，威迫南京批准。如南京因受美、蒋胁迫不敢批准，并逃往桂林，则将协定公布，号召一切国民党主和派分子（单南京立法院即有一百多个立法委员认为无论如何要和，并谓非共军渡江不能解决问题）拥护协定的执行。万一连张治中也不敢签字，则其曲在彼，我方可将协定草案公布，争取人民及国民党中主和分子及爱国分子的同情，对我军南进，甚为有利。而我军损失，不过推迟七天或十天至多十二天（卯感）的时间。

（四）漱石〔5〕已到，此间情形他会经常通知总前委。刘晓〔6〕亦到。饶、刘正与上海产业界民主人士共商上海经济问题，并研究平、津两市经验，待你们开始渡江时即返部。

军　委

卯寒

根据毛泽东手稿刊印。

注　释

〔1〕指总前委一九四九年四月十二日关于推迟一周渡江诸问题给第二、第三野战军前委、各兵团党委的指示电。电报指出：此次我军推迟一星期渡江，完全是政治上和军事上所必须采取的步骤，但因此也容易产生松懈战斗意志和迷失方向的危险，所以必须向师以上干部说明推迟渡江的理由及应做的各项准备工作。

〔2〕指以张治中为首席代表的国民党政府和谈代表团。

〔3〕李，指李宗仁，当时任国民党政府代总统。何，指何应钦，当时任国民党政府行政院院长。白，指白崇禧，当时任国民党军华中军政长官公署长官。顾，指顾祝同，当时任国民党军参谋总长。

〔4〕于右任（一八七九——一九六四），陕西三原人，当时任国民党政府监察院院长。居正（一八七六——一九五一），湖北广济（今武穴）人，当时任国民党政府监察院监察委员。童冠贤（一八九四——一九八一），河北宣化人，当时任国民党政府立法院院长。

〔5〕漱石，即饶漱石，当时任中共中央华东局书记、华东军区政治委员。

〔6〕刘晓（一九〇八——一九八八），湖南辰溪人。当时任中共中央上海局书记。

立脚点应放在谈判破裂用战斗方法渡江上面

（一九四九年四月十六日）

总前委，粟张，刘张李〔1〕：

（一）总前委删辰电〔2〕悉。

（二）对敌北岸及江心据点，凡能于一夜夺取又利于夺取后第二夜即南渡者，则于渡江前一夜夺取之；凡不能于一夜夺取，又于夺取后需要较多时间做准备工作方利于南渡者，则应提前夺取之，望按实情处理。

（三）和平协定最后方案已于昨（十五）夜提交张治中代表团〔3〕，今（十六）日上午黄绍竑〔4〕飞南京请示。南京是否同意签字，将取决于美国政府及蒋介石的态度。如果他们愿意，则可能于卯哿〔5〕签字，否则谈判将破裂。

（四）你们的立脚点应放在谈判破裂用战斗方法渡江上面，并保证于二十二日（卯养）一举渡江成功。

（五）现请你们考虑者，即假如南京愿意于卯哿签字，但要求于签字后给他们几天时间以便部署，在这种情况下，我军是否可能再推迟三天，即由卯养改至卯有（二十五日）渡江。这种推迟，是否于我军士气及渡江任务之完成上发生妨碍。你们作此种考虑时，仍应假定南京虽然签了字，但汤恩伯〔6〕等反动将领仍然不愿执行，我军仍需用战斗方法渡江。在此种假定上，如果你们认为不应再推迟，则我们将拒绝南京的请求。只有你们认为推迟至卯有（二十五日）实行战斗渡江并无妨碍，我们方准备允许南京的请求。如何，请考虑电复。并将近日渡江准备情形、渡江把握程度及需要多少时间才能完成全军渡江等项见告为盼。

军　委

十六日八时

根据毛泽东手稿刊印。

注　　释

〔1〕粟张，指粟裕、张震，当时分别任第三野战军副司令员兼第二副政治委员和参谋长。刘，指刘伯承，当时任第二野战军司令员。张，指张际春（一九〇〇——一九六八），湖南宜章人，当时任第二野战军副政治委员兼政治部主任。李，指李达，当时任第二野战军参谋长。

〔2〕指总前委一九四九年四月十五日辰时给中共中央军委并告刘伯承、张际春、李达、粟裕、张震、谭震林的电报。电报说，我们意见争取在谈判上有政治收获，即令军事方面稍有不便，亦是值得的。故主张四月二十日行动，对江北岸和江中敌据点，凡能一夜夺取者，则一夜夺取之，不能一夜夺取者，应留置之，用二三天时间夺取。今后军事行动，以在开动后能持续进行为更有利。

〔3〕指以张治中为首席代表的国民党政府和谈代表团。

〔4〕黄绍竑，当时是国民党政府和谈代表。

〔5〕卯哿，即四月二十日。

〔6〕汤恩伯（一九〇〇——一九五四），浙江武义人。当时任国民党军京沪杭警备总司令部总司令。

人民解放军百万大军横渡长江[1]

（一九四九年四月二十二日）

〔新华社长江前线二十二日二十二时电〕人民解放军百万大军，从一千余华里的战线上，冲破敌阵，横渡长江。西起九江（不含），东至江阴，均是人民解放军的渡江区域。二十日夜起，长江北岸人民解放军中路军首先突破安庆、芜湖线，渡至繁昌、铜陵、青阳、荻港、鲁港地区，二十四小时内即已渡过三十万人。二十一日下午五时起，我西路军开始渡江，地点在九江、安庆段。至发电时止，该路三十五万人民解放军已渡过三分之二，余部二十三日可渡完。这一路现已占领贵池、殷家汇、东流、至德[2]、彭泽之线的广大南岸阵地，正向南扩展中。和中路军所遇敌情一样，我西路军当面之敌亦纷纷溃退，毫无斗志，我军所遇之抵抗，甚为微弱。此种情况，一方面由于人民解放军英勇善战，锐不可当；另一方面，这和国民党反动派拒绝签订和平协定，有很大关系。国民党的广大官兵一致希望和平，不想再打了，听见南京拒绝和平，都很泄气。战犯汤恩伯[3]二十一日到芜湖督战，不起丝毫作用。汤恩伯认为南京、江阴段防线是很巩固的，弱点只存在于南京、九江一线。不料正是汤恩伯到芜湖的那一天，东面防线又被我军突破了。我东路三十五万大军与西路同日同时发起渡江作战。所有预定计划，都已实现。至发电时止，我东路各军已大部渡过南岸，余部二十三日可以渡完。此处敌军抵抗较为顽强，然在二十一日下午至二十二日下午的整天激战中，我已歼灭及击溃一切抵抗之敌，占领扬中、镇江、江阴诸县的广大地区，并控制江阴要塞，封锁长江。我军前锋，业已切断镇江、无锡段铁路线。

根据毛泽东手稿刊印。

注　释

〔1〕这是毛泽东为新华社写的新闻稿，在一九四九年四月二十四日《人民日报》发表。

〔2〕东流、至德，一九五九年合并为安徽东至县。

〔3〕汤恩伯，当时任国民党军京沪杭警备总司令部总司令。

关于稳住汤恩伯及外交对策问题

（一九四九年四月二十八日）

总前委，粟张〔1〕，并告刘张李〔2〕：

（一）为使汤恩伯〔3〕在上海稳住一时期，以利我军先取杭州，然后有准备地夺取上海，我们认为，你们暂时不要去占苏州、昆山、太仓、吴江、嘉兴诸点，让上述各点由汤恩伯守起来，使他在上海尚不感觉直接的威胁。

（二）美国军舰及一营陆战队，已于二十六日由上海撤至吴淞口外，美国只留下一艘载有医疗设备的军舰（医舰）在上海。英国的军舰伦敦号及永恒号亦和美舰一起退往吴淞口外，只留下驱逐舰黑天鹅号在上海（该舰被打伤，有伤兵留沪就医）。法国原有一艘军舰在上海，是否退出不明。英、美采取此种态度于我有利。

（三）我方对英、美侨民（及一切外国侨民）及各国大使、公使、领事等外交人员，首先是美、英外交人员，应着重教育部队予以保护。现美国方面托人请求和我方建立外交关系，英国亦极力想和我们做生意。我们认为，如果美国及英国能断绝和国民党的关系，我们可以考虑和他们建立外交关系的问题。此事请邓、饶、陈、刘〔4〕加以注意。

（四）美国援助国民党反共的旧政策已破产，现在似乎正在转变为和我们建立外交关系的政策。关于侵入司徒雷登住宅〔5〕一事，美国可能向我南京当局提出一个口头的或书面的抗议。但是只要我方不继续发生此类事件，美国是不会将此事扩大的。

（五）英军舰紫石英号事件〔6〕，似乎是一个偶然事件，英国连抗议也没有提。因此我们除借此作宣传教育人民外，实际上我们亦不必扩大这件事。

中央军委

俭丑

根据毛泽东手稿刊印。

注释

〔1〕粟张，指粟裕、张震，当时分别任第三野战军副司令员兼第二副政治委员和参谋长。

〔2〕刘张李，指刘伯承、张际春、李达，当时分别任第二野战军司令员、副政治委员兼政治部主任和参谋长。

〔3〕汤恩伯，当时任国民党军京沪杭警备总司令部总司令。

〔4〕邓，指邓小平，当时任第二野战军政治委员。饶，指饶漱石，当时任中共中央华东局书记、华东军区政治委员。陈，指陈毅，当时任第三野战军司令员兼政治委员。刘，指刘伯承。

〔5〕一九四九年四月二十五日，人民解放军第三十五军士兵擅自进入美国原驻中国大使司徒雷登的住宅。

〔6〕一九四九年四月二十日至二十一日，当人民解放军渡江作战的时候，侵入中国内河长江的紫石英号等四艘英国军舰先后驶向人民解放军防区，妨碍渡江，中英双方发生了军事冲突。英舰开炮打死打伤人民解放军二百五十二人。紫石英号被人民解放军击伤被迫停于镇江附近江中，其他三艘英舰逃走。

高级领导机关对下级应加强文电指示

（一九四九年四月三十日）

华东局，总前委，并告粟张、刘张李[1]，并告各局、各委：

（一）艳酉[2]电悉。处置甚好。

（二）南京电报局不得中央同意，擅自停止外国记者发新闻电是何人处理的，望即查明电复。

（三）我们认为，南京、上海两处暂时均不要停止外国记者发新闻电，南京方面应重新开放，让外国记者发电，并且不要检查。待他们发一个时期，看其情况如何，再由中央决定或全部停止外国记者发电，或准许好记者发电，停止坏记者发电。

（四）关于政策及工作方法的指示，在你们高级领导机关方面来说，主要地是依靠写电报，发通令，而不是依靠开干部会，不是依靠口讲。一个负责人半小时可以写一个电报，一小时可以写一个通令，一天、两天、三天或四天工夫可以经过电台传达到各军、各师、各团，各省、各市、各县，有文字为凭，有范围可守，又迅速，又使下级有所遵循。此种方法，毛主席已多次向饶漱石[3]同志提议过。而在你们方面，则对于若干项政策和执行政策的方法问题，仍然不是靠文字，而是靠口头去向下面作指示。口头指示也是要的，也是有用的，也是必不可少的。但是一则无文字可凭；二则范围不见得很明确；三则到会的少数人听到了，没有到会的多数人没有听到，有挂一漏万的缺点（只是说的只有口头报告，没有文字决议的干部会）。此次外交政策几天时间内出了很多乱子，就是因为你们过去对于这个问题对下面没有任何文电指示。对有些问题有了指示，但如果没有让各军、各师、各团，各省、各市、各县的领导同志同时普遍看到，或者指示中对一项问题不强调，不突出，不鲜明，不确定范围，则各地仍然不明白，或者不甚明白。现在鉴于南京方面闹出的乱子，如果你们还不采取打电报、发通令的方法，立即告诉各军、各师、各团，各省、各市、各县，那就在上海，在杭州，在苏州，在镇江，在无锡，在芜湖，以及在其他地方，又要重复出乱子。这种出乱子的责任，主要地不是在下面，而是在领导方面，事前告诫处理得不适当，或者没有去告诫和处理。过去你们对于山东及苏北的城市政策和工业政策，长期不发电报，不发通令，以致下面无所适从，各干各的，受了损失，也是一项教训。

中央军委

卯三十

根据毛泽东手稿刊印。

注　　释

〔1〕粟张，指粟裕、张震，当时分别任第三野战军副司令员兼第二副政治委员和参谋长。刘张李，指刘伯承、张际春、李达，当时分别任第二野战军司令员、副政

治委员兼政治部主任和参谋长。

〔2〕艳酉，即二十九日酉时。

〔3〕饶漱石，当时任中共中央华东局书记、华东军区政治委员。

占领吴淞嘉兴等地应注意的问题

（一九四九年五月六日）

粟张〔1〕（转谭王吉〔2〕），并告陈饶，刘邓〔3〕：

（一）陈饶微电〔4〕悉。

（二）请粟、张即行部署于辰灰〔5〕以后、辰删〔6〕以前数日内，先行占领吴淞、嘉兴两点，封锁吴淞江口及乍浦海口，断绝上海敌人逃路，使上海物资不致大批从海上逃走（据上海吴文义〔7〕几次报告，汤恩伯〔8〕正在运走物资），并迫使用和平方法解决上海问题成为可能。请粟张以具体部署电告。

（三）为着占领吴淞，对于昆山、太仓、宝山三城，恐不能不去占领。但嘉定城及昆山城以东之陆家浜、安亭等处，如果可以不占，则暂时不要去占。

（四）在占领嘉兴以后，应继续占领嘉善、金山、平湖、乍浦、金山卫诸点，但青浦、松江、奉贤等地，暂时不要去占。

（五）此外，谭王吉集团在杭州地区休息数日后，应派一个军至两个军迅速向东，占领杭州、宁波一线及该线以南之奉化、嵊县、新昌、诸暨、义乌等县，然后展开工作。在占领奉化时，要告诫部队，不要破坏蒋介石的住宅、祠堂及其他建筑物。在占领绍兴、宁波等处时，要注意保护宁波帮大中小资本家的房屋财产，以利我们拉住这些资本家在上海和我们合作，或者减少他们的捣乱行为。

(六)占领吴淞、嘉兴,并不放弃推迟占领上海的计划。何时占领上海,仍须依照我方准备工作完成的程度来作决定,最好再有一个月左右的时间,充分完成准备工作,但是你们仍须准备在不可避免的情况下,早日去占领上海。你们的准备工作愈快愈好。

(七)请粟、张预先告诫部队,在占领吴淞时,极力注意避免和外国兵舰发生冲突。

(八)请刘张李〔9〕注意保护南京的孙中山陵墓,对守陵人员给以照顾。

军　委

辰鱼

根据毛泽东手稿刊印。

注　　释

〔1〕粟张,指粟裕、张震,当时分别任第三野战军副司令员兼第二副政治委员和参谋长。

〔2〕谭,指谭启龙,一九一四年生,江西永新人,当时任第三野战军第七兵团政治委员。王吉,指王建安、吉洛(即姬鹏飞),当时分别任第三野战军第七兵团司令员和副政治委员兼政治部主任。

〔3〕陈饶,指陈毅、饶漱石,当时分别任第三野战军司令员兼政治委员和华东军区政治委员。刘邓,指刘伯承、邓小平,当时分别任第二野战军司令员和政治委员。

〔4〕指陈毅、饶漱石一九四九年五月五日关于先占吴淞、嘉兴有利给中共中央军委的电报。

〔5〕辰灰,即五月十日。

〔6〕辰删，即五月十五日。

〔7〕吴文义，即吴克坚，当时任中共上海市委（地下党组织）委员。

〔8〕汤恩伯，当时任国民党军京沪杭警备总司令部总司令。

〔9〕刘，指刘伯承。张李，指张际春、李达，当时分别任第二野战军副政治委员兼政治部主任和参谋长。

黄华同司徒雷登谈话应注意的问题

（一九四九年五月十日）

南京市委，并告华东局：

辰齐〔1〕电悉。

（一）黄华〔2〕可以与司徒雷登〔3〕见面，以侦察美国政府之意向为目的。

（二）见面时多听司徒雷登讲话，少说自己意见，在说自己意见时应根据李涛声明〔4〕。

（三）来电说"空言无补，需要美首先做更多有益于中国人民的事"，这样说法有毛病。应根据李涛声明表示任何外国不得干涉中国内政，过去美国用帮助国民党打内战的方法干涉中国内政，此项政策必须停止。如果美国政府愿意考虑和我方建立外交关系的话，美国政府就应当停止一切援助国民党的行动，并断绝和国民党反动残余力量的联系，而不是笼统地要求美国做更多有益于中国人民的事。你们这样说可能给美国人一种印象，似乎中共也是希望美国援助的。现在是要求美国停止援助国民党，割断和国民党残余力量的联系，并永远不要干涉中国内政的问题，而不是要求美国做什么"有益于中国人民的事”，更不是要求美国做什么“更多有益于中国人民的事”。照此语的文字说来，似乎美国政府已经做了若干有益于中国人民的事，只是数量上做得少了一点，有要求他“更多”地做一些的必要，故不妥当。

（四）与司徒雷登谈话应申明是非正式的，因为双方尚未建立外交关系。

（五）在谈话之前，市委应与黄华一起商量一次。

（六）谈话时如果司徒雷登态度是友善的，黄华亦应取适当的友善态度，但不要表示过分热情，应取庄重而和气的态度。

（七）对于傅泾波〔5〕所提司徒雷登愿意继续当大使和我们办交涉并修改商约一点，不要表示拒绝的态度。

中　央

辰灰

根据毛泽东手稿刊印。

注　　释

〔1〕辰齐，即五月八日。

〔2〕黄华，一九一三年生，河北磁县人。当时任南京市军管会外侨事务处处长。

〔3〕司徒雷登，一九四六年七月开始担任美国驻中国大使。一九四九年四月南京解放后，留在南京观望。

〔4〕指一九四九年四月三十日毛泽东起草的《中国人民解放军总部发言人为英国军舰暴行发表的声明》。发言人李涛当时任中共中央军委作战部部长。声明严厉谴责紫石英号等英国军舰侵入中国内河长江，炮击人民解放军的暴行，同时表

明了即将成立的新中国的对外政策。

〔**5**〕傅泾波，当时是司徒雷登的私人秘书。

对外国军舰轮船进入黄浦江的处理办法

（一九四九年五月二十日）

粟张〔1〕，并告总前委，刘张李〔2〕：

皓未、号午两电〔3〕均悉。

（一）黄浦江是中国内河，任何外国军舰不许进入，有敢进入并自由行动者，均得攻击之；有向我发炮者，必须还击，直至击沉、击伤或驱逐出境为止。

（二）但如有外国军舰在上海停泊未动，并未向我军开炮者，则不要射击。

（三）中国及外国轮船为敌军装载军队及物资出入黄浦江者，亦应攻击之。

（四）中国及外国轮船在上海停泊未动者，或得我方同意开行者，准其停泊或开行，并予以保护。

（五）为了对付外国军舰的干涉，你们应有充分的精神准备与实力准备，即要将外国干涉者的武装力量歼灭或驱逐之，如感兵力或炮火不足，应速从他处抽调补足。

（六）号午电说有二舰挂外国旗，请查明系挂何国旗，以便公布。嗣后，凡关外舰事件，应将详情查明具报。

军　委

号亥

根据毛泽东手稿刊印。

注　　释

〔1〕粟张，指粟裕、张震，当时分别任第三野战军副司令员兼第二副政治委员和参谋长。

〔2〕刘张李，指刘伯承、张际春、李达，当时分别任第二野战军司令员、副政治委员兼政治部主任和参谋长。

〔3〕指一九四九年五月十九日未时和二十日午时粟裕、张震给中共中央军委、总前委的电报。十九日电说，十八日下午有美舰三艘带国民党轮船六艘及风船等开出吴淞，今后何种船只可以炮击，请指示。二十日电报告在高桥以西至林家宅沿江之线有敌舰五艘，其中两艘挂外国旗，三艘无旗，向我阵地猛烈炮击，以掩护敌军对我阵地的出击。因五舰靠在一起，怕打错，已严令不准打。为此，给我阵地坚守增加极大困难，请示如何处理。

关于各野战军的进军部署

（一九四九年五月二十三日）

总前委，刘张李，粟张[1]，并告林罗，彭贺[2]：

（一）粟张养午电[3]悉。你们应当迅速准备提早入闽，争取于六、七两月内占领福州、泉州、漳州及其他要点，并准备相机夺取厦门。入闽部队只待上海解决，即可出动。

（二）二野亦应准备于两个月后以主力或以全军向西进军，经营川、黔、康[4]。二野目前任务是准备协助三野对付可能的美国军事干涉，此项准备是必需的，有此准备即可制止美国的干涉野心，使美国有所畏而不敢出兵干涉。但在上海、宁波、福州等处被我占领，并最好由三野以一部兵力协助山东攻占青岛（假如上海占领后，青岛敌军尚未撤退）以后，美国出兵干涉的可能性就很少了，那时二野就可以西进了。

（三）四野现有两个军渡江，尚有六个军已至陇海、长江之间，约于六月上旬可渡江，另有四个军正由新乡、安阳地区出发，约六月中旬可以渡江。四野主力（六个军及两广纵队）于七月上旬或中旬可达湘乡、攸县之线，八月可达永州、郴州之线，九月休息，十月即可尾白崇禧[5]退路向两广前进，十一月或十二月可能占领两广。一野（四个兵团三十五万人）年底以前可能占领兰州、宁夏、青海，年底或年初准备分兵两路：一路由彭率领位于西北，并于明春开始经营新疆；一路由贺率领经营川北，以便与二野协作解决贵州、四川、西康三省。

（四）如果上海、福州、青岛等地迅速顺利解决，美国出兵干涉的可能性业已消失，则二野应争取于年底或年底以前占领贵阳、重庆及长江上游一带，并打通长江水路。如果二野能于八月一日左右开动或更早一点开动，则上述任务是可能完成的。但此项任务在二野内部暂时不要下达，因为中央对此尚是一种拟议，最后决定要待上海、福州占领之后。

（五）胡宗南〔6〕全军正向四川撤退，并有向昆明撤退消息，蒋介石、何应钦〔7〕及桂系正在做建都重庆、割据西南的梦，而欲消灭胡军及川、康诸敌，非从南面进军断其退路不可。因此，除二野应准备经贵州入川之外，四野在消灭白崇禧占领广西之后，应以一部经百色入云南，请林、罗即令曾泽生军〔8〕早日出动南下。该军是否已从热河〔9〕出发，盼林、罗查告。

（六）你们意见如何，盼告。

军　委

辰梗

根据毛泽东手稿刊印。

注　　释

〔1〕刘张李，指刘伯承、张际春、李达，当时分别任第二野战军司令员、副政治委员兼政治部主任和参谋长。粟张，指粟裕、张震，当时分别任第三野战军副司令员兼第二副政治委员和参谋长。

〔2〕林罗，指林彪、罗荣桓，当时分别任第四野战军兼华中军区司令员和第一政治委员。彭贺，指彭德怀、贺龙，当时分别任第一野战军司令员兼政治委员和西

北军区司令员。

〔3〕指粟裕、张震一九四九年五月二十二日午时关于请示入闽部队何时出动给中共中央军委的电报。

〔4〕康，指西康省，一九五五年撤销，当时辖区为今四川省西部、西藏自治区东部。

〔5〕白崇禧，当时任国民党军华中军政长官公署长官。

〔6〕胡宗南，当时任国民党军西安绥靖公署主任。

〔7〕何应钦，当时任国民党政府行政院院长兼国防部部长。

〔8〕曾泽生军，指曾泽生任军长的第四野战军第五十军。

〔9〕热河，即热河省。见本卷第 82 页注〔8〕。

通报平津接收企业的经验

（一九四九年五月二十六日）

华东局，华中局，西北局，南京市委：

据平、津经验，我占城市初期，如果接收企业的人员只准备接收，不准备经营，待接收之后再派人经营，则接收人员存“五日京兆”之心，无心经营，浪费物资，对企业生产损失甚大。因此，接收初期派去接收企业的负责人，即应尽可能选择那些可以付托他们经营的人们，嘱咐他们不但要接好，而且要管好，使生产不受损失，此点务请注意。此外，不可把企业物资（存厂的或已交给国民党政府、政府尚未付价的都在内）当作战利品没收、分配、消耗掉。如果把企业物资（纱布、被服及其他制造品）当作战利品消耗掉，则政府势必要向企业付价，企业才能继续开工，否则企业即将停工，无力继续生产。此点亦是平、津的经验，前已告华东局，现再重说一遍，请你们转知所属注意。

中　央

辰宥

根据毛泽东手稿刊印。

预筹对策
防备帝国主义的武装干涉

（一九四九年五月二十八日）

彭贺，刘邓，陈饶粟，林罗[1]：

（一）近日各帝国主义国家有联合干涉革命的某些象征。例如美国正在和英、法等十二国会商统一对华政策，青岛增加了美国军舰，留在南京的各国大使准备撤走，英国在香港增兵，广州国民党亦有某些高兴表示等事，可以看出这种象征。将来是否会演成干涉的事实，目前还不能断定。但我们应当预筹对策，以期有备无患。

（二）对策的主要方面是，我各路野战军按照预定计划前进，歼灭国民党残余力量，使各国帝国主义在中国大陆上完全丧失他们的走狗。第二方面是，力求经济上的自足自给，准备着海上被封锁时我们仍然有办法。在这方面，团结民族资产阶级及知识分子站在我们方面，极为重要。第三方面是，在华北、华东部署充分兵力，以防美国海军协同国民党海陆军向我后方的袭击和扰乱。

（三）关于预防美帝协同国民党向我后方袭扰，除已令杨成武兵团[2]及钟赤兵炮纵[3]在秦皇岛、塘沽布防外，特作如下部署：甲、杨得志兵团[4]和十八兵团一道继续向凤翔方向前进，准备在各兵团会合后，歼灭胡、马[5]在陕甘边境上的主力。如此战能达目的，而华北情况又有需要，则准备将杨得志兵团留在宝鸡、凤翔区域待机，同时尽可能赶快修复洛阳、宝鸡段铁路，以利运输。乙、林罗留一个军位于河南，平时担任剿匪，有事增援开华北。丙、陈饶粟以一个军附必要数目的炮兵开青岛附近，待命夺取青岛，尔后即任青岛守卫。南京、镇江、苏州区域已有两个军，浙江区域已有三个军，甚好。吴淞、上海区域应有七个军，特别注意加强吴淞、江阴两区的炮台设备。以上各军，除担任城市守备及乡村剿匪任务者外，均应迅即部署整训。攻取福建的兵力，不要超过两个军。丁、二野全军除一部待命渡赣江配合四野歼灭桂系于袁水流域外，其余在六、七两月内，位于现地主要进行整训，附带帮助剿匪，待两个月后，看情况再定行动方针。

（四）以上各项，你们有何意见，望告。

军　委

辰俭

根据毛泽东手稿刊印。

注　　释

〔1〕彭贺，指彭德怀、贺龙，当时分别任第一野战军司令员兼政治委员和西北军区司令员。刘邓，指刘伯承、邓小平，当时分别任第二野战军司令员和政治委员。陈饶粟，指陈毅、饶漱石、粟裕，当时分别任第三野战军司令员兼政治委员、华东军区政治委员、第三野战军副司令员兼第二副政治委员。林罗，指林彪、罗荣桓，当时分别任第四野战军兼华中军区司令员和第一政治委员。

〔2〕杨成武兵团，指杨成武任司令员的直属中共中央军委指挥的第二十兵团。

〔3〕钟赤兵炮纵，原为东北野战军炮兵纵队，当时是万毅任司令员、钟赤兵任政治委员的第四野战军特种兵司令部。

〔4〕杨得志兵团，指杨得志任司令员的第一野战军第十九兵团。

〔5〕胡，指胡宗南，当时任国民党军西安绥靖公署主任。马，指马步芳、马鸿逵。马步芳（一九〇三——一九七五），甘肃河州（今临夏）人，当时任国民党军西北军政长官公署代长官。马鸿逵（一八九二——一九七〇），甘肃河州（今临夏）人，当时任国民党军西北军政长官公署副长官。

依靠群众办好铁路建设事业[1]

（一九四九年七月九日）

中国从前是被帝国主义统治的国家，修筑铁路多是向帝国主义国家借款，帝国主义国家借款修筑的每一条铁路，都是和那些帝国主义国家的侵略目的相配合的。铁路成为帝国主义压迫、榨取我们的工具。当然，那时要想把铁路建设好也是不可能的。现在我们不受帝国主义统治了，我们有可能并且应该很好地恢复铁路和发展铁路。

在国民党反动统治时期，我们早就不相信它能办好铁路。在辛亥革命前就想修筑成渝铁路，并在辛亥那年闹过保路风潮，到现在已经三十八年了。这条铁路国民党政府只修了很短的一小段。这就说明靠国民党政府要办好铁路是不可能的。我们跟它是不同的，我们能够恢复铁路和建设好铁路。过去，我们是无产阶级，什么“产”都没有，怎么能修建铁路呢？今天，我们个人没有“产”，但我们有了国家，有了群众，有了干部，有了工程师……，只要我们依靠群众，就有力量，就能够修好铁路。

同志们！你们都知道，二十二年前我们什么也没有，二十八年前甚至连共产党也没有。为什么过去没有的东西今天会有呢？就是因为人民需要。从前我当小学教员时，只是靠教书吃饭，没有想到要搞共产党，共产党是后来因为人民需要才成立的。二十二年以前蒋介石压迫我们，我们就到井冈山上，成立自己的军队——红军。那时人很少，枪也很少。开始时，大家都说不行，国内外敌人反对我们，说我们是“匪”。匪者非也，就是说是“不应当有的”。但是我们现在有四百万人民解放军，我们行不行呢？行得很。拿铁路来说，我们也要和国民党比一比，看谁把铁路办得好，是国民党办得好呢，还是我们办得好？这在目前，还不能完全得到证明。但我相信，大概一年左右，特别是在东北，铁路事业就可以走上轨道了。将来我们再逐渐改进和发展，一定能在全国把铁路办得比国民党好。

我们这样大的国家，现在还只有二万多公里铁路，这太少了。我们需要有几十万公里的铁路。要修成几十万公里铁路，我们主要要依靠群众，就是工人、工程师等一切有用的人。我们要依靠群众，要依靠最下层群众，这是基本的；但同时也要依靠各级领导，没有领导也是不行的。我们两者都要依靠。

我们快要成立联合政府，实行以工人阶级为领导的人民民主专政了。以后在我们面前困难是一定会有的，但不管困难有多大，只要我们注意依靠和团结广大群众，就是依靠工人阶级，团结农民阶级、小资产阶级、自由资产阶级〔2〕，不管是共产党员或不是共产党员，只要是想把中国搞好的人，都要团结他们，这样困难就可以克服，我们的人民铁路建设事业就可以从少到多，从二万多公里一步一步地发展下去。

蒋介石有那么多的军队、大炮，工人也比我们山沟里的工人多得多。过去我们什么也没有，现在都有了，不都是依靠群众才有的吗？我们从去年十一月就从劣势转为优势，这个转变不也是依靠群众的力量吗？依靠群众，就是说你当司令或是当班长必须要有一个队伍，这个队伍就是群众，没有队伍，你怎么当司令，怎么当班长呢？我姓毛，我只一个人，要当班长是不行的，要当司令更是不行的。因此，我们要依靠群众，要依靠干部，也要依靠工程师等有用的人。我在这会议上向你们提出，不管是老干部或是新干部，都要懂得依靠群众和重视群众，这样你们所要组织的铁路工会，就能搞得很好了。

根据中央档案馆保存的讲话记录稿刊印。

注　释

〔1〕这是毛泽东向全国铁路职工临时代表会议暨全国机务会议全体代表和铁道部、铁道兵团、平津铁路管理局部分工作人员的讲话。

〔2〕自由资产阶级，指民族资产阶级。

采取远距离包围迂回方法追歼白崇禧部[1]

（一九四九年七月十六日、十七日）

一

林邓萧[2]，并告刘张李[3]：

十四日二十时电[4]悉。

（一）广东只有残破不全之敌军四万余人，而我则有超过四万人之游击部队，只需要两个军加上曾生[5]两个小师即够解决广东问题，至多派三个军加曾生部即完全够用，不需要派出更多兵力。

（二）判断白崇禧[6]准备和我作战之地点，不外湘南、广西、云南三地，而以广西的可能性为最大。但你们第一步应准备在湘南即衡州[7]以南和他作战，第二步准备在广西作战，第三步在云南作战。白部退至湘南以后便只有十万人左右了，宋希濂、程潜[8]两部是退湘西、鄂西，不会往湘南。

（三）和白部作战方法，无论在茶陵、在衡州以南什么地方，在全州、桂林等地或在他处，均不要采取近距离包围迂回方法，而应采远距离包围迂回方法，方能掌握主动，即完全不理白部的临时部署，而远远地超过他，占领他的后方，迫其最后不得不和我作战[9]。因为白匪本钱小，极机灵，非万不得已决不会和我作战。因此，你们应准备把白匪的十万人引至广西桂林、南宁、柳州等处而歼灭之，甚至还要准备追至昆明歼灭之。

（四）歼灭白匪应规定我军的确实兵力，我们提议为八个军，以陈赓[10]部三个军、四野五个军组成之。此八个军须以深入广西、云南全歼白匪为目的，不和其他兵力相混。陈赓之另一个军在湘南境内可以参加作战，但不入广西，准备由郴州直出贵阳，以占领贵州为目标。陈赓之三个军则于完成广西作战后出昆明，以占领并经营云南为目标，此点已和邓小平同志面谈决定（刘邓[11]共五十万人，除陈赓现率之四个军外，其主力决于九月取道湘西、鄂西、黔北入川，十一月可到，十二月可占重庆一带。另由贺龙[12]率十万人左右入成都，由刘、邓、贺等同志组成西南局，经营川、滇、黔、康[13]四省。你们经营之范围确定为豫、鄂、湘、赣、粤、桂六省，但你们的五十军须准备去云南，如白匪主力退云南，则还须考虑加派一部入滇助战）。

（五）陈赓四个军到达郴州之道路，请考虑全部走遂川、上犹、崇义，分数路前进，未知该区有几条汽车路否？如有适当道路，似以这样走为好。

（六）专门担任经营江西的两个军，不应担任其他任务。专门担任经营广东之两个军，应取道江西、大庾岭前进，而不走湘南，因湘南敌我屯兵太多，粮食必感困难。

(七)准备深入广西寻歼桂系之八个军(四野五个军，陈赓三个军)，进到郴州地区后，如能利用湘桂铁路运粮接济，最好全部取道全州，直下桂林、南宁，以期迅速。否则四野五个军取道广州、肇庆西进，迂回广西南部，陈赓三个军则经全州南进。或者以陈赓三个军协同四野专任经营广东之两个军共五个军，走大庾岭出广州，但陈赓不担任广州工作，只经过一下即出广西南部，而以四野五个军(其中包括五十军)由全州出桂林。

(八)曾生部应即速出动，走江西入广东。

(九)以上是否适宜，请你们考虑提出意见。

军 委

午铣

二

林邓萧，并告刘张李，陈饶粟〔14〕：

午铣电〔15〕谅达，兹补充数点，请你们连同午铣电一并考虑电复。

(一)基于白匪本钱小，极机灵，非至万不得已决不会和我决战之判断；基于四野之总任务在于经营华中及华南六个省，二野之任务在于经营西南四个省，以及进军之粮食、道路等项情况，我们认为你们各部应作如下之处置。

(二)陈赓四个军即在安福地区停止待命，不再西进，待十五兵团到达袁州〔16〕后，由十五兵团之一个军为先头军向赣州开进。这个军即确定其任务为占领赣州及经营赣南十余县。陈赓三个军、十五兵团两个军统由陈赓率领，经赣州、南雄、始兴南进，准备以三个月时间占领广州，然后十五兵团两个军协同华南分局所部武装力量及曾生纵队负责经营广东全省。陈赓率四兵团三个军担任深入广西寻歼桂系之南路军，由广州经肇庆向广西南部前进，协同由郴州、永州入桂之北路军，寻歼桂系于广西境内。然后，陈赓率自己的三个军入云南。在此项部署下，陈赓四兵团以外之另一个军即由安福地区入湖南，受十二兵团指挥，暂时担任湖南境内之作战，尔后交还刘邓指挥，由湖南出贵州。曾生两个小师应即提早结束整训，遵陈赓道路或仍走粤汉路速去广州。

（三）四野主力除留置河南的一个军，留置湖北的重炮部队，留置赣北的一个军，留置湘西、湘北、湘中的三个军以外，以五个军组成深入广西寻歼白匪的北路军，利用湘桂铁路南进，协同陈赓歼灭桂系于广西境内。

（四）上述这种部署是不为白匪的临时伪装布阵（例如过去在赣北，现在在茶陵，将来在郴州、全州等处）所欺骗，采取完全主动的部署，使白匪完全处于被动地位。不管他愿意同我们打也好，不愿意同我们打也好，近撤也好，远撤也好，总之，他是处于被动，我则完全处于主动，最后迫使他不得不和我们在广西境内作战。估计桂系是不肯轻易放弃广西逃入云南的，因为云南卢汉〔17〕拒其入境，云南还有我们的强大游击部队，至少桂系要留下一部在广西，而以另一部逃入云南，那时我则以陈赓三个军配以你们的曾泽生军〔18〕，就可以在云南境内歼灭之。到十一月间，我二野主力六个军已入黔、川，他想逃入黔、川也不可能。西北胡宗南〔19〕部主力已于午文〔20〕在眉县、扶风地区被我一野歼灭，其残部仅剩七万人逃往汉中一带。我一野决以九个军西入甘、宁、青寻歼马〔21〕匪，而准备于今冬或明春抽三个军出川北，协同二野经营西南，使西南残匪获得全歼。你们意见如何，望告。

军　委

午篠

根据毛泽东手稿刊印。

注　释

〔1〕这是毛泽东就追歼国民党军白崇禧部的作战方针问题为中共中央军委起草的给第四野战军领导人并告第二、第三野战军领导人的两封电报。

〔2〕林邓，指林彪、邓子恢，当时分别任第四野战军兼华中军区司令员和第二政治委员。萧，指萧克，一九〇八年生，湖南嘉禾人，当时任第四野战军第一参谋长。

〔3〕刘张李，指刘伯承、张际春、李达，当时分别任第二野战军司令员、副政治委员兼政治部主任和参谋长。

〔4〕指林彪、邓子恢、萧克一九四九年七月十四日二十时关于对南撤之敌的作战计划给中共中央军委的电报。

〔5〕曾生（一九一〇——一九九五），广东惠阳坪山镇（今属深圳市）人。当时任第四野战军两广纵队司令员。

〔6〕白崇禧，当时任国民党军华中军政长官公署长官。

〔7〕衡州，即湖南衡阳。

〔8〕宋希濂，当时任国民党军川湘鄂边区绥靖公署主任。程潜（一八八二——一九六八），湖南醴陵人，当时任国民党湖南省政府主席、国民党军长沙绥靖公署主任。

〔9〕关于歼灭白崇禧集团的作战方针，毛泽东在一九四九年九月十二日为中共中央军委起草的给邓小平、张际春、李达并告林彪、邓子恢、谭政的电报中再次

强调:“总之,我对白崇禧及西南各敌均取大迂回动作,插至敌后,先完成包围,然后再回打之方针。”

〔10〕陈赓,当时任第二野战军第四兵团司令员兼政治委员。

〔11〕指刘伯承任司令员、邓小平任政治委员的第二野战军。

〔12〕贺龙,当时任西北军区司令员。

〔13〕康,指西康省,见本书第300页注〔4〕。

〔14〕陈饶粟,指陈毅、饶漱石、粟裕,当时分别任第三野战军兼华东军区司令员、政治委员和副司令员。

〔15〕午铣电,即本篇一。

〔16〕袁州,即江西宜春。

〔17〕卢汉(一八九五——一九七四),云南昭通人。当时任国民党云南省政府主席、国民党军云南绥靖公署主任。

〔18〕曾泽生军,指曾泽生任军长的第四野战军第五十军。

〔19〕胡宗南,当时任国民党军西安绥靖公署主任。

〔20〕午文,即七月十二日。

〔21〕马,指马步芳、马鸿逵,当时分别任国民党军西北军政长官公署代长官和副长官。

我们是能够克服困难的[1]

（一九四九年七月三十一日）

一

南昌起义及当时全国各地的许多起义，是中国共产党中央决定的。在一九二七年四月十二日蒋介石反动派宣布了反革命政变之后，中国共产党即决定率领人民反抗蒋介石反革命。八一南昌起义就是当时一连串革命起义的第一个起义。从这次起义到现在，业已二十二年了。当时的青年人，现在已经是中年了。当时的中年人，现在已经是老年了。但是革命则终于胜利了。

二

这个军队的成分是工人、农民和革命知识分子，工农占百分之九十左右，革命知识分子占百分之十左右，而革命知识分子则是接受了马克思列宁主义的。他们不但懂得用革命精神教育军队，坚决地执行共产党的政治路线及其各项具体政策，而且懂得革命的前途是什么，即是说革命将经过人民民主专政的共和国稳步地发展到社会主义和共产主义。

三

现在全国劳动人民和革命知识分子都深切地信赖共产党和人民解放军。但是有些新解放区的人民(其中包括好心的热忱的知识分子),在天灾人祸和敌人封锁所造成的经济困难和个人生活困难面前感到了惶惑,这是因为他们还是刚刚被解放,还没有在共产党领导下克服困难的斗争经验。二十二年的人民解放战争告诉我们,在任何一个驱逐敌人建立人民政权的区域,必不可免地要经过一个困难的时期。这种困难是能够克服的,但须付以必要的时间和艰苦的努力。有些地方有几个月或者一年的时间就够了,有些地方则须经过两年、三年,甚至更多的时间,才能使军事、政治、经济、文化等项工作完全脱离敌人所造成的旧的混乱的轨道,而完全走上新的巩固发展的轨道。为着克服困难,必须完成几项根本性质的工作,这就是:(一)消灭封建势力,使农民得到土地;(二)实行精兵简政,简省国家开支;(三)在上列两项基础之上初步地恢复和发展一切有益的工业和农业生产。没有这几项根本性质的工作,所谓克服困难,只是一句空话。而要完成上述几项工作,在新解放的南方和西北各省,一般地说来,必须准备付以三年左右的时间,过于性急是没有用的。在上海这样的大城市,在帝国主义及其走狗对我实行封锁政策的条件之下,还须加上一条疏散人口的工作。

我们是能够克服困难的,不管什么样的困难也不怕。人民解放军的二十二年的斗争史给了我们这样一种经验和信心，只须共产党、人民解放军和全国人民明了自己所遇困难的性质，坚决地执行克服困难的各项根本政策，我们就能达到目的。

根据毛泽东手稿刊印。

注释

〔1〕这是毛泽东在审阅新华社为纪念中国人民解放军建立二十二周年而写的社论稿时加写的三段话。本文标题即是毛泽东改定的社论题目。

争取程潜[1]等站在我们方面有极大的政治作用

（一九四九年八月六日）

华中局，并转湖南省委：

（一）林邓五日十二时电[2]悉，处置甚好。

（二）我军入长沙后，除反动报纸应当准备封闭外，程潜系统的报纸不应封闭，以便利用这种报纸，登载我们的消息及文件，分化程潜、陈明仁[3]系统中的党、政、军，给进步分子以武器，教育和争取多数中间分子，孤立反动派。同时请湖南工委和程潜商量，如果他在新化有报纸，希望他指示该报采用新华社稿件，以为团结和教育程部党、政、军多数人员，打击反动分子的工具。

（三）请你们考虑物色若干程潜系统中的开明分子，在程潜及本人同意的条件下，任命他们为长沙军管会的顾问。如果你们认为可行，请即进行物色，并拟定名单电告。

（四）争取程潜、陈明仁及其一派站在我们方面，对于分化台湾、广州、广西、昆明、四川等地国民党特别是分化台湾及宋希濂[4]等部有极大的政治作用，对于顺利地接管湖南及改造程、陈系统则有直接作用。你们对此要当作一件重要工作去做。程潜的临时机构，不忙很快取消，省政府接交可以推延一个月左右，使程潜有时间在其内部进行教育工作，利于将来的改编和改造。

（五）在将来接收省政府及改编军队时，除陈明仁应任军职外，应给程潜及其一派中的开明分子以位置，并吸收他们参加工作。其办法为组织湖南军政委员会，由两方面的人成立，以程潜为主席，以我们的人为副主席，湖南省政府亦照此方式组织，成为统一战线的临时过渡机构。此办法是否可行，请你们先作考虑，惟暂不对外透露，看一看程潜及其一派人的表现如何，再作决定。

中　央

未鱼

根据毛泽东手稿刊印。

注　　释

〔1〕程潜，原任国民党湖南省政府主席、国民党军长沙绥靖公署主任。一九四九年八月四日在长沙宣布起义，湖南和平解放。

〔2〕指第四野战军兼华中军区司令员林彪、第二政治委员邓子恢一九四九年八月五日十二时给第四野战军第十二兵团副政治委员金明、唐天际等并报中央军委的电报。电报说，我们目前不要急切地进行对陈明仁的斗争，而以热烈的团结为主，便于今后商谈一切问题。政权要其逐步移交，名义上推迟一个月。岳麓山的控制和长沙部队的指挥关系，如目前不能立即解决，待见面后逐步解决亦可，但必须达到解决的目的。

〔3〕陈明仁（一九〇三——一九七四），湖南醴陵人。原任国民党军第一兵团司令官。一九四九年八月四日与程潜一起在长沙宣布起义。

〔4〕宋希濂，当时任国民党军川湘鄂边区绥靖公署主任。

兼取政治方式解决西北地区

（一九四九年八月六日）

德怀[1]同志并贺习[2]：

（一）现在西北敌军分向汉中、兰州、宁夏三处退却，我军亦须分为三路解决退敌。你们准备如何部署？除用战斗方式解决外，尚须兼取政治方式去解决，对此你们有何意见？我们认为，西北地区甚广，民族甚复杂，我党有威信的回民干部又甚少，欲求彻底而又健全又迅速的解决，必须采用政治方式，以为战斗方式的辅助。现在我军占优势，兼用政治方式利多害少。其办法即用靠拢我们的国民党人和我们的人一道组织军政委员会，以为临时过渡机构。这样的国民党人就是张治中、傅作义、邓宝珊[3]。

（二）关于绥远[4]和宁夏问题，我们准备和傅作义合作去解决。因为绥远反动分子受阎锡山[5]及美帝勾结极为猖獗，傅的部下董其武[6]等愿意靠拢我方，但是尚无惩办反动分子、改造部队的决心，而傅作义则已开始建立此项决心，并建议早日解决绥远问题，而不要再拖下去。故我们决定组织绥远军政委员会，以傅为主席，我们的高克林为副主席，委员十余人，傅部占多数，我们的人占少数。以傅部五万人，我军姚喆、王平[7]两部二万人合编为两个军，以傅部董其武等为军长，我们的人为副军长。实行人民解放军的军政制度，汰坏留好，逐步改造。两个绥远省政府合而为一，以傅部董其武为主席，我们的杨植霖为副主席，省府委员亦用双方的人作适当配备。此项办法对双方都有利益，可以经过一个工作过程，达到彻底改造之目的。傅作义对此项办法表示满意，拟于数日后即令傅去绥远，和我们的人一道解决绥远问题。

（三）马鸿逵〔8〕是傅作义的把兄弟，马派马如龙〔9〕及哈某至绥远接洽，有请求和平解决之意。傅作义说马极愿求和，只恐求之不得。请你们对宁夏问题考虑一下，是否可以经过傅作义去改编马鸿逵部。我们认为在马步芳〔10〕解决后，必须使用杨得志兵团〔11〕深入宁夏，给马鸿逵部以歼灭的打击，迫使残部退入后套，然后经过傅作义用政治方式去解决。

（四）邓宝珊与马步芳将领均认识，于甘肃有声望，他是一个光杆，没有多少干部，请你们考虑是否可以用邓宝珊，叫他去兰州和我们的人一道组织甘青军政委员会及甘肃省政府。此两机构均以邓为主席，赵寿山、王世泰为副主席，以为过渡机关。对马步芳必须歼灭其主力，但他有玉树等地为后方，可以保存残部。欲最后解决青海亦须找些与青海有联系的旧人，如我们使用邓宝珊主甘，可能打开寻找此项旧人及最后解决青海问题的门路。此外，班禅〔12〕现到兰州，你们攻兰州时请十分注意保护并尊重班禅及甘青境内的西藏人，以为解决西藏问题的准备。

（五）陶峙岳〔13〕现在动摇，有和平解决新疆的意向，我们认为应用张治中组织新疆军政委员会，以张治中为主席，我们的人（是否王震〔14〕去新疆）为副主席，再加伊犁方面〔15〕一人为副主席,以为过渡机关。

(六)过渡机构存在时间究有多久,暂不作硬性规定,以便利解决反动军队及反动政权,便利解决土地问题及民族问题为原则。

(七)胡公冕[16]已来西安,请你们注意用他去收拾胡宗南[17]部。现在程潜、陈明仁[18]已在湖南起义加入我方,对蒋、桂、胡[19]各部必有影响,给我们以分化各部的机会。

(八)整个西北亦可考虑在将来组织军政委员会,以彭[20]为正,以张治中为副。

(九)以上各项是否可行,请加考虑提出意见为盼。

毛 泽 东

午鱼[21]

此报加发华中局,湖南省委,刘邓张李[22],华东局及粟裕[23]。请你们注意研究此项问题,并应用此项方法于湖南等处。毛 又及。

根据手稿刊印。

注　　释

〔1〕德怀,即彭德怀,当时任第一野战军司令员兼政治委员。

〔2〕贺习,指贺龙、习仲勋,当时分别任西北军区司令员和政治委员。

〔3〕张治中,原任国民党军西北军政长官公署长官。一九四九年四月任国民党政府和平谈判代表团首席代表赴北平和中共代表团进行谈判,双方拟定的"国内和平协定(最后修正案)"遭国民党政府拒绝后,张治中脱离国民党政府,留在北平。傅作义、邓宝珊,原分别任国民党军华北"剿匪"总司令部总司令和副总司令,

一九四九年一月他们率部接受和平改编，北平和平解放。

〔4〕绥远，即绥远省，见本卷第82页注〔6〕。

〔5〕阎锡山，当时任国民党政府行政院院长。

〔6〕董其武（一八九九——一九八九），山西河津人。原任国民党绥远省政府主席、国民党军西北军政长官公署副长官。一九四九年六月与华北人民政府签订绥远和平协议，九月十九日在归绥（今呼和浩特市）通电起义。

〔7〕姚喆（一九〇六——一九七九），湖南邵阳人，当时任绥远军区司令员。王平，一九〇七年生，湖北阳新人，当时任察哈尔军区司令员。

〔8〕马鸿逵，当时任国民党军西北军政长官公署副长官。

〔9〕马如龙（一八九三——？），宁夏河州（今临夏）人。当时任国民党军宁夏保安司令部副司令。

〔10〕马步芳，当时任国民党军西北军政长官公署长官。

〔11〕杨得志兵团，指杨得志任司令员的第一野战军第十九兵团。

〔12〕班禅，即班禅额尔德尼·确吉坚赞（一九三八——一九八九），青海循化人。西藏宗教领袖之一。

〔13〕陶峙岳（一八九二——一九八八），湖南宁乡人。当时任国民党军西北军政长官公署副长官兼新疆警备总司令部总司令。一九四九年九月二十五日在迪化（今乌鲁木齐市）率部起义。

〔14〕王震（一九〇八——一九九三），湖南浏阳人。当时任第一野战军第一兵团司令员兼政治委员。

〔15〕指新疆北部伊犁、塔城、阿勒泰地区人民自治区域。

〔16〕胡公冕（一八八七——一九七九），浙江永嘉人。解放战争时期在上海与中共地下党组织保持联系，从事秘密兵运工作。

〔17〕胡宗南，当时任国民党军西安绥靖公署主任。

〔18〕程潜，原任国民党湖南省政府主席、国民党军长沙绥靖公署主任，一九四九年八月四日在长沙宣布起义。陈明仁，原任国民党军第一兵团司令官，一九四九年八月四日与程潜一起在长沙宣布起义。

〔19〕蒋、桂、胡，指蒋介石和桂系首领、国民党军华中军政长官公署长官白崇禧以及胡宗南。

〔20〕彭，指彭德怀。

〔**21**〕“午鱼”,应为“未鱼”,即八月六日。

〔**22**〕刘邓张李,指刘伯承、邓小平、张际春、李达,当时分别任第二野战军司令员、政治委员、副政治委员兼政治部主任和参谋长。

〔**23**〕粟裕,当时任第三野战军兼华东军区副司令员。

同意以中间不动两头平的政策解决河南土地问题[1]

（一九四九年八月十日）

华中局，并告各局，各野：

八月六日电及转来河南省委八月一日电均悉。我们同意以中间不动两头平的政策，作为解决河南土地问题的基点，对中农土地完全不动，而不要照土地法大纲[2]上关于中农土地的规定。在中央政府成立后，土地法大纲须要有所修改。除上述一点外，在南方及其他新区实行改革土地制度时，必须在某些政策上（例如不要使地富扫地出门等）及工作方法上（例如要开区乡农民代表会议等）改正过去在北方土改中做得不好的地方。而且各级党的领导机关必须完全掌握全部农村运动的领导，绝不许再有过去那样无政府无纪律的状态出现。除河南等若干地方外，最广大的新区，今年及明年的全年都不是实行分配土地的时期，而是准备分配土地的时期。但就在此准备期间，各中央局、中央分局及省委、区党委必须完全掌握农村工作的领导职务，千万不要放松此种职务。一切重大决定，均须事先报告中央，获得批准然后实行。

八月十日

根据毛泽东手稿刊印。

注　释

〔1〕这是毛泽东为中共中央起草的电报。

〔2〕指一九四七年九月十三日中国共产党全国土地会议通过的《中国土地法大纲》。

关于工会工作的方针[1]

（一九四九年八月十一日）

同志们：

第六次全国劳动大会[2]以来，已经有一年了。那次大会规定的中国工人运动的政治纲领和工作方针，是完全正确的，必须实现的。一年来整个形势有很大变化，要求我们做很多的工作。这次工会工作会议要解决工作中的许多具体问题。

我们有许多经验，有做得好的经验，也还有做得不好的经验。立三[3]同志说，我们工作中有组织上的关门主义倾向和方法上的形式主义、官僚主义的倾向。今天我国有将近二千万的职工大军，但组织起来的太少。老解放区工会发展很少，新解放区刚才开始。除了破坏分子及资本家外，一切职工，即使政治上落后的人，即使国民党工会的工作人员，只要有改造可能的，都应包括在工会组织之内。对于落后的和犯错误的人，应当采取团结和教育的方针，从团结的愿望出发，经过批评或者斗争，达到团结的目的。否则，我们在工厂中便会是少数，便会孤立。当然，破坏分子是不允许加入工会的，甚至一部分作恶有据的还要逮捕。我们对他们不加警惕是要犯错误的。开门是向着进步的工人、不很进步的工人和落后的工人（包括过去有毛病而有希望改造的），这样我们便有了充足理由去孤立反动派。国民党表面上是被打倒了，但实际上还没有被完全打倒。他们组织一贯道等会道门，在安徽、河南一带就有十万人。在工人中也有隐藏的坏分子反对我们。如果采取关门主义，便不能够孤立他们。正确的方针是争取中间派，落后分子也要尽可能争取过来。

做工会工作的同志应该抱主动的态度，主动地和资本家搞好关系，和行政搞好关系（对厂长方面也应该强调主动，如像《桥》里面的宋厂长那样〔4〕）。党、政、工三方面，共同的目的都是为了搞好生产，有什么不能解决的问题呢？你们要做宣传工作，要向市委书记、市长做宣传工作，也要向我们做宣传工作，因为我们照顾的方面很多，不能像你们专心搞一门。

主动地团结进步分子、中间分子、落后分子，主动地搞好同各方面的关系，团结工人阶级、农民阶级、城市小资产阶级和民族资产阶级，消灭帝国主义及一切反动势力！

根据中央档案馆保存的讲话记录稿刊印。

注　释

〔1〕这是毛泽东在全国工会工作会议举行的宴会上的讲话。

〔2〕第六次全国劳动大会于一九四八年八月一日至二十二日在哈尔滨召开。大会讨论了如何进一步巩固和扩大工人阶级的团结，联合全国各阶层人民积极支援人民解放战争，彻底打倒国民党反动统治，建立人民民主专政的新中国等问题，通过了《中国职工运动当前任务的决议》。会议并决定恢复中华全国总工会，通过了《中华全国总工会章程》。

〔3〕立三，即李立三，当时任中华全国总工会副主席、党组书记。

〔4〕《桥》，是东北电影制片厂一九四九年四月拍摄完成的一部故事片。这部

影片讲述了东北解放战争中工人阶级在极端困难条件下修复被破坏的松花江铁桥的事迹。影片中的宋厂长充分依靠群众,发动大家想办法,使遇到的各种困难逐一得到克服。

给阿哈买提江[1]的电报

（一九四九年八月十八日）

新疆伊犁特别区人民政府阿哈买提江先生：

我国反对帝国主义、封建主义、官僚资本主义及以蒋介石为首的国民党反动统治的人民解放战争，即将取得全中国的胜利。包括全中国各民主党派、各人民团体、人民解放军各野战军、各解放区、国内各少数民族及海外华侨在内的新的全国人民政治协商会议，经过慎重筹备之后，即将在九月内召开全体会议。此届全体会议除制定全国人民政治协商会议组织法、选举自己的全国委员会外，并须制定中华人民共和国中央人民政府组织法，选举中央人民政府委员会。你们多年来的奋斗，是我全中国人民民主革命运动的一部分，随着西北人民解放战争的胜利发展，新疆的全部解放已为期不远，你们的奋斗即将获得最后的成功。我们衷心地欢迎你们派出自己的代表五人前来参加全国人民政治协商会议的全体会议，如蒙同意，请赶于九月上旬到达北平。谨此电达，并希赐复。

新政治协商会议筹备会主任　毛泽东

八月十八日　北平

根据毛泽东修改件刊印。

注　　释

〔1〕阿哈买提江（一九一四——一九四九），新疆伊犁人。是新疆北部伊犁、塔城、阿勒泰地区人民自治区域的领导人，新疆保卫和平民主同盟中央委员会主席。一九四九年八月二十七日赴北平参加新政协途中，因飞机失事遇难。

给黄炎培[1]的两封信

（一九四九年八月二十四日、二十六日）

一

任之先生：

民建发言人对白皮书的声明[2]写得极好，这对于民族资产阶级的教育作用当是极大的。民建的这一类文件（生动的、积极的、有原则的、有前途的、有希望的），当使民建建立自己的主动性，而这种主动性是一个政党必不可少的。此致

敬礼！

毛　泽　东

八月二十四日

二

任之先生：

八月二十四日大示敬悉，很高兴。民建此次声明，不但是对白皮书的，而且说清了民族资产阶级所以存在发展的道理，即建立了理论，因此建立了民建的主动性，极有利于今后的合

作。民建办事采用民主方式亦是很好的，很必要的。此种方式，看似缓慢，实则迅速，大家思想弄通了，一致了，以后的事情就好办了。

谨致祝贺！

毛　泽　东

八月二十六日

根据手稿刊印。

注　　释

〔1〕黄炎培（一八七八——一九六五），字任之，江苏川沙（今属上海市）人。当时是中国民主建国会主要负责人。

〔2〕指中国民主建国会在北平的发言人一九四九年八月二十四日发表的驳斥美国白皮书的声明《加强内部团结和警惕，答告美帝好梦做不成》。声明指出：美国国务院发表《美国与中国关系》的白皮书是为了掩盖失败，欺骗人民。白皮书所提的发展“民主个人主义”的好梦是做不成的。中国民族资产阶级和帝国主义基本利益的矛盾决定了它对一切帝国主义（包括美帝国主义在内）的态度，中国民族资产阶级不会变成美帝发展“民主个人主义”的资本或条件。只有新民主主义才是它唯一的光明幸福的道路。

三万以上人口的城市和各县均应召开各界人民代表会议

（一九四九年八月二十六日）

华东局，并告各局，各野前委：

未敬[1]电悉。

（一）你们过去对城市召开各界人民代表会议一项重大问题，没有发出指示，自己亦未在上海执行，故对此事处于被动地位，并因此使城市工作受了相当大的损失。现在你们已在上海开了一次各界代表会议，收到了良好效果，并已于八月二十四日给所属发了指示，你们因此就在此项问题上恢复了主动权。中央看了，极为高兴。除将你们电报转知各局、各野外，现在请你们严催所属三万人口以上的城市，务于九月份一律开一次各界人民代表会议，并一律将开会情形在报纸上公开发表，在广播台上公开广播。不许可有不开的，不许可不公开发表和不做口语广播。借此以使所属三万人口以上城市的党的组织和各界人民代表亲密结合，经过他们去团结各界人民，克服困难，恢复和发展生产，并克服党的领导机关中的许多人只相信少数人的党内干部会议，不相信人民代表会议的官僚主义作风。以后一切三万人以上的城市至少每月开各界人民代表会议一次，每次一天至多二天就够，每次讨论和决定的问题有一个或二个就够。

（二）各县要开全县各界人民代表会议，其办法照中央最近致华中局并告各局的电报〔2〕办理。要各省委、区党委、地委负责领导办理，一改过去长期不开各界人民代表会议的不良作风。此项全县各界人民会议，不论新区老区一律举行。新区在占领两三星期后即可举行，无须待乡村农会建立然后举行。举行此项会议的一个重要目的，即是经过此种会议去发动农民群众。

（三）上述两项请东北局、华北局、山东分局、西北局、华中局、华南分局一律遵照办理。各野前委注意研究和协助。

中　央

八月二十六日

根据毛泽东手稿刊印。

注　释

〔1〕未敬，即八月二十四日。

〔2〕指毛泽东一九四九年八月二十五日为中共中央起草的关于各县均应召开县各界人民代表会议的指示。指示要求新老解放区各县每月或每两月至少召开一次各界人民代表会议，由农会、工会、学生会、文化教育界、工商业界及党政军选派代表参加，讨论全县工作。大县代表二百余人，中县代表一百余人，小县代表数十人，每次二至三天开完。

必须维持上海，统筹全局

（一九四九年九月二日）

饶漱石〔1〕同志：

陈云〔2〕同志已回，九月二日在中央会议上作了报告。中央同意此次上海会议〔3〕决定的总方针及许多具体办法。我们必须维持上海，统筹全局。不轻议迁移，不轻议裁员。着重整理税收，以增加收入。三个人的饭五个人匀吃，多余人员设法安插到需要人的岗位上去。自愿和可能迁移的工厂、学校，必须精密筹划到新地后能够维持下去，并有前途，否则不要迁移。对难民的迁移，亦须如此。着重节约那些本来可以减少的开支，但不要减少那些必不可少的开支。着重反对浪费，从这里可以得到一笔很大的钱。封锁在目前时期对于我们极为有利，无论从政治上或经济上看，都是有利的。已裁的二万七千人，是一件大事，已引起很多人不满，应加以处理。其办法是立即加以调查，分别自己有办法生活和自己无办法生活的两类，对于后一类人，应予收回，给以饭吃。现在无事做，也应给以饭吃，维持他们，使他们活下去，否则政治上对我们极为不利。就全局来说，全国养九百万至一千万人是完全有办法的。各级领导人多和党外各界人士接触，如像陈云此次找各界代表人物谈话、你找三个旧职员谈话那样，探听各界气候，将具体问题向他们请教及交换意见，而不是泛泛的交际性的接触。积极利用城市的各界代表会议及各县的全县代表会议，将一切施政中的重大问题逐一提出自己有了准备的想过了的有了办法的问题向会议作报告，并交付讨论，征求他们的意见。此种会议，党员及完全可靠的左翼分子总共超过二分之一，能保证通过我们的意见即够，以便团结大批的中间分子及一部分必须拉拢的右翼分子，使他们向我们靠拢。此种会议，城市最好每月开会一次或三月开会两次，各县似以两月开会一次为宜。新区各县的各界代表会议我们尚无经验，请你考虑选择上海附近一二个县亲自领导，开一二次会试试。以上各点，请以你的意见告我为盼。

毛　泽　东

申江

根据手稿刊印。

注　　释

〔1〕饶漱石，当时任中共中央华东局书记。

〔2〕陈云（一九〇五——一九九五），江苏青浦（今属上海市）人。当时受中共中央委托组建中央财经委员会并主持工作。

〔3〕上海会议，指陈云受中共中央委托于一九四九年七月二十七日至八月十五日在上海主持召开的财政经济会议。参加的有华东、华北、华中、东北、西北五个地区的财政、金融、贸易部门领导人。会议确定了全力支持解放战争彻底胜利和维持新解放区首先是大城市人民生活的方针，并就统一财政经济、控制市场物价提出了具体措施和步骤。

关于各地召开各界代表会议的指示

（一九四九年九月四日）

各中央局，各分局，各野前委：

（一）华北局转来察哈尔省委未世电[1]报告该省各界代表会的经验，很值得注意，请加研究。

（二）经验证明，凡未注意召开各界代表会仍然束缚于党内狭小圈子的，就走了弯路。

（三）必须反对形式主义，每次会议要有充分准备，要有中心内容，要切切实实讨论工作中存在的为人民所关心的问题，要展开批评和自我批评，要当作一件大事去办，否则将损害党的政治威信。

（四）在新解放区，各界代表会的开始若干次，代表的产生可以推派和聘请为主，由可靠民众团体的民主选举为辅，以后，即可改为由各团体、各界的民主选举为主，推派和聘请为辅。总以既能保证会议由我党领导，又能养成民主精神为原则。

（五）二万以上不足三万人的城镇，亦可开各界代表会。

（六）尚未彻底完成土改的省、县、区三级，均开各级代表会议，乡村开农民代表会议，而以县的各界代表会为中心。

（七）已完成土改的省、县、区、乡四级，均开人民代表大会，但在开始若干次，亦可开各界代表会议，以为过渡。

（八）无论是各界代表会议或人民代表大会，党员均不要太多，以能保证通过决议为原则。大体上，党员及可靠左翼分子，略为超过二分之一即够，以便吸收大批中间分子及少数不反动的右翼分子，争取他们向我们靠拢。

（九）会议之前由党委（市委、县委等）召集代表中的党员开会一次，决定方针。能开党的代表大会或代表会议则更好，但不要每次都如此。

（十）此电请转发各市、各县，各军、师。

中　央

九月四日

根据毛泽东手稿刊印。

注　释

〔1〕指中共察哈尔省委一九四九年八月三十一日关于该省各地召开各界代表会议的报告。报告说，张家口解放初期未注意开各界代表会，工作走了弯路，从今年四月至八月，已开各界代表会四次。大同于今年五月初解放后，至今已开会三次。宣化仍未注意开代表会，继续用党内扩大的干部会议去传达和布置工作。已召开的各界代表会议，对于联系城市各界人民，宣传和贯彻党的政策，启发各界人民的积极性，共同建设城市，均起了相应作用。缺点是存在形式主义，准备不足，缺乏中心内容，民主讨论不够。今后要使张家口、大同的代表会提高一步，会议代表的

产生改以各团体、各界的民主选举为主，聘请和推派为辅，并注意克服以往的不足。宣化立即着手建立代表会。人口在二万左右的城镇，亦拟建立各界代表会议。各县按照群众基础不同分别建立人民代表大会与各界代表会议。区村两级建立人民代表会或农民代表会。

开好县的各界代表会议

（一九四九年九月七日）

华中局，并告各局，各野：

八月三十日电悉。同意你们所提关于召开县的各界代表会议的各项意见[1]，并将此电转发各局、各野研究照办。关于召开县的各界代表会问题，自西北局提议后，引起了我们的注意，认为有益无害。而不召开各界代表会，要等到农协在乡村中建立了基础再召开人民代表会议，如一九四八年十二月二日中央复电（载在《政策汇编》）那样，则是很不利的。事实上，县的许多大政方针，例如剿匪、反霸、借粮、征粮、救济灾荒、修理堤坝、推动农民组织起来建立农协、减租减息问题、恢复和发展县范围内的工商业及文化教育问题、推行人民币及县的财政金融问题等，均以召开各界代表会议，经过讨论，取得代表们同意，然后传达推行，比较不开这种会，长期限于党内干部的讨论、传达和推行，要有利得多。县的各界代表会的成分，应包括党、政、军的代表，农民及工人的代表，革命知识分子及妇女的代表，工商业的代表，及若干开明绅士的代表。其中，共产党员及可靠的左翼分子，应超过二分之一，保证决议的通过。中间分子及必须拉拢的少数右翼但不反动的分子，可让其占三分之一左右的数目，以便孤立反动派，利于政令的推行和群众的发动，且可发现问题及发现积极分子。省委、区党委和地委，必须积极帮助各县县委，有计划地有准备地布置和领导此种会议。这是全县性的会议，县城及各区、各乡及县一级机构，均应有代表，在县委领导下，由县政府召开。这是县的会议，至于区、乡，则照你们意见召开区的及乡的农民代表会议，但应吸收革命知识分子参加。其余均照你们意见办理。此种会议，我们尚无经验，请你们注意收集经验，指导各地，并告诉我们。此电请你们及各中央局转发至县一级为盼。

中　央

九月七日

根据毛泽东手稿刊印。

注　　释

〔1〕中共中央华中局在一九四九年八月三十日关于召开县的代表会议问题向中央的请示报告中提出的意见是：一、只由县级召开各界代表会议，区、乡两级可开农代会，逐步达到以农代会做基础，吸收其他学生、妇女及少数工商业者、开明士绅（作为民主人士）参加。二、吸收开明士绅应具备以前中央所规定的条件，并经地委一级批准。三、在召开各界代表会议时，较大县城可以城乡合并召开，吸收本城工人代表参加。若无此条件，则只吸收农民（注意吸收手工业工人）代表，不必为了开会去专事组织乡村工人推选代表，以免分散精力。

中国人从此站立起来了[1]

（一九四九年九月二十一日）

诸位代表先生们，全国人民所渴望的政治协商会议现在开幕了。

我们的会议包括六百多位代表，代表着全中国所有的民主党派，人民团体，人民解放军，各地区，各民族和国外华侨。这就指明，我们的会议是一个全国人民大团结的会议。

这种全国人民大团结之所以能够成功，是因为我们战胜了美国帝国主义所援助的国民党反动政府。在三年多的时间内，英勇的世界上少有的中国人民解放军，战胜了美国援助的国民党反动政府所有的数百万军队的进攻，并使自己转入反攻和进攻。现在，数百万人民解放军的野战军已经打到接近台湾，广东，广西，贵州，四川和新疆的地区去了，中国人民的大多数已经获得了解放。在三年多的时间内，全国人民团结起来，援助人民解放军，反对了自己的敌人，取得了基本的胜利。在这个基础上，召开了今天的人民政治协商会议。

我们的会议之所以称为政治协商会议，是因为三年以前我们曾和蒋介石国民党一道开过一次政治协商会议[2]。那次会议的结果是被蒋介石国民党及其帮凶们破坏了，但是已在人民中留下了不可磨灭的印象。那次会议证明，和帝国主义的走狗蒋介石国民党及其帮凶们一道，是不能解决任何有利于人民的任务的。即使勉强地做了决议也是无益的，一待时机成熟他们就要撕毁一切决议，并以残酷的战争反对人民。那次会议的唯一收获是给了人民以深刻的教育，使人民懂得：和帝国主义的走狗蒋介石国民党及其帮凶们决无妥协的余地，或者是推翻这些敌人，或者是被这些敌人所屠杀和压迫，二者必居其一，其他的道路是没有的。中国人民在中国共产党的领导之下，在三年多的时间内，很快地觉悟起来，并且把自己组织起来，形成了全国规模的反对帝国主义、封建主义、官僚资本主义及其集中的代表者国民党反动政府的统一战线，援助人民解放战争，基本上打倒了国民党反动政府，推翻了帝国主义在中国的统治，恢复了政治协商会议。

现在的中国人民政治协商会议是在完全新的基础之上召开的，它具有代表全国人民的性质，它获得全国人民的信任和拥护。因此，中国人民政治协商会议宣布自己执行全国人民代表大会的职权。中国人民政治协商会议在自己的议程中将要制定中国人民政治协商会议的组织法，制定中华人民共和国中央人民政府的组织法，制定中国人民政治协商会议的共同纲领，选举中国人民政治协商会议的全国委员会，选举中华人民共和国中央人民政府委员会，制定中华人民共和国的国旗和国徽，决定中华人民共和国国都的所在地以及采取和世界大多数国家一样的年号。

诸位代表先生们，我们有一个共同的感觉，这就是我们的工作将写在人类的历史上，它将表明：占人类总数四分之一的中国人从此站立起来了。中国人从来就是一个伟大的勇敢的勤劳的民族，只是在近代是落伍了。这种落伍，完全是被外国帝国主义和本国反动政府所压迫和剥削的结果。一百多年以来，我们的先人以不屈不挠的斗争反对内外压迫者，从来没有停止过，其中包括伟大的中国革命先行者孙中山先生所领导的辛亥革命在内。我们的先人指示我们，叫我们完成他们的遗志。我们现在是这样做了。我们团结起来，以人民解放战争和人民大革命打倒了内外压迫者，宣布中华人民共和国的成立了。我们的民族将从此列入爱好和平自由的世界各民族的大家庭，以勇敢而勤劳的姿态工作着，创造自己的文明和幸福，同时也促进世界的和平和自由。我们的民族将再也不是一个被人侮辱的民族了，我们已经站起来了。我们的革命已经获得全世界广大人民的同情和欢呼，我们的朋友遍于全世界。

我们的革命工作还没有完结，人民解放战争和人民革命运动还在向前发展，我们还要继续努力。帝国主义者和国内反动派决不甘心于他们的失败，他们还要作最后的挣扎。在全国平定以后，他们也还会以各种方式从事破坏和捣乱，他们将每日每时企图在中国复辟。这是必然的，毫无疑义的，我们务必不要松懈自己的警惕性。

我们的人民民主专政的国家制度是保障人民革命的胜利成果和反对内外敌人的复辟阴谋的有力的武器，我们必须牢牢地掌握这个武器。在国际上，我们必须和一切爱好和平自由的国家和人民团结在一起，首先是和苏联及各新民主国家团结在一起，使我们的保障人民革命胜利成果和反对内外敌人复辟阴谋的斗争不致处于孤立地位。只要我们坚持人民民主专政和团结国际友人，我们就会是永远胜利的。

人民民主专政和团结国际友人，将使我们的建设工作获得迅速的成功。全国规模的经济建设工作业已摆在我们面前。我们的极好条件是有四万万七千五百万的人口和九百六十万平方公里的国土。我们面前的困难是有的，而且是很多的，但是我们确信：一切困难都将被全国人民的英勇奋斗所战胜。中国人民已经具有战胜困难的极其丰富的经验。如果我们的先人和我们自己能够渡过长期的极端艰难的岁月，战胜了强大的内外反动派，为什么不能在胜利以后建设一个繁荣昌盛的国家呢？只要我们仍然保持艰苦奋斗的作风，只要我们团结一致，只要我们坚持人民民主专政和团结国际友人，我们就能在经济战线上迅速地获得胜利。

随着经济建设的高潮的到来，不可避免地将要出现一个文化建设的高潮。中国人被人认为不文明的时代已经过去了，我们将以一个具有高度文化的民族出现于世界。

我们的国防将获得巩固，不允许任何帝国主义者再来侵略我们的国土。在英勇的经过了考验的人民解放军的基础上，我们的人民武装力量必须保存和发展起来。我们将不但有一个强大的陆军，而且有一个强大的空军和一个强大的海军。

让那些内外反动派在我们面前发抖吧，让他们去说我们这也不行那也不行吧，中国人民的不屈不挠的努力必将稳步地达到自己的目的。

在人民解放战争和人民革命中牺牲的人民英雄们永垂不朽！

庆贺人民解放战争和人民革命的胜利！

庆贺中华人民共和国的成立！

庆贺中国人民政治协商会议的成功！

根据一九四九年九月二十二日
《人民日报》刊印。

注 释

〔1〕这是毛泽东在中国人民政治协商会议第一届全体会议上的开幕词。

〔2〕指一九四六年一月十日至三十一日在重庆举行的有国民党、共产党、其他党派和无党派人士代表参加的政治协商会议。这次会议通过了关于政府组织问题、和平建国纲领、关于国民大会问题、关于宪法草案问题、关于军事问题等五项协议。这些协议不久就被国民党蒋介石一一撕毁。

中国人民大团结万岁[1]

（一九四九年九月三十日）

全国同胞们：

中国人民政治协商会议第一届全体会议业已胜利地完成了自己的任务。

这次会议，包含了全中国所有的民主党派、人民团体、人民解放军、各地区、各民族、国外华侨和其他爱国民主分子的代表，代表了全国人民的意志，表现了全国人民的空前的大团结。

这种全国人民的大团结，是中国人民和人民解放军在中国共产党领导之下，经过长期的英勇奋斗，战胜了美帝国主义援助的蒋介石国民党反动政府之后所获得的。一百多年以来，中国人民的先进分子，其中杰出者有如领导辛亥革命的伟大革命家孙中山先生，为了推翻帝国主义和中国反动政府的压迫，领导广大的人民，进行了不断的斗争，百折不挠，再接再厉，到现在，终于达到了目的。当着我们举行会议的时候，中国人民已经战胜了自己的敌人，改变了中国的面貌，建立了中华人民共和国。我们四万万七千五百万中国人现在是站立起来了，我们民族的前途是无限光明的。

在人民领袖毛泽东主席领导之下，我们的会议齐心一志，按照新民主主义的原则，制定了中国人民政治协商会议组织法，制定了中华人民共和国中央人民政府组织法，制定了中国人民政治协商会议共同纲领，决定了中华人民共和国定都于北京，制定了中华人民共和国的国旗为五星红旗，采用了义勇军进行曲为现时的国歌，决定了中华人民共和国的纪年采用世界公元，选举了中国人民政治协商会议全国委员会，选举了中华人民共和国中央人民政府委员会。中国的历史，从此开辟了一个新的时代。

全国同胞们，中华人民共和国现已宣告成立，中国人民业已有了自己的中央政府。这个政府将遵照共同纲领在全中国境内实施人民民主专政。它将指挥人民解放军将革命战争进行到底，消灭残余敌军，解放全国领土，完成统一中国的伟大事业。它将领导全国人民克服一切困难，进行大规模的经济建设和文化建设，扫除旧中国所留下来的贫困和愚昧，逐步地改善人民的物质生活和提高人民的文化生活。它将保卫人民的利益，镇压一切反革命分子的阴谋活动。它将加强人民的陆海空军，巩固国防，保卫领土主权完整，反对任何帝国主义国家的侵略。它将联合一切爱好和平自由的国家、民族和人民，首先是联合苏联和各新民主国家，以为自己的盟友，共同反对帝国主义者挑拨战争的阴谋，争取世界的持久和平。

全国同胞们，我们应当进一步组织起来。我们应当将全中国绝大多数人组织在政治、军事、经济、文化及其他各种组织里，克服旧中国散漫无组织的状态，用伟大的人民群众的集体力量，拥护人民政府和人民解放军，建设独立民主和平统一富强的新中国。

为人民解放战争和人民革命而牺牲的人民英雄们永垂不朽！

中国人民大团结万岁！

中华人民共和国万岁！

中央人民政府万岁！

根据一九四九年十月一日
《人民日报》刊印。

注　释

〔1〕这是毛泽东受中国人民政治协商会议第一届全体会议的委托起草的会议宣言。其中“在人民领袖毛泽东主席领导之下”一句，是会议通过宣言时代表们提议增加的。

人民英雄永垂不朽[1]

（一九四九年九月三十日）

三年以来，在人民解放战争和人民革命中牺牲的人民英雄们永垂不朽！

三十年以来，在人民解放战争和人民革命中牺牲的人民英雄们永垂不朽！

由此上溯到一千八百四十年，从那时起，为了反对内外敌人，争取民族独立和人民自由幸福，在历次斗争中牺牲的人民英雄们永垂不朽！

根据一九四九年十月一日
《人民日报》刊印。

注　　释

〔1〕这是毛泽东为人民英雄纪念碑起草的碑文。